MIRJA REGENSBURG

Im nächsten Leben werd ich MANN!

Die hohe Kunst
des Lockerbleibens:
Ein Crashkurs für Heldinnen
des Alltags

Inhaltsverzeichnis

Vorwort	7
Shopping	11
Diäten	27
Reisen	45
Krankheit	61
Dating	75
Kosmetik	93
Sport	111
Ausgehen	129
Arbeiten	147
Zugfahren	167
Zuhause	183
Beziehung & Sex	203
Hobbys	219
Öffentlichkeit	235
Älterwerden	253
Dank	271

Vorwort

Als ich vom Verlag Eden Books gefragt wurde, ob ich ein Buch schreiben möchte, habe ich spontan JA gesagt. Ohne groß nachzudenken. Und eigentlich beschreibt genau dieser Augenblick die Kernidee des Buches.

Denn als ich dann vor der ersten Seite des Manuskripts saß, leer und weiß, also nicht die Seite, sondern ich, tat ich das, was ich schon mein ganzes Leben lang tue: *Einfach machen.* Das war schon immer mein Credo. *Einfach machen.* Sich was zutrauen. Ohne zu wissen, was kommt.

In diesem Falle sagen: Ja, dann bin ich eben nicht nur Komikerin, Sängerin, Schauspielerin, Groß- und Außenhandelskauffrau, Verkäuferin im Textilgewerbe und Komponistin. Dann bin ich eben auch noch Autorin! Ich begrenze mich nicht selbst. Ich mache einfach und gucke dann, was passiert.

»Im nächsten Leben werd ich Mann!« Wie oft habe ich diesen Satz in meinem Leben gesagt oder auch nur gedacht. Denn vieles könnte dann so viel einfacher sein. Weil Männer es sich oft einfacher *machen!* So einiges habe ich mir abgeschaut vom Mann. Natürlich immer mit einem Augenzwinkern.

Als ich beispielsweise beim Shoppen über mich selbst lachen musste, weil ich sofort was Passendes fand, aber natürlich dem Braten nicht traute und doch noch stundenlang die halbe Stadt nach was Besserem ablief, alle Freundinnen mit Fotos versorgte und Feedback brauchte. Da wurde mir klar: Das macht KEIN Kerl so. Was passt, wird gleich gekauft. In fünf Minuten. Ich habe begriffen: Männer trauen ihrem ersten Gefühl. Sich das abzugucken, kann nicht schaden. Ganz im Gegenteil: Es macht unser Leben leichter!

Oder wenn wir Frauen beim ersten Date mit einem Kandidaten die beste Freundin einweihen, die den Notfallanruf tätigen soll, damit man sich im Fall der Fälle elegant aus der Affäre ziehen kann mit Sätzen wie: »Was, deine Katze ist gestorben? Ja, ich mach mich sofort auf den Weg.« Das macht kein Mann. Ein Mann geht einfach nach fünf Minuten, wenn ihm das Date nicht zusagt. Ohne Begründung.

Auch beim Abnehmen habe ich die Jungs schon immer beneidet. Weil sie sich nicht mit einem ausgeklügelten Diätkonzept abrackern, sondern einfach mal weniger essen, eine Weile den Alkohol weglassen oder schlicht losjoggen. *Einfach machen.*

Durch den Mann habe ich begriffen, dass die Welt nicht untergeht, wenn ich das Bad mal nicht putze, bevor Besuch kommt, sondern stattdessen ruhig meine Lieblingsserie weitergucke. Anschließend bin ich eine viel besser gelaunte Gastgeberin, weil ich es mir einfach mal habe gut gehen lassen. *Einfach machen.*

Aber keine Sorge, liebe Mädels. Es gibt auch Themen, bei denen ich ganz klar sage: Nein, im nächsten Leben bleibe ich gerne eine Frau. Beim Kranksein zum Beispiel. Da sind wir eindeutig das stärkere Geschlecht. Denn wir sterben nicht gleich am Männerschnupfen.

Es ist mir allerdings ein großes Bedürfnis, aufzuzeigen, was Männer richtig machen. Denn bei all der Rummäkelei, die wir immer so draufhaben, ist es an der Zeit, den Männern eine kleine Hommage zu widmen.

Männer sind toll. Wir können uns eine Menge bei ihnen abschauen. Und wenn es nur das Einfach-Machen-Gen ist. Ich möchte euch anstecken mit der hohen Kunst des Lockerbleibens. Ich möchte euch stärken. Ihr seid toll. Ihr seid gut. Genau so, wie ihr seid. Ihr seid alle Heldinnen!

Habt Spaß auf den folgenden Seiten, lacht und staunt mit mir über meine Geschichten, in denen ich vieles für euch erlebt, ausprobiert und *einfach gemacht habe.*

Eure Mirja

Shopping

Neulich wollte ich mir einen Bikini kaufen. Ich war in zwei verschiedenen Läden. Beide waren eher hochpreisige, inhabergeführte Dessousläden, die keine Ware von der Stange anbieten. Im ersten Laden bediente mich ein Mann. Ja, ihr habt richtig gelesen. Ein Mann. Das hatte ich bis dahin auch noch nicht erlebt.

Der Verkäufer schaute mich kurz an, suchte mir einen Bikini raus, der mir tatsächlich sofort gefiel. Das Höschen erschien mir viel zu klein, ich konnte mir beim besten Willen nicht vorstellen, dass mein umfangreicher Poppes da reinpassen sollte!

Die Umkleidekabine des Ladens war wunderschön. Warmes Licht, ein barocker Spiegel, in dem man aber keineswegs barock aussah, dazu ein schwerer weinroter Samtvorhang, der mit einer Glitzerhaarklemme zusammengehalten wurde. Als kleines Benefit: Gratis-Slipeinlagen, der Hygiene wegen. Das fand ich zwar merkwürdig, aber irgendwie auch toll. Natürlich verbrauchte ich die gesamte Packung, weil ich dreißig verschiedene Bikinis anprobierte. Dabei hatte ja eigentlich der erste schon perfekt gepasst.

Der Verkäufer kam zu mir, zuppelte an mir herum, erklärte mir, warum Bikinis und BHs bei neunzig Prozent aller Frauen nicht richtig sitzen.

Das Höschen fand ich allerdings noch immer zu knapp. Und so sagte ich den einen entscheidenden Satz, der ihn zu einem Monolog über die Schönheit der Frau hinriss.

»Bin ich nicht zu dick für so einen knappen Bikini?«

Daraufhin er: »Sie sind eine wunderschöne Frau mit weiblichen Formen. Sie haben perfekte Proportionen!«

Venus ... das Wort Venus fiel ... Ich hörte ihn nur noch wie durch eine Glasscheibe, Geigenmusik erklang, ich sah Seifenblasen, glaubte sogar, ein Einhorn zu sehen, und spürte, wenn er nicht bald aufhörte, würde ich ihm die berühmte Waschmaschine auch noch abkaufen.

Nun lief der Verkäufer erst zu Hochform auf: »Der hohe Ausschnitt des Höschens betont Ihre langen Beine, macht sie noch länger. Frauen sehen sich selbst immer falsch. Wir Männer schauen bei einer Frau im Bikini zuallererst auf den Busen. Und der ist in diesem Bikini wunderschön.«

Ich schmolz dahin. Aber ich traute ihm natürlich nicht. Und mir selbst sowieso nicht. Dabei wäre es so einfach gewesen. Ich hätte den direkten Weg gehen können. Den Bikini kaufen. Zahlen und gehen.

Der ganze Spaß wäre nach einer Viertelstunde erledigt gewesen.

Aber nein. Nicht ich als typische Frau. Natürlich habe ich die ganze Stadt durchkämmt. Es könnte ja woanders noch was Besseres geben.

Ich schaute in kühlen, anonymen Kaufhäusern und fand schließlich das passende Gegenstück zu meiner Boutique mit männlichem Verkäufer. Die kleine Boutique mit weiblicher Verkaufskraft.

Die Verkäuferin eilte mir sofort zur Hilfe, musterte mich, schätzte meine Größe falsch und gab mir ausschließlich Bikinis, die mir auf den ersten Blick überhaupt nicht gefielen. Sie sagte, es sei das Ende der Saison und das Beste ohnehin schon weg. Jeder Verkaufscoach hätte aufgrund dieses negativen Gesprächseinstiegs die Hände über dem Kopf zusammengeschlagen. Denn natürlich animierte mich das nicht wirklich zum Anprobieren. Ich kämpfte mich durch die fünf rausgesuchten Bikinis. Vier davon passten überhaupt nicht.

Der Einzige, der dann passte, gefiel mir nicht. Das Licht in der Umkleide war grell und meine Cellulite schien mir so weit fortgeschritten, dass ich dachte, ach, Mensch, jetzt weißte, wo du demnächst deinen Einkaufswagenchip aufbewahren kannst.

Die viel wichtigere Frage aber war: Warum gab es hier eigentlich keine Gratis-Slipeinlagen? Dann kam die Verkäuferin, und das, was sie sagte, war wie ein Schlag ins Gesicht: »Ich glaube, Sie sind eher Typ Badeanzug. Dann haben Sie mehr Halt.«

Ich fragte: »Halt? Wofür? Haben Sie Angst, dass mein Bauch früher im Wasser ist als der Rest von mir?«

Sie guckte sehr verdattert, lachte nicht mal über meinen, wie ich fand, sehr gelungenen Witz und stotterte nur was von wegen »Ach, ich dachte, dann fühlen Sie sich vielleicht besser …«

Dann fühle ich mich besser? Was? Ich fühlte mich alles andere als besser. Die Verletzung saß tief. Ich kaufte natürlich nix und ging zurück zu meinem Superman der Bikinis. Dem Verfechter der knappen Höschen! Dem Mann, der mir ein gutes Gefühl vermittelt hatte, der mir ehrlich schien. Und der Mann, der mich so gesehen hat, wie ich mich selbst gerne sähe.

Er grinste übers ganze Gesicht, als ich reinkam und sagte: »Na, entschieden?«

»Ja. Ich kaufe den allerersten!«

Ich war völlig erschöpft, verklebt und müde von der Sommerhitze. Er machte mir einen Espresso, und während er die Kapsel in die Maschine legte, bildete ich mir im Fiebershoppingwahn ein, er hätte eine gewisse Ähnlichkeit mit George Clooney. Sehr liebevoll verpackte er meinen Bikini in

Seidenpapier. Schenkte mir eine Bikinitasche für den Strand dazu und steckte weitere Gratisproben von Slipeinlagen mit in die Tüte. Ich vermute, er betreibt einen illegalen Slipeinlagenhandel. Unter der Hose, äh, Hand. Als Pointe gab er noch drei Schoko-Kaubonbons mit rein. Das sah ich fast als Provokation. Aber ich glaube, er hat es wirklich einfach nur nett gemeint. Jede Verkäuferin hätte gesagt: »Aber gut einteilen! Sonst passt der Bikini morgen nicht mehr!«

Ich verließ den Laden und ging pfeifend und lächelnd nach Hause.

Geschlagene vier Stunden waren mittlerweile vergangen. Fünfzehn Minuten hätten es letztlich nur sein müssen. Dieser Tag war sehr lehrreich: Erst einmal hat der Verkäufer mich komplett mit nur EINEM Verkauf als Stammkundin gewonnen! Denn er hat eine emotionale Bindung geschaffen und mit Fachwissen aufgewartet. Selbstverständlich kaufe ich in Zukunft auch meine BHs bei ihm. Und damit meine ich nicht, dass es da so nett war, weil er mich vollgeschleimt hat. Nee, das hat er nämlich nicht. Er war auch null *flirty*. Er war ganz geradeaus und ehrlich. Und hatte Fachwissen. So muss es sein. Er hat das, was in seinen Augen schön an mir ist, verstärkt, anstatt Schwächen aufzuzeigen. Er hat mich UNTERSTÜTZT. Wie ein guter BH. Während ich den Halt, den ich vergeblich bei der Verkäuferin suchte, nur in dem von ihr angebotenen Badeanzug hätte finden können.

Ich habe mich gut gefühlt, als ich da raus bin.

Und den Praxistest hat der Bikinikauf auch bestanden. Noch nie habe ich so viele Komplimente für einen Bikini bekommen. Gleich im anschließenden Kroatienurlaub rief man mir am Strand direkt zu: »Bock?!« Und ich dachte, hui, wie schnell die hier in Kroatien so zur Sache kommen.

Bis ich dann erfuhr, dass »Bok« auf deutsch einfach nur »Hallo« bedeutet. Aber noch mal: Dieser Verkäufer hat es geschafft, dass ich mich gut fühle. Wie sagte schon einst Harald Glööckler: »Jede Frau kann eine Prinzessin sein!«

Darüber musste ich früher immer lachen und habe das nie so ganz ernst genommen. Aber DIESER Verkäufer hat das geschafft, ohne dass ich den Polyester-Glitter von Glööckler anziehen muss.

Ganz davon abgesehen profitiere ich noch immer von dem riesigen Slipeinlagenvorrat.

Diese Anekdote zeigt doch im Grunde genau auf, wo das eigentliche Problem liegt. In der Unterstützung. In der Ehrlichkeit. Im Miteinander.

Ich habe selbst früher als Verkäuferin gearbeitet. Nach meiner Ausbildung zur Groß- und Außenhandelskauffrau habe ich gejobbt, weil ich nicht übernommen werden wollte in eine Festanstellung. Ich hatte vor, stattdessen Musicalschulen-Aufnahmeprüfungen zu machen – nichts naheliegender als das.

Mein erster Job im Verkauf war in einer Boutique, die von einem Mann geführt wurde. Er arbeitete mich ein, von ihm habe ich alle Basics gelernt. Alles über Materialien, sämtliches Fachwissen. Aber vor allem habe ich gelernt, wie man wirklich gut verkauft. Ich habe das einige Jahre gemacht, später auch in Hamburg, habe damit mein Studium finanziert und die ersten Jahre im Musicalberuf noch was dazu verdient. Mir wurde nachgesagt, dass ich eine sehr lustige, aber vor allem gute Verkäuferin gewesen sei, und tatsächlich hatte ich Bombenumsätze. Woran das lag? Nun ja. Ich denke, weil ich sehr ehrlich war. Wenn etwas nicht gut aussah, hab ich es immer gesagt, ich habe immer nach den Stärken der Kundin geschaut, mit Begeisterung Sachen präsentiert, und das hatte zur Folge, dass ich sehr viele Stammkunden hatte. Ich habe auch viele Pärchen bedient, habe immer versucht, Verbindungen herzustellen, denn es gibt nichts Schlimmeres als eine Konkurrenzsituation in einem Verkaufsgespräch. Auch da: Verbündet sich die Verkäuferin mit der Ehefrau, wird alles gut laufen. Tut sie das nicht, wird die Gattin rebellieren und auf jeden Fall GEGEN die Verkäuferin agieren und alles doof finden, was diese präsentiert. Das wiederum versteht der Mann nicht und denkt nur: Krass, die haben ja BEIDE ihre Tage!

Dabei könnte es auch da so einfach sein. Den geraden Weg wählen!

Ich habe immer so bedient, wie ich gern bedient worden wäre, aber in den seltensten Fällen ging mir das umgekehrt auch so. Der Bikinikauf erinnerte mich ein bisschen an diese Zeit, diese letztlich »alte Schule«.

Heutzutage muss man ja Lippenlesen können, damit man sich mit der Verkäuferin unterhalten kann, weil die Musik im Laden so laut ist. Sie oder auch er kaut oft Kaugummi, wirkt gelangweilt von sich und dem Leben und sagt so Sätze wie: »Sie schauen sich nur um?«

Nein, ich möchte hier gleich vorm Pulliregal ein Käckerchen machen. Und wenn man aus der Kabine kommt, dann sagen diese Verkäufer sehr oft: Super! Und wie fühlen Sie sich? Es klingt nicht nur wie eine Floskel. Es ist eine. Und hat nichts mit mir und der Wahrheit zu tun. Ich habe meinen Kunden immer gesagt, wenn etwas nicht so gut aussah. Auf freundliche Art. Und ohne Kaugummi. Dafür mit Kippe.

Kleiner Scherz.

Aber jetzt mal im Ernst. Männer machen es sich einfach leichter. Sie wählen den geraden Weg! Sie verkaufen geradlinig. Und sie kaufen auch geradlinig. Es sieht irgendwie alles einfacher aus, und deswegen sehne ich mich ja auch so nach einem nächsten Leben als Mann! Denn wenn es ums Kaufen geht, bin ich wie die meisten Frauen.

Stellt euch mal vor, Mädels, ihr habt nicht mehr dreißig verschiedene Duschgels und Shampoos, sondern nur eins. Eins für unten und oben! Weil uns das einfach reichen würde. Für mich als Kosmetik-Abhängige fast unvorstellbar. Ich versuche immer wieder, mich zu bändigen und in dem Bereich wie ein Mann zu denken, doch Mrs. Hyde kommt immer wieder durch. Mein Kosmetik-Gollum: dein Schatz. Kauf es. Haaaaaa ... Du brauchst das. BRAUCHST DAS! Ich habe so viele Lippenstifte. Selbst wenn ich meine zweiten Lippen noch mitschminke, werde ich es in diesem Leben nicht mehr schaffen, die alle aufzubrauchen. Oder Nagellacke! Damit könnte ich einen Monat lang die Lackierung sämtlicher Neufahrzeuge im benachbarten Ford-Werk übernehmen.

Wir Frauen haben doch alle schon den Satz vom Mann gehört:
»Wofür brauchst du denn so viel Kosmetik?«

Wie, brauchen? Hä? Da versteh ich die Frage doch schon nicht! Und der Mann? Klar. Geradlinig. Simpel. Im besten Sinne! Stellt euch vor, ihr ginget nur noch zweimal im Jahr einkaufen. Zweimal im Jahr! Ihr findet die passende Jeans und kauft die gleich fünfmal? Ich suche, seit ich denken kann, nach der passenden Jeans. Glücklicherweise schon mal nicht mehr nach dem passenden Bikini.

Ich hab auch immer das Gefühl, mir an einem fremden Ort bzw. im Urlaub was kaufen zu müssen. So als Erinnerung.

Ich glaube aber, das ist eine völlig dämliche Ausrede. Denn ich kauf mir ja keinen Kühlschrankmagneten. Nee, ich shoppe wie gewohnt. Nur eben in Reykjavik oder Oslo. Und dann ist die Hose eben von da und der Thrill für mich noch krasser, während ein Mann beispielsweise sagen würde: Ich brauche gerade keine Hose. Oder: Ja, die ist schön, aber ich habe mir doch zu Hause gerade erst eine gekauft. Eigentlich logisch. Und kontoschonend. Wenn ich doch nur so wäre!

Aber ich habe mir neulich eine ganz normale schwarze Hose in Spitzbergen gekauft. Der norwegischen Inselgruppe in der Arktis. Nee, nicht so eine Hightech-Softshell-Airbreath-Waterresistant-200er Hose für die krasse Mountain-Expedition. Das würde ja noch Sinn ergeben.

Nein! Eine feine Abend-Stoff-Hose. Übrigens im einzigen Laden dort, der sowas überhaupt hat. Sonst gibt es da nämlich nur Outdoorkleidung. Aber ich weiß, warum. Wegen des Positiv-Gefühls.

Die Verkäuferin, elfengleich, norwegisch wunderschön und so freundlich, offen und positiv gestimmt, dass ich beim Bezahlen sogar kurz überlegt habe, ob wir heiraten sollen und ich einwandere. So bin ich. So einfach ist es mit den meisten von uns Frauen. Sie war toll und eine Ausnahmeverkäuferin. Sie war wie mein Bikini-Superman!

Ein Mann wäre erst gar nicht in den Laden reingegangen!

Ich schaffe es, wenn ich, wie so oft, auf Tour mit dem Zug unterwegs bin, in einer Umsteigezeit von sieben Minuten zu shoppen. Ich habe eine innere Landkarte von Deutschlands Bahnhöfen. Ich weiß, dass es in Dortmund die Waffel am Stiel gibt, in Fulda den süßen Accessoire-Laden, und es gelingt mir, innerhalb von fünf Minuten durch Hannovers Tchibo zu stürzen, um nach den Angeboten der Woche zu sehen. Und hat der Anschlusszug etwas Verspätung, dann mache ich noch einen gemütlichen Zwei-Minuten-Bummel durch den Esprit.

Ich habe es schon geschafft, an der gesamten Schlange in der Bahnhofsapotheke vorbeizurennen, zu rufen, ich hätte Durchfall, um dann an der Kasse schnell die Handcreme von Vichy zu bezahlen. Meine größte Schwäche sind eben Cosmetics. Aber auch stylische Mützen und Schuhe. Pullis und Jacken. Wir Frauen sind eben doch Sammlerinnen. Nur in einem bin ich keine typische Frau: Ich habe keinen Handtaschen-Fetisch. Diesbezüglich habe ich es also schon geschafft, wie ein Mann zu sein! Und das in DIESEM Leben.

Männer haben keine Handtasche. Außer sie heißen Jorge.

Die Handtasche muss leben. Tut sie auch bei vielen Frauen, wenn man sich das tiefe Innenleben aus Krümeln und verklebten Bonbons so ansieht. Mich erinnern diese Handtaschen an das berühmte schwarze Loch im Universum. Nach langem Suchen tauchen manchmal wieder Dinge darin auf, die im Raum-Zeit-Kontinuum verschwunden waren. Deutsche Mark, halbe Raider oder auch ganze Kinder. Manche Frauen besitzen so riesige Handtaschen, dass sie wegen ihrer Fehlhaltung zur Physiotherapie müssen.

Wenn ich mal einen Mann mit Handtasche sehe, dann steht er garantiert vorm Laden. Und hält die Tasche seiner Frau. Dieses kümmerliche, traurige Bild wollte ich bisher dem Mann an meiner Seite stets ersparen. Männer kommen definitiv ohne Handtasche klar. Ich auch. Ich habe für unterwegs einen coolen Rucksack und für kurze Wege einen Hipster-Beutel. Ups ...

Allerdings besitze ich von diesen Beuteln mindestens zwanzig verschiedene!

Und ich merke, ich häufe immer mehr Zeugs an.

Man soll ja alles, was man ein Jahr nicht angefasst hat, aussortieren.

Ja, alles. Ich stell mir dann immer vor, wie draußen vor der Tür lauter Männer stehen: »Musstest du auch weg?«

»Ja!«

»Komm, lass uns erstmal ein Bier trinken gehen ...«

Bei diesem ganzen Shopping-Thema können wir von Männern so viel lernen. Männer shoppen mit Strategie. Es geht schnell. Sie sind konzentriert. Sie wissen, was sie wollen. Sie haben nicht das »Vielleicht-gibt-es-noch-was-Besseres-Gen«, und das finde ich für so viele Lebenslagen das entscheidende Gen. Dieses Abwägen, dieses ständige »Ach, vielleicht doch nicht«, das macht uns doch fertig. Das kostet so viel Kraft. Wenn ich an den Bikinikauf zurückdenke: Ich WUSSTE eigentlich sofort, dass der erste Bikini der richtige war. Doch ich habe gezweifelt. Wollte wirklich sicher gehen. Das hat mich Stunden gekostet. In denen ich etwas wirklich Sinnvolles hätte tun können.

Zum Beispiel mit Slipeinlagen handeln!

Was also tun? Lasst uns mal wieder mehr auf unsere innere Stimme hören, Mädels! Wir sollten uns viel mehr selbst vertrauen. Dem eigenen Stil. Dem eigenen Geschmack. Wir Frauen lassen uns sehr oft von außen beeinflussen und einlullen. Deswegen ist auch der Großteil der Marketing-Kampagnen, sei es bei Kosmetik oder Kleidung, auf Frauen abgestimmt.

Wenn ich mir allein die ganzen Frauenzeitschriften ansehe. Schaut euch mal eine Ausgabe der *Feindin* an! Nur Werbung.

Macht euch mal die Mühe und reißt sämtliche Werbungsseiten aus einer Frauenzeitschrift raus. Es ist ziemlich krass, wie wenig dann noch übrig bleibt.

Hinzu kommt, dass wir gern das haben wollen, was andere haben. Weil wir die Schönste, die Beste sein wollen. Auch da: Wehret den Anfängen! Ich weiß noch genau, wann ich das erste Mal in meinem Leben mit diesem ganzen Wahnsinn konfrontiert wurde. Es war nämlich nicht meine Mutter, die mir mein Gehirn verdreht hat. Nee. Es waren meine Mitschülerinnen in der Grundschule. Ich war ungefähr acht Jahre alt. Und da begann der Zickenterror. Ich war wie immer mit meiner Mutter in Kassel einkaufen. Zweimal im Jahr fuhren wir in die große Stadt. Mama holte mich in unserem Dorf Hümme an der Grundschule ab. Punkt dreizehn Uhr stand sie mit dem kleinen gelben VW-Polo auf der Straße. Hatte sie das Fenster auf, schmissen ihr die Mitbürger gerne mal ihre Post durch den Schlitz, da sie dachten, das Postauto hält. Mama hatte mir das Mittagessen in Tupperware abgefüllt, schließlich lag eine extrem weite Autofahrt vor uns: Hümme-Kassel, dreißig Kilometer.

Zweimal im Jahr wurden bei uns Herbst/Winter- bzw. Frühjahr/Sommer-Sachen gekauft. Welche für GUT und welche für SONST. Alltag. Ich habe immer aus Spaß gesagt, ich habe Sachen für Gut und für Schlecht. Aber so sagte man das eben damals. Das GUT musste dann multikompatibel einsetzbar sein. So wurde auch das Konfirmationsoutfit so gewählt, dass es für den anschließenden Tanzkurs, Omis Siebzigsten, Weihnachten und Silvester passte. Daher wurde ich als Einzige in Hümme mit einer riesigen lila Schleife um den Bauch konfirmiert. Ich sah aus wie eine Teenagerversion von Bridget Jones!

Zurück zur Weltreise nach Kassel. Es musste Kassel sein, denn Hümme hatte nur einen Bäcker, einen Metzger, einen kleinen Supermarkt, mal abgesehen von der wichtigsten Shoppingmöglichkeit, dem Kaugummiautomaten.

Also ab nach Kassel. Alles war komplett durchgeplant. Wie meine Mutter das gemacht hat, ist mir selbst heute noch ein Rätsel. Excel-Tabellen gab es damals ja noch nicht. Als Allererstes ging es zum Augenarzt. Denn ich schielte als Kind sehr stark. Da ich schon sehr früh eine Brille hatte, wurde bei mir nicht das berühmte eine Auge abgeklebt, sondern ein Brillenglas. Ich sah von weitem aus wie eine Baustelle, bei der die Fenster gerade gemacht werden. Einfach nur sehr, sehr schlimm. Beim Augenarzttermin wurden mir pupillenerweiternde Tropfen ins Auge geträufelt, und zwei Stunden später sollten wir wiederkommen. Doch meine Mutter, das Organisationstalent vor dem Herrn, hatte natürlich diese zwei Stunden durchgeplant. Jetzt wurde eingekauft. Für Gut und für Schlecht. Und das musste sehr, sehr schnell gehen, denn die Tropfen fingen an zu wirken. Schon nach kurzer Zeit fiel ich von der Rolltreppe, nickte nur noch alles ab, was meine Mutter mir hinhielt oder lag weinend unter den Drehständern, wenn ich meinen Willen nicht bekommen konnte.

Wieder zurück beim Augenarzt saß ich mit tränenden Augen vor dem Untersuchungsgerät und der Arzt fragte: »Verträgst du die Tropfen nicht, oder wart ihr etwa wieder bei C&A?«

Mit meinem Bruder war meine Mutter übrigens, soweit ich mich erinnern kann, niemals einkaufen. Dem hat sie alles mitgebracht. Was auch wieder beweist, dass es mit den Jungs schlicht einfacher ist! Nach jedem dieser Kassel-Einkaufstrips habe ich mindestens drei Tage nicht mit meiner Mutter geredet, so schlimmen Streit hatten wir.

Nur ein einziges Mal nicht. Das eine Mal. Als sie mir diesen einen Wunsch, den ich hatte, diesen einen großen Wunsch erfüllte: Die rosa Turnschuhe, die sollten es sein. Pia hatte die ja schließlich auch. Pia war die Schönste der Klasse. Die Coolste. Das It-Girl. Ich war so glücklich! Weil ich wusste, dass es eigentlich nicht mehr im Budget war. Aber wenn es um Schuhe geht, verstehen wir Frauen uns eben blind. Da hält uns das Sammlerinnen-Gen einfach zusammen! Voller Aufregung stand ich extra eine Stunde früher am nächsten Morgen auf, um in meinen neuen Schuhen in Ruhe zu frühstücken und die rosa Schätze dem Papa, der Oma und unserer Katze zeigen zu können. Vorsichtig stieg ich ins Postauto zu Mama, die mich in die Grundschule fuhr, vorsichtig stieg ich wieder aus, um meine neuen Lieblinge bloß nicht dreckig zu machen. Ich wollte wie Pia sein. Ich fühlte mich stark, schön und lebendig.

Doch mein Glück sollte nicht lange währen. Denn die Mitschülerinnen schafften es innerhalb von nur einer Minute, mein Leben in die brennende Hölle von Hümme zu verwandeln:

»Du hast ja Pias Schuhe an!«

Nein, das sind meine.

»Ja, aber die hat doch Pia schon!«

Ja, und? Die wurden doch nicht nur für Pia produziert.

»Ja, aber die hast du ihr nachgemacht!«

Nein, ich kann keine Schuhe machen.

Plötzlich standen alle im Kreis um mich: »Nachmacherin, Nachmacherin, Nachmacherin. Mirja ist ne Nachmacherin!«

Mädchen können so grausam sein. Ich verstand es nicht. Ich verstand es einfach nicht. Ich weinte. Den ganzen Tag. Ich habe die Schuhe nie wieder angezogen. Und ich verstehe es heute noch immer nicht. Pia war das, was heute das Instagram-Girl ist. Eine Stil-Ikone. Schon damals dachte ich: Aber was ist das Problem? Ich finde Pia hübsch. Es ist doch ein Kompliment an sie, wenn ich so sein will wie sie! Warum können sich nicht zwei Frauen, egal ob auf dem Schulhof oder auf Instagram, beide gleichzeitig hübsch, schön und stark fühlen? Warum konnten wir damals nicht beide die gleichen Schuhe tragen?

Aber da fängt es eben schon an. Mit acht Jahren. Und rosa Schuhen.

Warum können wir Frauen eigentlich nicht unterstützender zueinander sein? Dann stünden wir doch automatisch nicht mehr so in Konkurrenz. Letztlich ist es die ewige Konkurrenz unter den Frauen, die alles kaputtmacht. Weil jede die jeweils Schönere, Schlauere, Bessere sein will. Ich habe so etwas bei Jungs und später Männern niemals mitbekommen. Nie! Wenn sich da einer die gleichen Schuhe kauft wie ein anderer, hört man Sätze wie: Ach, cool, haste dir die auch geholt? Sind saubequem, oder? Ja, und nur fünfzig Euro! Fünfzig Euro? Ich hab achtzig bezahlt! Mist!

Wenn sie sich über was aufregen, dann höchstens, dass sie mehr ausgegeben haben als der Kumpel. Aber sie setzen sich nicht in Konkurrenz zueinander! Wenn wir nur mal einen Bruchteil davon schaffen würden, wie ein Mann nicht immer in den Vergleich zu gehen. Sondern unterstützend zu sein. Wie ein guter Bikini!

Selbstbewusstsein in Reinform. Und vor allem würden wir merken: GEMEINSAM sind wir doch noch viel schöner, schlauer, besser und stärker. Es dauert lange, bis man seinen eigenen Stil findet. Und die Schulzeit ist eine der prägendsten Zeiten. Weil man Orientierung sucht. Wir wollten damals alle sein wie Nena, wie die coole Lehrerin. Oder eben wie Pia. Logisch, dass ich im nächsten Leben Mann sein will, wenn ich an die Schuhe oder den Bikini denke!

Ich meine, zeigt mir mal den Mann, der sich beim Badehosenkauf fragt: »Hilfe, das Fleisch hängt hinten ja am Rücken rechts und links so komisch! Ich sehe ja aus wie ein Tannenbaum!«

Das hören wir doch eher selten von den Kerlen. Die sehen das ja auch gar nicht. Die sind eher so drauf: »Joa, ordentlich was dran an mir inzwischen, bin endlich nicht mehr so ein Hemd wie früher!«

Und dann ziehen sie halt den Bauch ein beim Anprobieren. Machen schmale Wangen im Spiegel. Ausatmen tun die doch erst später, wenn die Jeans wieder unterm Gürtel baumelt. Eigentlich ganz schlau. Und habt ihr mal erlebt, dass Männer aus der Umkleide erstmal schön ein Selfie in die WhatsApp-Gruppe »Kumpels« schicken? So nach dem Motto, nur wenn Mats, Max und Manni sagen, dass die Büx okay sitzt, dann nehmen sie die? Nee, nee, da sind die doch schon längst samt Einkaufstüte wieder raus dem Laden. Und stärken sich gepflegt mit Pommes Schranke an der Frittenbude!

Und wenn dein Mann über einen alten Pullover, den du gern für ihn aussortieren würdest, sagt, der ist doch noch gut, dann lachen wir.

Aber vielleicht wäre es ganz gut, das einfach mal so stehen zu lassen. Vielleicht ist der Pulli ja echt noch okay. Womöglich braucht er wirklich keinen neuen.

Und vielleicht schauen wir uns da sogar mal was ab. Eventuell ist unser schwarzes Kleid von vor drei Jahren auch noch gut. Dann verhalten wir uns sogar nachhaltig und umweltbewusst.

Wenn es um das Thema Shoppen geht, sagt ein Mann: »Ich brauche nichts!« Und die Frau: »Nur mal schauen!«

Brauchen und schauen.

Wenn wir mehr schauen, was wir brauchen, statt brauchen, was wir sehen, dann nähern wir uns vielleicht ein Stückchen an.

Also an den Mann. Und er vielleicht auch an uns. Von mir aus auch nur bekleidet mit Bikini und rosa Schuhen.

Mirjas Shoppingtipps

- Du fühlst dich unwohl bei der Verkäuferin? Nichts wie weg! Kauf bei denen, die unterstützend sind! Keine von uns hat *bad vibrations* in der Umkleide verdient!
- Vereinbare mit dir selbst, wie viel Zeit du fürs Shoppen aufwenden willst. Und halte dich dran. Mach am Shoppingtag selbst noch ein Date mit einem schönen Roman oder mit deiner besten Freundin.
- Ignoriere die Werbung. Überlege, was du WIRKLICH brauchst.
- Freu dich, wenn deine Kollegin das gleiche Kleid gekauft hat wie du – so siehst du, wie es wirkt! Mach ihr ein Kompliment!
- Kauf, was du brauchst. Und nicht, wonach du schaust.
- Freu dich an deinen Rundungen. Andere tun es ja auch.
- Wenn du nichts brauchst, kauf nichts. Geh einfach spazieren. Oder schwimmen. Oder, fast noch besser: Geh ins Café und gönn dir eine Erdbeerschnitte UND eine heiße Schokolade. Natürlich mit Sahne. Das macht garantiert glücklich!

Diäten

Heute Mittag war ich beim Zahnarzt.

Ich kam rein, die Sprechstundenhilfe begrüßte mich mit den Worten: »Sie sind doch die Frau mit der Muffinjeans aus dem Fernsehen! Das war ja so toll. Ich habe mich köstlich amüsiert. Danke. Danke, dass Sie das im Fernsehen gesagt haben: dass wir uns mehr lieb haben sollen, so wie wir sind, und uns nicht so fertig machen sollen! Wie recht Sie haben. Wissen Sie, ich bin jetzt 53. Ich bin seit vierzig Jahren auf Diät. Und ich hab einfach keinen Bock mehr. Warum kann man nicht ganz normal aussehen? Wer hat uns so versaut? Und die ganzen jungen Dinger, mit Essstörungen oder Fitnesswahn? Da könnt ich an die Decke gehen ...«

Sie erzählte und erzählte, und ich bemerkte, dass ich mit meinen Themen im Moment wohl irgendwie den Nagel auf den Kopf treffe. Bodyshaming ist in aller Munde, und Frauen haben sich durch den »neuen Feminismus« längst von Äußerlichkeiten freier machen können als noch vor zwanzig Jahren. Wenn ich auch Bodyshaming nur am Rande in meinem Comedyprogramm bearbeite, ist es doch bei mir eher »Selbstbescheißing and having fun dabei«.

Die Sprechstundenhilfe und ich quatschten, wir lachten und scherzten noch eine ganze Weile, bis sie sagte: »Frau Regensburg, schön, dass Sie heute hier sind, aber ihr Termin ist eigentlich erst morgen!«

Auf dem Heimweg dachte ich noch lange über das nach, was sie gesagt hatte. Seit vierzig Jahren auf Diät. Ja, so ungefähr trifft das auf mich auch zu. Ich rechnete nach: Bei mir sind es 27 Jahre.

Als ich geboren wurde, war ich ein sogenanntes normales Kind und später auch erstmal nicht dick, bewegte ich mich doch ständig an der frischen Luft und war auf Achse. Ein Bauernhofkind wie aus dem Bilderbuch. Als Teenager hatte ich Beine bis zum Hals und einen super Körper. Mit 16 fing ich an, die Pille zu nehmen, eher aus medizinischen Gründen, wie man das eben so machte Anfang der neunziger Jahre, und das hat mir sicherlich ein bisschen die Figur ruiniert. Zumindest nahm ich daraufhin bestimmt zehn Kilo zu. Trotzdem war ich in meinen Zwanzigern noch immer so *in shape* und hübsch, dass ich heute, zwanzig Jahre später, denke: Schade, dass ich damals nicht wusste, wie toll ich eigentlich aussah.

Denn: Damals fühlte ich mich genauso dick wie heute! Dazwischen liegen aber nicht nur zwanzig Jahre, sondern auch zwanzig Kilo.

Ich glaube, ich habe fast alle Diäten dieser Welt gemacht. Mit 16 ging es los. Da hatte ich zwar keine Gewichtsprobleme, aber sicherlich Probleme mit meinem Selbstbewusstsein. Der Einfluss, dass abgenommen werden müsse, kam von einer Freundin! Dabei waren wir definitiv beide schlank!

Den Anfang des ganzen Diätwahnsinns machte der berühmte Slim-Fast-Drink. Mit dem Pulver zum Anrühren wurde ich angefixt, es schmeckte wie Pappe und erinnerte mich an das Pulver, das ich als Kind für unsere Kälbchen zubereiten musste. Kälbchen haben ja eine unfassbar raue Zunge. Nach Konsum der Slim-Fast-Drinks hatte ich zwar nicht abgenommen, doch meine Zunge fühlte sich an wie die eines Kälbchens.

Munter ging es weiter mit der Kohlsuppendiät. Wer erinnert sich nicht an diese erfolgsversprechende, gesunde Diät aus den Neunzigern? Der Kochtopf ging durchs ganze Dorf. Und der

Mief! Den haste ja gar nicht mehr aus den Sachen rausgekriegt. Und wohin mit einem? Raus konnte man nicht, wegen der Blähungen, aber drin auch nicht bleiben. Explosionsgefahr. Als wir in Hümme alle Kohlsuppendiät machten, konnte man durch die Kasseler Berge nur noch mit Nebelschlussleuchte fahren.

Der erste Tag mit der Kohlsuppe ging noch echt ganz gut. Am zweiten Tag hab ich sie mir ein bisschen verfeinert. Käse drüber gestreut, Sahne, Hack, Ei. An ungeraden Tagen hab ich mir noch ein Ferrero Rocher reingebröselt.

Meine Mutter war mittlerweile parallel auch auf Diät, mein Vater hatte also zwei schlecht gelaunte Frauen im Haus. Schon damals sagte sie:

»Weißt du, Mirja, als Frau wird man entweder als Kuh oder als Ziege geboren. Wir sind Kühe. Muh!«

Ich mochte schon immer ihre humorvolle Art, mit diesen Dingen umzugehen.

Dass meine Mutter ständig mit ihren überflüssigen Pfunden zu kämpfen hatte, beeinflusste mich. Natürlich. Ohne dass sie mir Vorwürfe machte oder sagte, ich sei zu dick. Das tat sie gar nicht. Sie sagte eben nur oft: »Mirja, wir müssen aufpassen! Wir sind zur Mast geeignet!«

Es reichte vielleicht, dass ich es vorgelebt bekam. Denn durch die Medien wurde ich damals noch nicht versaut. Es gab ja weder Heidi Klum noch Instagram. Mein Umfeld war mein YouTube. Und die Mutter ist mit Sicherheit die wichtigste Person, wenn es um die Beziehung zum eigenen Körper geht. Ob du eine Essstörung bekommst oder alles immer mit einem Augenzwinkern siehst, hat sicher den Ursprung in frühester Jugend. Ich nahm und nehme die Sache mit dem Gewicht noch immer gern mit Humor, aber dennoch war es immer Thema!

Später, als ich in die weite Welt zog, nämlich nach Hamburg, um dort mit 21 meine Musicalausbildung anzufangen, fing das Dilemma dann so richtig an. Ja, ich war etwas kräftiger vom Körperbau, hatte keinen Ballettkörper. Aber ich war definitiv schlank. Aus heutiger Sicht könnte ich heulen, denn ich war wirklich auf der Höhe meiner Optik. Ich hatte noch ein bisschen Babyspeck, aber es war alles in Ordnung. Doch die Ballettlehrerin der Musicalschule suggerierte mir und allen anderen, dass wir unbedingt abnehmen müssten. Wir seien alle viel zu dick fürs Geschäft.

Ich antwortete: »Ich werde mal dick im Geschäft sein!«

Ich fand mich lustig, aber sie konnte so gar nicht darüber lachen!

Da entstand mein Widerwille. Während sich die anderen Mädchen vor der Ballettstunde den Finger in den Hals steckten, war es bei mir ein ganzes Stück Mohnkuchen. Ich mochte die Blicke der Lehrerin und die der Mitschüler. Ich wollte die Revoluzzerin sein, auffallen, gegen den Strom schwimmen. Mit meinen 1,78 Meter stach ich sowieso aus der Menge raus, und die Ballettlehrerin hatte mit ihren 1,40 Meter große Mühe, meine Baumstämme auf die Ballettstange zu wuchten. Wir hatten sowieso Verständigungsprobleme, denn standen wir einander gegenüber, führte SIE ja eine Unterhaltung mit meinem Bauch. Ich war ihr wohl ganz generell zu frech, und so unterstützte sie mich irgendwann im Unterricht gar nicht mehr, schüttelte nur noch jeden Tag vorwurfsvoll den Kopf und gab auf. Sie attestierte mir keinerlei Talent im Ballett.

Jedes Jahr bin ich aufs Neue durch die Ballettprüfung gefallen. Die Abschlussprüfung habe ich aufgrund der hohen Punktzahlen in den anderen Fächern mit Bravour bestanden.

Meine Ballettschläppchen habe ich noch am selben Tag auf dem Schulhof verbrannt.

Heute denke ich: Wie traurig!

Hätte die Lehrerin mich unterstützt, meinen Körper so akzeptiert, wie er nun mal ist, hätte ich Spaß haben und aus mir vielleicht wirklich eine gute Tänzerin werden können.

Im letzten Schuljahr gab es einen neuen Lehrer an der Schule, der uns in Modern Dance unterrichtete. Ich mochte ihn auf Anhieb. Er gab mir dieses gute Gefühl. Denn auch er war ein bisschen zu groß und kräftig geraten und hatte es trotzdem geschafft, professioneller Tänzer zu werden. Ich weiß noch genau, wie wir eine Choreografie zu Madonnas *Frozen* einstudierten. Da machte es bei mir klick. Nicht weil ich am Boden festgefroren war, sondern weil er mir sagte: »Mirja. Du kannst tanzen. Jeder kann tanzen. Hab Spaß, genieß die Musik und liebe deinen Körper. Akzeptiere ihn so wie er ist!«

Goldene Worte.

Die Geschichte mit dem Mohnkuchen steht mir noch immer so vor Augen, als wäre es gestern gewesen: weil ich mich nicht hab kleinkriegen lassen und gegengehalten habe. Trotzdem fühlte ich mich immer falsch, zu dick, nicht richtig.

Meine Figur hatte sich zwar irgendwann gut eingependelt, aber ab dreißig ging es rapide abwärts und ich musste sehr kämpfen. Ich aß und esse nun mal extrem gern! Ich bin eben nicht der Typ, der aufhört zu essen, wenn er satt ist. Ich höre auf zu essen, wenn mir schlecht ist.

Es folgte die Blutgruppendiät, also das Buch hab ich mir zumindest gekauft, umgesetzt hab ich nix davon, denn alles, was ich hätte essen dürfen, war überhaupt nicht mein Ding.

Rohkost und so. Heute sagt man *raw food* und ist dann automatisch ein Hipster.

Dann kam die Brigitte-Diät. Der Klassiker. Halbe À-la-Carte-Rezepte! Da mussteste dir Urlaub für nehmen und nen Kredit! Wer um Himmels Willen hat so viel Zeit und Geld? 16,8g Hähnchenfleisch mager! Ich weiß noch ganz genau, wie ich damals zum Metzger gegangen bin und gesagt habe:

»Guten Tag. Ich hätte gern 16,8 Gramm Hähnchenfleisch mager.«

Der Metzger raunzte mich an: »Geschnitten oder am Stück?«

»Och, wenn Sie es mir schnetzeln könnten, wäre schon schön!«

Er zog ne Hackfresse und ich hatte wirklich große Angst, dass er mich gleich mitschnetzeln würde. Also kaufte ich das ganze Huhn. Zu Hause habe ich mir dann einfach mit einem kleinen scharfen Messer 16,8 Gramm Hähnchenfleisch mager abgeschnitten. Und mir lecker Hühnerfrikassee gemacht. Einen Esslöffel. Aber wohin mit dem Rest? Konnte ich ja nicht einfach wegschmeißen!

Ich habe mir dann direkt Nachtisch gemacht. *Hähnchen brûlé.*

Mein Selbstbeschiss ging munter weiter.

Eine Weile habe ich Trennkost gemacht, das fand ich noch am besten: einfach alles auf unterschiedliche Teller tun. Schön war auch wirklich die Zeit mit der Sauerkraut-Diät. Ich bin da sehr dankbar. Seitdem kann ich bei Stau auf Autobahnen in Fantaflaschen pinkeln. Ich musste nämlich in der Zeit NONSTOP auf Toilette.

Dann kam der Trend mit dem Glykämischen Index. Es wurde wie ein Geheimtipp gehandelt, dass der Blutzuckerspiegel ja immer viel zu schnell steigt, dass das ungesund sei und was man da machen kann. Eine Kollegin schickte mir das Ganze damals noch per Fax. Wie ein spannender Kettenbrief kam die geheime Botschaft über die lange Rolle Thermopapier zu mir nach Hause.

Trotzdem habe ich auch das nur ein paar Tage durchgehalten. Denn, wenn ich was weiß seitdem: Ich LIEBE den rapiden Anstieg meines Blutzuckerspiegels. Kohlenhydrate-Koks für Arme. Ja, Nudeln und Brot machen glücklich. Wer das Gegenteil behauptet, lügt. Nicht umsonst spielt in Elisabeth Gilberts Buch *Eat Pray Love* der Teil, in dem es ums Essen geht, in Italien!

Um die Jahrtausendwende unternahm ich eine kurze Exkursion ins Land der Ananas, was zu völliger Übersäuerung und diversen Magenschleimhautreizungen führte, die ich mit so viel Brot und Nudeln wieder ausgleichen musste, wie nur ging. Dann folgte eine kurze Schlank-im-Schlaf-Phase. Diese Phase war eigentlich die Beste. Heute nennt man das, glaube ich, Intermittierendes Fasten. 16 Stunden nix essen, acht Stunden was essen. Ich habe das aus Versehen gemacht, weil ich mich nach einem harten Partywochenende einfach nur mal ausgeschlafen habe. Ich bin tatsächlich am nächsten Morgen wach geworden und dachte: Krass. 16 Stunden nix gegessen. Ganz flacher Bauch. Habe dann aber in den folgenden acht Stunden für 16 Leute gegessen. War doch richtig so, oder? Warum heißt das nicht Intermettierendes Fasten? Schön mit METT!

Aber die 2000er wären nicht die 2000er gewesen, wenn nicht auch der größte Abnehmtrend aus den USA zu uns rübergeschwappt wäre. The one and only: Weight Watchers.

Seit 2002 bin ich dort passives Mitglied! Und ich komm einfach nicht mit den Punkten hin. Ich hab mir schon so oft Punkte aus anderen Monaten geliehen, dass selbst wenn ich das System jetzt bis zu meinem Lebensende durchziehen würde, es gar nicht mehr klappen könnte.

Dabei funktioniert das Prinzip ja grundsätzlich super. Wenn man sich dran hält! Halt schwierig für Selbstbescheißerinnen! Eine Handvoll Chips. Was ist denn eine Handvoll? Das ist Auslegungssache. Da kann ich schon mal sehr großzügig sein und schaffe es, aus meiner normal großen Hand eine King-Kong-Pranke zu machen. Ein Teelöffel Öl. Tja, selbst wenn es an der Seite minutenlang runterläuft, bleibt es doch im Grunde ein Teelöffel!

Du musst sehr korrekt sein in diesem System. Das war ich selten. Trotzdem ging es einige Male gut, und ich bekam sogar die Gold-Member-Card und den Gold-Schlüssel. Da wirst du in der Gruppe geehrt, darfst eine Rede halten und sagen, wie toll dein Leben jetzt ist und wie gut du dich fühlst.

Sechs Monate später stand ich wieder vor der Gruppe, weinte und erzählte, wie schlecht ich mich fühle. Denn die Gold-Mitgliedschaft war mir wieder entzogen worden. Tja, so kann's gehen.

Obwohl die Treffen, die ich mit einer guten Freundin zusammen besuchte, schon sehr lustig waren. Allein das Wiegen am Anfang. Ich kam immer im Bikini, selbst im Winter, in der leisen Hoffnung, weniger zu wiegen, was aber durch meine Wassereinlagerungen und dem demzufolge stattfindenden Gefrierbrand wieder aufgehoben wurde.

In all den Jahren war übrigens nur ein einziger Mann bei den Treffen der Weight Watchers. Er sagte nie irgendwas. Vielleicht schlief er auch und machte parallel Schlank im Schlaf.

Einmal hat eine Frau in der Gruppe gefragt: »Wie viele Punkte hat eigentlich Sperma?«

Die Leiterin errötete und antwortete: »Drei Punkte.«

Da sagte die Frau allen Ernstes: »Och, dann ess ich lieber einen Kinderriegel.«

Das war der Moment, wo dann auch unser einziger Mann aufgewacht war! Wir lachten alle aus vollem Hals. Es war offensichtlich, dass die Treffen sehr motivierend für uns waren. Denn: Sie waren verbindend. Wenn Frauen etwas können, dann ist es, sich über dieses Thema verbünden.

Diäten gehören einfach zu den absoluten Nummer-Eins-Themen unter Frauen. Aber warum eigentlich? Weil das evolutionstechnisch bedingt ist? Weil wir in der Höhle standen und zu viel Zeit hatten, dummes Zeug zu reden? Wir haben Beeren gesammelt, gekocht, und dann, wenn die Männer immer noch nicht zurück von der Jagd waren, uns eben über diese Themen ausgetauscht. Einerseits steckt da viel Gutes drin. Andererseits ist da aber vielleicht auch der VERGLEICH entstanden. Das, was uns Neid und Missgunst bringt.

Schauen wir mal genauer hin: Verbünden wir Frauen uns denn wirklich über das Thema Abnehmen? Auf den ersten Blick schon. Aber machen wir uns nicht auch wieder dabei klein?

Wenn sich Jungs zum Fußballgucken treffen, reden die doch auch nicht übers Abnehmen. Die reden auch nicht BEIM Essen gehen darüber, dass sie unbedingt abnehmen müssen. Das schaffen auch nur Frauen! Das ist wie beim Liebesspiel zu sagen:

»Boah, nie wieder Sex!«

Ich habe nur eine einzige Freundin, die wirklich mit sich zufrieden ist. Also mit ihrer Figur. Die kifft aber auch den ganzen Tag. Die ist eh komisch in dem Punkt. Ganz anders als die anderen.

Die hat Clips für Chipstüten. Als ich mal bei ihr zu Besuch war, habe ich sie gefragt: »Was sind denn Clips für Chipstüten?«

Sagt sie: »Na, für Chipsreste.«

Ich sag: »Was sind denn Chipsreste??«

Chipsreste! Völlig unverständlich. Wenn ich so nen Chipsrest unterm Sofa finde, dann puste ich die Flusen ab und dann geht der wieder.

Die kriegt auch, obwohl sie so viel kifft, keine schlimmen Fressflashes. Ich sag zu ihr: »Ich ess immer alles auf. Die Tüte Chips, die Schokolade, das Eis, die Haribos ... Bis die Tüte eben leer ist. Wie schaffst du das nur, dass das nicht so ist bei dir?«

Sagt sie: »Ich mache mir so einen kleinen Teller. Und da ist von allem nur ein bisschen drauf. Dann hab ich von allem etwas.«

Das fand ich so einleuchtend, dass ich das zu Hause auch direkt ausprobiert habe. Hab ich mir so ein kleines Tellerchen gemacht. Mich ins Wohnzimmer gesetzt. Netflix angestellt. Und dann hab ich mir noch ein kleines Tellerchen gemacht und noch eins und noch eins und noch eins. Bis alle Tüten leer waren!

Bei mir funktionieren solche Sachen einfach nicht. Selbst in guter Absicht nicht. Auch wenn ich es versuche und fettarme Salzbrezeln für den Fernsehabend kaufe, esse ich die Tüte komplett auf. Natürlich mit einer schönen Portion Käsewürfel dazu, ist ja auch sonst viel zu trocken. Oder ich gehe in der Werbepause runter zum Kiosk und hole gleich die fettigen Kettle-Chips.

Oder neulich beim Einkaufen: im Supermarkt. Ich hatte es mir wirklich vorgenommen. Ich kaufe heute nur was Gesundes. Keine Süßigkeiten. Keine Chips. Dann hab ich mir einen Salat gekauft. Ich war ganz stolz. Und an der Kasse bei den Kühltheken habe ich dann doch wie ferngesteuert ne Riesenpackung

Vanilleeis in den Wagen getan. Und mir selbst gegenüber habe ich so getan, als wenn ich das gar nicht gewesen wäre. Sondern der Bofrost-Mann.

Ich bin Miss Inkonsequenzia!

Eine Freundin hab ich, die joggt ständig. Ist mega-dünn und selbst DIE sagt noch: Jetzt bin ich nur noch eine Magen-Darm-Grippe von meinem Idealgewicht entfernt.

Alle anderen meiner Freundinnen sind eher so wie ich. Und es ist immer sofort Thema! Treffen wir uns zum Essen, lautet der Anfangsdialog immer gleich: »Boah, ich muss unbedingt abnehmen!«

Und dann sagt immer die andere: »Aber nicht heute!«

Natürlich habe ich auch die eine Freundin, die sagt: »Oh, heute besser nur einen Salat!« und mir dann den halben Nachtisch wegfuttert. Ich weiß, dass Männer solche Frauen hassen. Zu Recht. Nachtisch teilen müssen ist das sichere Ende fast jeder Beziehung.

Unsere Unperfektion ist unter meinen Freundinnen allerdings ein großes Thema und birgt unfassbares Humorpotenzial. Wir lachen immer drüber und beömmeln uns. Erst neulich hat mir die eine erzählt, dass das Fitnessstudio sie tatsächlich angerufen hat, warum sie so lange nicht da gewesen sei. Das ist doch der Knaller, oder? Normalerweise leben die doch von uns passiven Mitgliedern.

Wisst ihr was? 75 Prozent aller Männer in Deutschland sind übergewichtig! Trotzdem war kein Mann, mit dem ich es in meinem Leben zu tun hatte, bei dem Thema Abnehmen so wie wir Frauen.

Der erste Mann, den ich in Bezug auf Diäten beobachten durfte, war mein Vater. Er trank gerne mal Bier und Wein und aß nicht gerade wenig. Er hatte keine wirklichen Gewichtsprobleme, mal ein bisschen mehr oder weniger Bauch. Aber wie bei jedem anderen Mann auch war das Maximale, was er zu dem Thema sagte: Ein Mann ohne Bauch ist ein Krüppel. Das war alles. Kein Rumgeheule, kein Nachtisch teilen. Ganz im Gegenteil: Mein Vater konnte locker nach getaner Bauernhofarbeit eine ganze Ein-Liter-Packung Eis vertilgen, ohne mit der Wimper zu zucken. Das hat mich immer sehr beeindruckt.

Und schon damals dachte ich: Ach, wär ich doch nur ein Mann! Denn: Ein Mann hat nun mal einen viel höheren Energieumsatz! Doppelt so hoch! Hätte ich den, sähe ich aus wie Germany's Next Topmodel! Ich aber sehe aus wie Germany's Next Topmoppel! Oder was ist mit Zeitschriften? Machen Männer eigentlich Diäten, die nach Männerzeitschriften benannt sind? *Die neue GQ-Diät?* Oder *Playboy leichte Küche? Never ever.* Kein Bier mehr? Das hieße ja auch kein Fußballgucken. Keine Kumpels mehr. Nee, nee, das machen die nicht. Es sitzt doch kein Mann mit nem Grüntee vor ner Yoga-DVD. Andersherum wird eher ein Schuh draus: Erfolgreiche Männermagazine tragen das Essen sogar im Namen: Die heißen *Beef.* Oder *Praline*.

Wenn ein Mann abnimmt, dann doch eher den Spiegel, oder? Die Männer, die ich kenne, ließen, wenn sie meinten, sie müssten ein bisschen abspecken, dann einfach mal eine Woche den Alkohol weg, gingen drei Mal joggen und schon war wieder alles gut. Machte ICH Weight Watchers und ER aß nur das Abendessen des Diät-Tagesplans mit, nahm er schneller ab als ich, die den ganzen Tag Punkte zählte. Aus Spaß habe ich mal seine tägliche Punktzahl ausgerechnet. Die war doppelt so hoch wie meine. Wie ungerecht. Deswegen möchte ich ja im nächsten Leben Mann sein! Punkteparty!

Klar, geradlinig, rational und ohne großes Gerede stellen Männer fest: Es muss sich eben mehr bewegt werden. Schon sind die Joggingschuhe an und der Mann aus dem Haus.

Oder mein schwuler Freund Thore. Ich nenne ihn immer liebevoll Theraband-Thore, denn er macht ALLES mit dem Theraband. Ja, sogar die Zahnzwischenräume. Er ist fast sechzig, sieht aus wie vierzig, hat einen megastraffen, superdefinierten schlanken Körper. Sein Geheimnis: Er macht ständig Therabandübungen. Er hat sein Theraband immer dabei. Wirklich. Überall. Hat er Sex, ist es quasi ein Dreier. Wegen des Therabands um die Hüften.

Und er isst so wahnsinnig vernünftig, dass es schon fast unheimlich ist. Ich hab ihn gefragt: »Wie genau machst du das?« Da sagte er: »Mirja, das ist ganz einfach. Morgens viel Eiweiß.«

Ich musste direkt lachen: »Viel Eiweiß? Nee, ist klar ...« Ich hab halt immer schnell Bilder im Kopf. Er fuhr fort: »Obst, Joghurt, sowas. Dann später mittags, wenn überhaupt Kohlenhydrate, dann nur sowas wie richtiges Vollkornbrot. Kein Weißmehl. Abends Gemüse, Salat, leichter Fisch. Mehr isses eigentlich nicht.«

»Ja, ist ja gut, ich hab's verstanden.« Ich werde dann ja immer sehr schnell müde.

Trotzdem verfahren doch die meisten Männer getreu des Mottos: Willst du was ändern? Dann TU es. JETZT! Männer sind in diesen Dingen einfach viel unkomplizierter. Die MACHEN einfach. Gehen den geraden Weg. Und wenn es offenkundig ist, oder sie selbst nur meinen, sie wären zu dick, dann heulen sie nicht dauernd rum. Sie gehen mit sich und vor allem untereinander völlig anders damit um. Ich hab so oft miterlebt, dass Frauen sich so was nie direkt ins Gesicht sagen. Machen sie einfach nicht. Dafür lästern sie leider viel mehr.

Eine klassische Situation, die wahrscheinlich jede von uns schon mal mitbekommen hat. Treffen sich zwei Frauen, beispielsweise im Büro, sagt die eine zur anderen: »Oh hi, Süße, du siehst aber toll aus.«

Sobald die aus dem Raum ist, sagt sie zur dritten Frau:

»Oh, haste gesehen, die ist fett geworden!«

Tut mir leid, aber so eine Situation hab ich bei Männern noch nie mitbekommen. Die sehen sich, sagen: »Alter. Bist du fett geworden. Aber steht dir!«

Sie sind ehrlich, machen dann aber meist was Positives draus. Positive Verstärkung. Oder eben nen lustigen Spruch. Ich mag das. Ich finde das viel schöner.

Neulich habe ich im Quatsch Comedy Club in Berlin gespielt, war backstage nur mit männlichen Kollegen. Und da fragte mich einer von ihnen: »Sag mal, Mirja, bist du schwanger?«

Und dann hab ich kurz überlegt, wie ich reagiere. Und es einfach mal als Mann versucht. Ich hab gesagt:

»Ja. Ich bin schwanger. Ich werde es Krustenbraten nennen! Oh, es hat sich gerade bewegt. Das muss die Schwarte gewesen sein.«

Ich mag immer lieber nen dummen Spruch bringen, als mich selber klein zu machen. Seit dem Mohnkuchen beim Ballett ist das eben so!

Einer der Kollegen hatte wahnsinnig abgenommen und ich hab ihn natürlich gefragt, wie er das geschafft hat. Er sagte:

»Du, ich hab einfach meine Ernährung umgestellt und ein bisschen mit Sport angefangen!«

Ich antwortete nur: »Hast du auch ein Theraband?«

Das ist für mich alles zu ungreifbar. Ein bisschen mit Sport anfangen? Wie geht das? Ich bin ja auch nicht ein bisschen schwanger. Und obwohl ich weiß, dass das, was er sagte, die Lösung ist, hätte ich es natürlich – dann doch auch typisch Frau – gern wesentlich komplizierter. Ich möchte mich an einem komplizierten Punktesystem, an einer ausgeklügelten Systematik abarbeiten. Damit ich merke, dass ich auch was tue! Dabei könnte es so einfach sein. Würde ich den direkten Mann-Weg wählen. Mich einfach ein bisschen gesünder ernähren und mehr bewegen. Und nicht Hunderte von Euro für irgendwelche Ernährungssysteme ausgeben.

Warum gelingt das Männern besser? Der Kollege hat da nie drüber geredet. Er hat auch nach der Show nie groß kommentiert, dass er halt gerade keinen Alkohol trinkt. Er hat es einfach nicht gemacht. Trinke ich als Frau keinen Alkohol, werde ich sofort gefragt, ob ich schwanger sei! Monatelang hat der Kollege Stück für Stück abgenommen, sah jetzt echt sehr gesund und froh und munter aus, aber hat eben kein großes Aufsehen darum gemacht. Ich bewundere das. Ehrlich. Es ist so schön einfach und direkt.

Ich dagegen habe mit meinen Freundinnen zeitweise ne WhatsApp-Gruppe zum Thema Abnehmen gehabt. Wir haben einander sogar Fotos von der Waage geschickt – oh, hoffentlich haben die die gelöscht, nicht, dass die mal gegen mich verwendet werden können: »Komm, Mirja, nun sag schon. Nur die ersten zwei Zahlen.«

Aber warum ist das so? Warum ist dieses ganze Diät-Thema so groß für uns Frauen? Warum fällt es uns (vermeintlich) schwerer abzunehmen? Anscheinend doch wieder, weil wir nicht gern den geraden Weg gehen. Einfach fällt uns einfach schwer. Brauchen wir es extra kompliziert? Zeitaufwendiges Kochen, Treffen, WhatsApp-Gruppen und mehr?

Ich meine, drehen wir es doch mal um: Können wir uns eine rein männlich besetzte Slim-Fast-Runde überhaupt vorstellen?

»Komm schon, Florian, so fies schmeckt der Drink doch gar nicht. Denk daran, wie Lena sich freuen wird, wenn du wieder in die Jeans passt, die sie dir zu Weihnachten geschenkt hat. Wir trinken das doch auch. Es wirkt bestimmt! Nur noch zwei Wochen! Komm, Süßer, du schaffst das!«

Oder sehen wir Jürgen vor uns, wie er sich unter Tränen vor Stefan und Martin in der Weight-Watchers-Gruppe selbst bezichtigt, es wieder mal mit den Punkten nicht geschafft zu haben? Sehen wir ihn vor Scham zittern, wenn er erzählt, dass er seit dem letzten Treffen enorm zu- statt abgenommen hat? Und das, obwohl er im Tanga-String auf die Waage gegangen ist? Nö. Eben. Wir sehen die Jungs da nicht. Denn die hätten zu recht gar keinen Bock auf so einen Quatsch, der einen nur niedermacht.

Muss es bei uns Mädels mit System sein, müssen wir so viel drüber reden, weil wir erst dann das Gefühl haben, wir MACHEN auch wirklich was? Suchen wir am Ende doch wieder nach Unterstützung und reden deshalb so viel darüber mit unseren Freundinnen, die es hören wollen und unseren Männern, die es nicht mehr hören können?

Warum nur fällt es uns Frauen so schwer, einfach zu vertrauen? Und zwar uns selbst. Das wär's doch: mal nach innen zu hören. Nach innen zu fühlen. Was wir brauchen, was wir wollen und letztlich, wer wir sind. Und: wer wir sein wollen!

Auch bei diesem Thema ist für mich klar: Im nächsten Leben werd ich Mann. Ich will Krustenbraten. Ich will Nachtisch. Ohne schlechtes Gefühl. Und ohne schlechtes Gewissen. Und taucht das schlechte Gewissen auf, dann rülpse ich einfach ganz, ganz laut.

Oder ich ziehe mir die Joggingschuhe an und laufe los. Sind ja noch wie neu.

Geradlinig.

Dem Speck davon und dem positiven Körpergefühl entgegen. Schließlich wartet an der nächsten Ecke schon ne Bäckerei. Mit Mohnkuchen!

Mirjas Diättipps

- Mach keine Diät. Es bringt nichts. Und du weißt es. Denk an deinen besten Freund. Jo-Jo-Effekt.
- Die Leute, die dir Diät-Systeme verkaufen wollen, wollen vor allem eins: verkaufen.
- Die Diätindustrie verdient Geld an dir. Willst du das?
- Du bist okay. So, wie du bist.
- Wenn du schlanker wärst, wärst du genauso okay. Du wärst immer noch du. Nur halt schlanker.
- Spür in dich rein: Wie geht es dir? Fühlst du dich wohl, so, wie du bist? Super, dann iss, was dir schmeckt. Team Krustenbraten.
- Fühlst du dich unwohl? Dann beweg dich ein bisschen. Das geht. Einmal die Woche laufen. Oder spazieren. Oder schwimmen. Oder tanzen. Oder Yoga. Hauptsache, es macht dir Spaß. Das ist ganz einfach. Geht ohne System.
- Es muss nicht kompliziert sein. Denk an Thore. Obst, Joghurt, Vollkorn, Fisch. Theraband. Mehr isses nicht.
- Du bist okay.
- Deine rundliche Kollegin ist okay.
- Der Diätwahn ist es nicht.

Reisen

Seit es die Menschheit gibt, reist sie. Manche Leute fahren gerne weg. Manche bleiben lieber zu Hause.

Der eine braucht die Sicherheit des Pauschaltourismus, die andere liebt es, alles auf eigene Faust zu entdecken. Auch beim Reisen gibt es durchaus Unterschiede zwischen Mann und Frau. Reisen ist ja zuallererst mal ein Luxus. Wenn ich zum Beispiel an meine Großeltern denke: Die waren, soweit ich weiß, nie so richtig im Urlaub. Die hatten Landwirtschaft. Mit all den Kühen, Schafen, Schweinen, Hühnern und Katzen konnten sie ja nicht, wie ich ganz gern, mal eben so nach New York City fliegen. Allerdings hätten sie alles zur Verfügung gehabt, um auf dem Times Square die Arche Noah nachzustellen. Die Generation meiner Großeltern ist generell nicht viel gereist, wenn, dann nur im Geiste oder mithilfe des Fernsehers.

Damals hatte der Begriff ›Fern-sehen‹ wenigstens einen Sinn! Ich weiß noch, wenn etwas aus Hamburg im Fernsehen kam, wie meine Oma immer aufgeregt rief: »Oh, Hamburg, da würde ich auch mal so gerne hin!« Es ist ihr verwehrt geblieben. Für uns heute eigentlich unvorstellbar, dass man nicht mal eben in einen dreihundert Kilometer entfernten Ort fährt.

Omis Reisen fanden im Kopf statt, das Radio lief oder eben der Fernseher. Und die Verwandtschaft nur vierzig Kilometer entfernt zu besuchen, war für sie eine halbe Weltreise. Da wurde der Sonntagsbesuch schon einen Monat vorher geplant und die Wegzehrung sorgfältig eingetuppert.

Während die Oma ihr langes Leben fast immer zu Hause war, hat der Opa weit mehr gesehen von der Welt. Allerdings unfreiwillig. Denn er war im Zweiten Weltkrieg sieben Jahre lang in Russland in Gefangenschaft. In dieser Zeit hat meine Oma alles alleine gerockt, wie man heute so schön sagt. Sie war eine der starken Frauen dieser Generation.

In der Generation meiner Eltern, der der sogenannten Babyboomer, sah das mit dem Reisen schon anders aus. Kurz nach dem Krieg geboren, haben sie lang darauf gespart, und Urlaubsreisen waren wirklich etwas ganz Besonderes!

Und so habe ich natürlich die ersten Reisen mit meinen Eltern erlebt. Pauschaltourismus auf Mallorca, Gran Canaria, was man eben so machte in den Neunzigern. Natürlich auch mal an die heimische Ostsee. Unvergessen mein gewonnener Karaokewettbewerb in Cala Rajada auf Mallorca. Ich war 16 Jahre alt. Ein Erlebnis, über das wir uns heute noch kaputtlachen. Es war der bis dato letzte gemeinsame Urlaub, denn dann wurde ich ja erwachsen. Also zumindest auf dem Papier.

Doch es sollte nicht das letzte Mal gewesen sein. Denn im vorigen Jahr habe ich was ganz Verrücktes gemacht. Ich bin als Erwachsene mit meinen Eltern in Urlaub gefahren! Ich kann euch nur raten: Macht das auch! Das sind *Trips of a Lifetime*. DAS vergisst man nie!

Letztes Jahr ist mein Papa beim Bäumeschneiden vom Apfelbaum gefallen. Das war nicht so gut. Er lag in der Rehaklinik, hatte viele Schrauben im Rücken und war (für einen Mann) extrem tapfer und ein ›guter‹ Kranker. Bei meinem Besuch habe ich viel gelernt. Vorher hatte ich glücklicherweise doch noch nie eine Reha-Klinik von innen gesehen. Sein Zimmernachbar hat mir erstmal erzählt, dass man heutzutage nicht mehr Kurschatten sagt. Heute sagt man RÜPP. Rehaüberbrückungspartner. Beide beschweren sich übers schlechte Essen und freuten sich über meine mitgebrachte hineingeschmuggelte Ware. Ahle Wurscht aus Nordhessen!

Es ergab sich im Gespräch, dass ich meinen Vater das fragte, was ich sonst nur meine Zuschauer in meinem Programm frage:

»Papa! Was würdest du unbedingt gerne mal machen, wo würdest du gern noch mal hin?« Er überlegte lange. Und sagte dann:

»Nach Lopud! Aber da werde ich wohl nicht mehr hinkommen!«

Ha, dachte ich. Abwarten. Wenn ich etwas liebe, sind es große Herausforderungen. Je schwieriger, umso besser.

Im Jahr 1990 war ich 15 Jahre alt. Es war unser vorletzter gemeinsamer Urlaub gewesen. Wir fuhren nach Lopud. Auf diese kleine Insel nahe Dubrovnik im damaligen Jugoslawien. Es war ein toller Urlaub. Es gab nur zwei Hotels auf der Insel, sie war wenig touristisch erschlossen, vielleicht drei Restaurants, einige Bars und Cafés. Deutschland wurde Weltmeister und ich steckte mitten in der Pubertät. Glück und Leid waren also immer nah beieinander. Stets lag eine gewisse Spannung in der Luft: Würde Deutschland am Abend ein Tor schießen oder ich einen meiner berühmten Tobsuchtsanfälle bekommen?

Wir lernten nette Leute kennen, ich freundete mich mit einer englischen Teenager-Reisegruppe an und wir machten Bekanntschaft mit einer Familie aus dem Ruhrgebiet. Und da bemerkte ich zum ersten Mal die unterschiedlichen Wahrnehmungsweisen von Urlaubserlebnissen bei Mann und Frau. Hatte ich doch mit meinen Eltern zwei gute Beobachtungsexemplare vor mir.

Wir unternahmen kleine Wanderungen auf die andere Seite der Insel, wo sich ein Traumstrand befand. Meine Mutter stöhnte laut über den langen Weg dorthin. Das war ihr eindeutig zu weit und zu sehr bergauf und bergab. Sie ist mehr so der Typ zum aus dem Hotel direkt in den Sand fallen.

Mein Vater wiederum nahm die Strecke gerne auf sich und schwärmte ob des kristallklaren Wassers.

»Da kannste unter Wasser Zeitung lesen!«

Das sagte er jeden Tag. Als würde er das jeden Tag neu entdecken. Was aber kein Anzeichen von verfrühtem Alzheimer war, sondern Ausdruck seiner großen Begeisterungsfähigkeit. Und auch seine männliche Sichtweise auf das Zurücklegen des weiten Weges. Das war wie ein nochmaliges Aussprechen des Lohns, den es für den weiten Weg gab. Ich fand das interessant. Es hatte sowas von *think positive*. Und auf dem Rückweg sagte er immer:

»Zurück geht es sowieso immer schneller. Und wenn ich mich jetzt bewege, ist das Bier schon fast verbrannt, das ich gleich trinke!«

Irgendwie genial, sich in der Sommerhitze so zu motivieren.

Nach dem Gespräch mit meinem Vater in der Reha fuhr ich nach Hause. Als allererstes schaute ich nach, ob es die Insel überhaupt noch gibt. Google sagte, sie sei noch da. Na, Gott sei Dank! Das Hotel von damals existierte noch, war aber mittlerweile ein Superluxuskasten, der nicht nur unbezahlbar war, sondern mir auch nicht gefiel. Ich recherchierte weiter, fand eine wunderbare Ferienwohnung, in der wir viel Platz haben würden, und die zudem noch den wunderbaren Namen »Villa Mirjana« trug. Wie passend! Meine kroatische Namensschwester! Ich buchte Flüge und entschied einfach für meine Eltern mit.

Wir würden diese Reise machen, ob sie nun wollten oder nicht. Ich liebe das heimliche Vorbereiten von Überraschungen. Die Vorfreude darauf ist das Schönste!

Es verging noch ein halbes Jahr, bis ich dann an Weihnachten mit meinem Geschenk vorbeikam. Ich verpackte das Wort L O P U D in fünf einzelne Buchstabenpäckchen und ließ meine Eltern scrabbeln. Sie scrabbelten und scrabbelten und nach einer Stunde hatten sie das Ergebnis D U P L O. Ich musste so lachen!

Mein Vater fragte: »Fahren wir nach Ferrero? Besichtigen wir die wahrscheinlich längste Praline der Welt?«

Mutti ganz cool: »Aber die hast doch du?«

Ich liebe meine Eltern für ihren einzigartigen Humor. Schließlich kam meine Mutter doch noch drauf: »Fahren wir etwa nach Lopud?«

Beide weinten und lachten. Stundenlang. Es war eines der verheultesten Weihnachten, an das ich mich erinnern kann. Doch, meine Eltern freuten sich sehr. Allerdings war die erste Reaktion meiner Mutter auf den geplanten Urlaub: »Oh, dafür hab ich ja gar nichts anzuziehen!«

Während mein Vater gleich wieder sagte: »Da kann man unter Wasser Zeitung lesen!«

Während meine Mutter wahrscheinlich insgeheim hoffte, dass das ja alles noch gar nicht sooo fix sei, schmiedete Papa, ganz der Entdecker, schon die ersten Pläne. Als ich meiner Mutter eröffnete, dass bereits alles geplant und gebucht sei, wurde ihr schwindlig. Denn sie ist nicht so der spontane Typ. Und Fliegen ist schon mal gar nicht ihr Ding, ganz abgesehen von der Fahrt mit der Fähre, die wir ja auch noch würden absolvieren müssen. Auf jeden Fall Google-mapsten wir uns durch die Weihnachtsfeiertage und waren trotz Mamas kleiner Angstschübe voller Vorfreude.

Ein halbes Jahr später war es dann endlich so weit. Und bald schon wurde mir klar, welche Herausforderungen und Tücken es so mit sich bringt, wenn man als Erwachsene mit seinen Eltern in den Urlaub fährt.

Wir saßen bereits im Flieger und fuhren einige Zeit über das Rollfeld des Köln-Bonner-Flughafens, also eigentlich durch die Wahner Heide, um auf den Abflug zu warten. Meine Eltern waren enorm erstaunt, wie lange dieses Hin- und Herrollen dauerte. Hatten sie doch eher Flugerfahrung mit dem Flughafen Kassel-Calden. Gut, da fliegt auch nur eine Maschine am Tag, wenn's hoch kommt.

Schon in der Abflughalle hatte meine Mutter gemoppert: »Also bei uns in Calden geht das alles viel schneller. Check-In, Gepäckkontrolle, Kaffee und Boarding macht ein und dieselbe Person.«

Mein Vater ergänzte: »Und die fliegt auch noch.«

Ich kommentierte: »Und ist mit uns verwandt.«

Als wir also da so hin und her rollten, rief mein Vater in der Kabine ganz trocken und ohne Gefühl für Raum und Lautstärke:

»Ich dachte, wir fliegen nach Dubrovnik?!«

Ich machte mir währenddessen viel mehr Sorgen um den Wasserkonsum meiner Mutter. Sie ist mit ihren 70 Jahren definitiv in dem Alter, in dem sie zu wenig trinkt. An der Frage: »Trinkst du auch genug?«, merkt man, dass sich die Rollen zwischen Kind und Eltern umgekehrt haben. Ich war also ganz im Besorgnis-Modus und fragte: »Mama, hast du auch genug Wasser getrunken?«

Meine Mutter erwiderte: »Das geht bei mir immer alles in die Beine!«

Mein Vater daraufhin: »Dann schütt's doch woanders hin!« Als dann die Stewardess mit den kleinen Broten vorbeikam, brach ich vor Lachen endgültig zusammen. Mein Vater sagte: »Wir brauchen nur das Brot, ahle Wurscht haben wir selber.«

»Papa, wie hast du den die ahle Wurscht hier reingeschmuggelt?«

»Zusammen mit dem Messer!«

Am Flughafen in Dubrovnik angekommen hieß es warten. Und Warten. Und warten.

Warten auf den Bus zum Hafen.

Warten auf die Fähre zur Insel.

Warten auf das Golfcart-Taxi zur Ferienwohnung. Und während dieser Warterei war sehr schön zu beobachten, wie unterschiedliche Frauen und Männer mit so einer Situation umgehen.

Dass ich keinen Pauschalurlaub, sondern alles einzeln gebucht hatte, fanden meine Eltern beide recht ungewöhnlich. Ich plane das alles eben immer lieber selbst, auch wenn ich bei der Anreise vielleicht nicht an alle Eventualitäten gedacht hatte. Sagen wir mal so: Es war jetzt nicht ganz so gut organisiert und eng durchgetaktet wie beim Pauschaltourismus. Auf jeden Fall gab es ordentlich Anlass zu Kommentaren. Argh!

Doch während mein Vater sich darauf einließ, abwartete, und eher chillig war, machte meine Mutter sich permanent Sorgen: Ob der Bus überhaupt komme. Ob wir an der richtigen Haltestelle stünden. Ob der Bus ganz bestimmt zum Fähranleger führe. Ob die Fähre auch sicher sei. Meine Mutter war sehr angespannt. Sie kommentierte einfach ALLES! Es klang so, als hätte ich bei Netflix die Audiobeschreibung eingeschaltet.

Womit sie, wie ich finde, ein sehr typisches Frauenverhalten auf Reisen an den Tag legte. In der Ferienwohnung ging es munter weiter: Das Bett sei zu hart, das Zimmer zu hellhörig, gegenüber liefe ein Betonmischer, das Bad sei zu klein, der Fernseher hänge zu hoch, die falschen Programme seien programmiert, nebenan schleudere viel zu laut eine Waschmaschine, die Brötchen schmeckten aber nicht so gut wie zu Hause, es sei zu heiß, zu schwül, zu dies, zu das. Ich will gar nicht sagen, dass ich da anders bin. Keinesfalls! Ich erkannte mich in meiner Mutter wieder!

Meine These ist aber: Männern fallen all diese Dinge auch auf, und sie stören sich vielleicht auch daran. Die sind ja weder doof noch blind. Ich glaube aber, dass sie nicht alles aussprechen, weil sie wissen: NÜTZT JA NIX! Ob ich im Zug bin, am Bahnhof, am Flughafen, am Strand, im Restaurant oder im Hotel. Wann immer ich auf Reisen bin, sehe ich eher Frauen, die extrem angespannt ihre Männer ankacken als umgekehrt. Der häufigste Satz von Frauen *ever* ist: »Ich hatte mir das alles anders vorgestellt!«

Und das trifft des Pudels Kern. Warum stellen Frauen sich denn Dinge ANDERS vor? Warum haben sie so große Erwartungen? Im Wort ERWARTEN steckt übrigens ER und WARTEN. Das finde ich sehr amüsant!

Wartet ER also erstmal ab, anstatt gleich die große Panik zu schieben?

Vielleicht.

Ich habe mal eine Begebenheit auf dem Münchner Flughafen mitbekommen, die das gut illustriert. Da war eine Clique aus drei Frauen und drei Männern unterwegs. Ich nehme mal an, es waren befreundete Ehepaare. Diese drei Pärchen hatten einander auf dem Weg zum Gate alle irgendwie verloren. Man kennt das ja. Jeder hat unterschiedliche Interessen nach der Gepäckkontrolle: Duty Free, Parfum- und Make-Up-Wahnsinn, Buchladen, Raucherbox oder Pipibox. Da kann schon mal was durcheinandergehen. Jedenfalls fanden sich erst alle ganz kurz vor Schließung ihres Gates glücklich wieder. Aber das Wiedersehen hatte zwei sehr unterschiedliche Gesichter: Als die Frauen sich endlich wiedertrafen, stritten sie 15 Minuten lang – ich habe die Zeit gestoppt – sie diskutierten, wo denn nun wer warum war und wieso sie sich verloren hatten. Sie machten einander nichts als Vorwürfe. Lautstark diskutierten sie und keine von ihnen gab Ruhe: »Ich versteh es nicht. Ich versteh es nicht!«

Das sagte eine von den dreien die ganze Zeit.

Als die Männer sich wiedertrafen, fiel lediglich ein einziger Satz: »Ach, da biste ja!«

Mehr nicht. Nur das. Das Gegenüber nickte stumm. Es war nur dieser eine Satz! Ach, da biste ja!

Ich saß am Gate, schüttelte den Kopf und dachte: Ja. Leider haben die Männer recht. Sie freuen sich. Ist ja auch nix passiert. Sind ja jetzt alle rechtzeitig da. Mehr nicht. NÜTZT JA NIX!

Wenn ich auf die vergangenen Urlaube zurückschaue, habe ich mich oft auch wie die typische Frau verhalten. Trotz reflektiertem Denken. Gehandelt habe ich anders. Ist das vielleicht genetisch vorprogrammiert? Eine Begebenheit zeigt das besonders gut: Es war auf einer meiner ersten großen Wanderungen in den österreichischen Alpen. Der Herzensmensch meinte, ich sei nun so weit und würde das schon schaffen. Eine wirklich herausfordernde Wanderung! Ich erinnere mich daran, dass der Berg so abartig steil war, dass ich die ganze Zeit nur rumgeheult habe. Was den Aufstieg natürlich zusätzlich erschwert hat. Wir kamen fast gar nicht voran. Ich machte während des Aufstiegs ein Riesendrama. Aber selbst am Gipfel angekommen – weil ich so verschwitzt war, weil ich mich nicht erkälten wollte, weil es mir zu zugig war, ich also nicht dableiben, auch keine Aussicht genießen wollte, weil also alles für den Popo war – mussten wir schnell wieder runter. Mecker, mecker, mecker, der Abstieg geht auf die Knie. Mir tut alles weh. Ich sterbe.

Ich meine, mich zu erinnern, dass wir sogar kurzzeitig Schluss gemacht haben. Die Situation eskalierte so sehr, dass wir nach der Bergwanderung 24 Stunden lang kein Wort miteinander geredet haben. Absolute Funkstille.

Nach einem halben Jahr konnten wir wieder beide darüber lachen, und die Sache war so gut wie vergessen. Kam im Freundeskreis die Sprache auf diese Wanderung, schwärmte ich von der Landschaft, der Natur und der Aussicht. Auch wenn ich die gar nicht genossen hatte. Es gab ein schnell geschossenes Selfie mit Gipfelkreuz, das ich mir seitdem hundertmal angeschaut habe, um festzustellen, wo ich nun eigentlich gewesen war. Denn ich war ja blind gewesen vor lauter Meckerei. Es kam mir in der Retrospektive auch alles gar nicht mehr so schlimm vor.

Ungefähr ein Jahr später war es mittlerweile so, dass ich allen erzählte, wie toll die Wanderung gewesen sei. Nein, noch besser: JETZT erzählte ich allen, dass es ja eigentlich MEINE Idee gewesen sei, den Gipfel zu besteigen!

Die Gretchenfrage: War meine Wahrnehmung IM MOMENT des Geschehens völlig verzerrt durch das Drama, das ich gemacht habe? War es wirklich gar nicht soooo schlimm?

Oder war es nur jetzt nicht mehr so schlimm, weil so viel Zeit vergangen war?

Die meisten Frauen, die ich kenne oder auf meinen unzähligen, ganz verschiedenen Reisen beobachtet habe, waren oft sehr angespannt, ängstlich. Es könnte ja etwas Unvorhergesehenes passieren. Etwas, das wir eben nicht erwarten. Dabei wäre es doch mal ganz schön, einfach die Klappe zu halten. Abzuwarten und Buchstaben zu sparen, für Wichtigeres. Das Coolbleiben, das Entspanntbleiben, das geht uns doch oft ab.

Ich kann deshalb jeder Frau nur empfehlen, mal allein in den Urlaub zu fahren. Das ist die größte Herausforderung überhaupt. Als ich das gemacht habe, musste ich mich nämlich selbst anschnauzen, wenn etwas meiner hohen Erwartung so gar nicht entsprach.

Macht das mal. Dann seid ihr nämlich quasi doppelt sauer. Das ist eine irre Erfahrung.

Reist man als Frau allein, hat man natürlich völlig andere Begegnungen, als wenn man zu zweit reist. Man ist automatisch offener und wird auch viel öfter angesprochen. Je nachdem, wo man ist, wird man allerdings meiner Erfahrung nach entweder herzlich willkommen geheißen oder beinahe schon gemobbt. In Städten oder Regionen, wo öfter Menschen allein reisen, kommt man sofort ins Gespräch, hat tolle Begegnungen. Ich habe so interessante Menschen getroffen, Smalltalks oder intensive Gespräche geführt, wurde eingeladen und mir wurde auch oft geholfen, wenn nötig. Die Schattenseite sind die Orte, an denen es nicht so oft Alleinreisende gibt. Wie zum Beispiel in Fünf-Sterne-All-Inclusive-Anlagen. Dort wird man gern mal schief angeguckt.

Vor allem von anderen FRAUEN!

Der Familienmutter-Blick ist von der Sorte mitleidig, traurig: »Warum muss die Arme denn alleine reisen?«

So ein bisschen wie: »Ach, herrje, der arme Pinguin. So ganz allein hier. Mitten in der Fußgängerzone von Wanne-Eickel«

Der It-Girl-Blick ist von der Sorte: »Was stimmt denn mit der irren Alten nicht? Warum hat die keinen Mann?«

Ähnlich, aber doch sind es verschiedene Blicke. Dass man vielleicht alleine reisen WILL, scheinen beide nicht einmal erahnen zu können. Bei dem It-Girl hatte ich allerdings Gelegenheit, sie aufzuklären. Wir lagen nebeneinander am Pool. Sie, mega operiert, Typ Barbie, er total reich. Seit es die Serie Sherlock Holmes gibt, habe ich gelernt, bei meinen Beobachtungen auf das noch so kleinste Detail zu achten, weil es Aufschluss über die Person geben kann. Sie trug drei orangefarbene Seile, die so etwas wie einen Bikini darstellen sollten. Wenn sie auf dem Rücken lag, sah man zwei Rettungsbojen. Er war ein reicher, junger, aber sehr hässlicher Russe mit einer Badehose, auf der vorne stand »Stand by« und hinten »Me«. Kein Witz. Sowas kann man sich nicht ausdenken. Ich musste die ganze Zeit schmunzeln. Sie machte ihm permanent Vorwürfe. Ich verstehe zwar kein Russisch, aber der Tonfall ist international derselbe. Und international verständlich. Ich nenne es Vorwurfisch.

Sie schien absolut nicht glücklich zu sein mit diesem Mann. Die ganze Zeit beobachtete sie mich, so nach dem Motto: Was macht die hier alleine?

Schließlich fasste ich mir ein Herz, weil sie wirklich so oft zu mir rüberguckte. Ich hasse ja nix mehr, als blankes Unwissen zurückzulassen. Ich sagte also ganz cool auf Englisch zu ihr: »Ja. Bei mir ist alles echt. Die Hupen, der Arsch. Der Muffinbauch.

Die Falten. Und die Bezahlung. Denn weißte was? Ich hab das hier alles selbst bezahlt. Ganz allein. Von meinem Geld. Meinem eigenen, selbstverdienten Geld. Das geht, Baby. Das kannst du auch. Denn wir sind im Jahr 2019.«

Und dann bin ich gegangen. Ihren Gesichtsausdruck werde ich nie vergessen. Denn darin lagen Unverständnis, Respekt und gleichzeitig der dringende Wunsch, mit mir abhauen zu können. Ihre Augen hatten auch etwas Trauriges. Und nein, ich denke nicht, dass ich irre, und SIE in Wirklichkeit die Oligarchin war und IHM alles bezahlt hat. So sah das leider nicht aus, wenn ER die Drinks zahlte, die SIE permanent orderte, während sie ihn herumkommandierte. Es war das gängige Klischee.

Dass es so etwas überhaupt heute noch gibt, ist eigentlich schade. Aber es ist ja letztlich noch nicht so lange her, dass Frauen ihre Männer fragen mussten, ob sie überhaupt arbeiten gehen durften! Und man darf natürlich auch nicht vergessen, dass es weltweit unendlich viele Frauen gibt, die sich ganz bewusst für dieses Schicksal entscheiden! Warum sonst wird man Fußballer-Frau? Dabei hatten wir das doch alles in den Sechzigern schon mit der Zahnarztgattin! Ich dachte eigentlich, der Feminismus wäre überall angekommen?!

Ich musste noch oft an die Russin denken. Sie hätte sich retten können. Die Rettungsbojen dafür hätte sie immerhin schon gehabt.

Bei all den Begegnungen auf Reisen war die allerschönste die Begegnung mit mir selbst. Denn wenn man alleine reist, begegnet man vor allem sich selbst. Natürlich hat alles Vor- und Nachteile: Einen romantischen Sonnenuntergang genießt man wohl grundsätzlich gern lieber zu zweit.

Doch wenn man alleine ist, kann man gehen, wenn einem kalt wird. Allerdings ist dann auch keiner da, den man anmotzen könnte, dass einem jetzt kalt ist. Wie oft musste ich über mich selbst lachen, wenn ich Entscheidungen treffen musste, was »wir«, also ich und ich jetzt unternehmen und zu diesen Entscheidungen dann auch noch stehen musste! Das ist oft eine irre Herausforderung. Es macht Spaß und ich kann es nur jeder Frau empfehlen. Natürlich auch jedem Mann.

Ich glaube allerdings, dass mehr Frauen diese Erfahrung machen sollten. Denn der Mann ist ja ganz gern allein, Höhle und so, ne? Also wirklich, liebe Frauen: Wir können viel von den Männern lernen. Auch beim Thema Reisen.

Nicht der Mann allein muss der Entdecker sein. Auch eine Frau kann das. Ich kenne viele Frauen, die so gestrickt sind, dass sie eine Reise bis ins kleinste Detail per Excel-Tabelle, Powerpointpräsentation und iPad perfekt vorbereiten. Über Google Maps alles vorplanen und auschecken.

Findet die Entdeckerin in euch und stärkt sie! Lasst die Meckerin mal links liegen! Sei die Entdeckerin und scheiß auf die Meckerin! Ha, das klingt wie ein Mallorca-Hit: »Sei die Entdeckerin und scheiß auf die Meckerin!«

Wenn wir es schaffen, uns stärker auf das zu konzentrieren, was wir gerade erleben, spüren, sehen oder riechen, wenn wir es schaffen, mehr im Hier und Jetzt zu sein und weniger im Hätte, Wäre, Wenn, dann haben wir selbst ja am meisten davon. Vermutlich hat man ja auch viel weniger Zeit zum Meckern, wenn man sich aufs Entdecken konzentrieren muss!

Statistisch gesehen, ist es übrigens heute immer noch so, dass es die Frauen sind, die für das Reisen das Gepäck packen und die

Männer die, die es verladen. Es ist wohl auch immer noch so, dass die Männer meist das Auto fahren, wenn es in den Urlaub geht. Und den dann folgenden Streit haben wir alle im Ohr, weil wir ihn alle, in welcher Rollenverteilung auch immer, schon selbst erlebt haben! Streit über die Route, das zu schnelle oder zu langsame Fahren, das zu nahe Auffahren des Vordermanns, et cetera pp. Und ER will auf keinen Fall andere Leute nach dem Weg fragen! DAS gehört sich nun wirklich nicht für einen Entdecker. Das kriegt er alleine hin.

Aber es gibt Hoffnung. Es gibt ein Licht am Ende des Gotthardtunnels.

Denn: Es gibt EINE große Gemeinsamkeit: An erster Stelle steht nämlich die Entspannung im Urlaub. Das gilt für Mann und Frau. DAS ist beiden gleichermaßen wichtig. Also: Lasst uns Entspannen. Ent-spannen. Locker bleiben. NÜTZT JA NIX!

Wäre doch mal was: Wir drehen die Statistik einfach um! Stellt euch vor: Stefan übernimmt das Kofferpacken. Da braucht man gleich einen Koffer weniger. Weil er nur das einpackt, was alle sowieso im Urlaub immer anziehen. Stefan lässt die »Was-wäre-wenn-Klamotten« einfach weg. Denn Schnee im Sommer ist eigentlich ja nicht zu erwarten. Und das zu enge Abendkleid, das Dagmar auch zu Hause nicht trägt, packt er erst gar nicht ein. Dagmar sitzt am Steuer und fährt. Auch das entspannt alle, weil Dagmar weniger dicht auffährt als Stefan und – man muss es sagen – ein gutes Einheitstempo hält. Stefan darf nicht meckern, wie sie fährt. Dagmar aber auch nicht, dass er nur ein kleines Make-up-Köfferchen für sie eingepackt hat. Vielleicht gelingt die Entspannung dann, wenn er merkt, wie schön so ein Nickerchen auf dem Beifahrersitz sein kann und wenn sie feststellt, am wohlsten fühlt sie sich eh in dem verwaschenen Shirt und der gemütlichen Shorts, die sie jetzt notgedrungen drei Wochen lang tragen wird.

Dann haben sie es geschafft. Beide! Ach, übrigens: Auf Platz zwei als Urlaubsideal steht statistisch bei Frauen Sightseeing und bei Männern Sex ... Tja. Das lass ich einfach mal so stehen. Im wahrsten Sinne des Wortes!

Mirjas Reisetipps

- Erwartet erstmal nichts.
- Freut euch auf das, was ihr erleben werdet!
- Es wird anders sein als zu Hause.
- Entspannt euch. Unvorhergesehenes kann auf Reisen passieren. Deshalb seid ihr ja unterwegs.
- Lernt ein paar Wörter der Landessprache. So müsst ihr kein Vorwurfsfisch sprechen.
- Schaltet die Kommentarfunktion in eurem Kopf aus.
- Und macht die Augen auf.
- Das meiste klappt. Früher oder später. Es geht selten schneller, wenn man meckert.
- Fahrt ruhig mal alleine los!
- Und wenn zu zweit, tauscht die Rollen vor der Reise – und lasst euch überraschen!

Krankheit

Wenn wir einander zum Geburtstag gratulieren, sagen wir meist: Alles Gute zum Geburtstag, viel Glück und vor allem: VIEL Gesundheit.

Fragen wir unser Gegenüber, was wünschst du dir fürs neue Lebensjahr, kommt häufig die Antwort: vor allem Gesundheit.

Und je älter die Menschen werden, desto mehr gibt es nur noch den einen einzigen Wunsch: Gesundheit. Wenn jemand niest, sage ich auch heute noch: »Gesundheit!« Ich weiß, man soll das ja eigentlich nicht mehr sagen. Aber ich finde das schön. Ich mag das.

Trifft man auf Familienfeiern zusammen, sind Gesundheit und Krankheit auch immer Topthemen. Manche Familien reden viel darüber, manche weniger.

Ich komme aus einer Familie, in der eher viel darüber geredet wird und wurde. Schon als Kind bekommt man ja seine erste Prägung, was Krankheiten angeht. Wurde in der Kindheit alles totgeschwiegen? Oder wurden Krankheiten eigentlich fast schon zelebriert? Oder irgendwas dazwischen?!

Als Kind war ich oft krank. Neben den klassischen Kinderkrankheiten hatte ich ständig Mandelentzündung. Im Wohnzimmer wurde dann für mich ein gemütliches Krankenlager mit vielen Decken und Kissen aufgebaut, es wurde echte Hühnersuppe für mich gekocht und Mama brachte mir eine *Micky-Maus*-Zeitschrift mit. Als ich älter wurde, wurde aus der *Micky Maus* dann eine *Bravo Girl*. Und wenn es richtig gut lief, gab es auch noch Süßigkeiten UND Eis. Unerlässlich bei Mandelentzündung.

Als mir dann irgendwann die Mandeln entfernt wurden, gab es trotzdem bei jedem noch so kleinen Wehwehchen Eis. Wenn ich sagte: »Ich hab Halsweh!«, und meine Mutter erwiderte: »Wie denn, ohne Mandeln?«, dann antwortete ich: »Mein Hals hat Weh. Liebesweh. Er vermisst die Mandeln!«

So kam ich an mein Eis. Ich war da schon immer sehr kreativ. Bei Krankheit wurde mir überdurchschnittlich viel Aufmerksamkeit zuteil. Die meisten von uns kennen dieses Betüdeltwerden sicher – wie behaglich und geborgen hat man sich da als Kind gefühlt! Allerdings kann daraus auch ein Muster entstehen, sodass Körper und Seele diese Belohnung ein Leben lang bei Krankheit erwarten und abspeichern. Das kann auch gefährlich werden!

Treffe ich heute im Erwachsenenalter meine Freundinnen auf einen Kaffee, ist Krankheit immer wieder eines der Topthemen. Manchmal ernst, manchmal ein bisschen lustig. Wie zum Beispiel neulich, da zeigten meine Freundin Franka und ich uns gegenseitig unsere Krampfadern. Ich habe davon so einige. Wenn man die mit Edding verbindet, kann man darin mein Sternzeichen erkennen. Zwillinge. Auf jedem Bein einer.

Ich weiß noch, wie mir mal beim Fernsehdreh eine Kostümbildnerin eine hautfarbene Strumpfhose anzog und dann sofort sagte: »Oh. Nehmen wir doch lieber eine schwarze!«

Gut, es ist jetzt nicht sooo schlimm mit den Krämpis, wie ich sie liebevoll nenne. Ich gebe meinen Körperteilen ja gerne lustige Namen. Meine Schilddrüse beispielsweise nenne ich Schildi. Diese Kosenamen schaffen eine – wie ich finde – humorvolle Distanz.

Beim Kaffeetrinken mit Franka gingen wir noch alle anderen Wehwehchen durch, die gerade so anstehen, und sprachen unverblümt und offen über alles *en detail*. Ich glaube, ich muss hier nicht sonderlich ausholen und erklären, dass Jungs das eher nicht so machen, wenn sie sich auf ein Bier treffen. Spricht ja kein Mann mit seinem Kumpel detailliert über seinen letzten Urologenbesuch. Wenn überhaupt, fällt ein Satz wie: »Boah, gestern der Tag war echt fürn Arsch!«

»Echt?«

»Ja. Finger im Po. Mexiko.«

Sie sprechen ja nicht mal mit sich selbst darüber. Ich kenne keinen Mann, der gern zum Arzt geht. Ich kenne überhaupt nur Männer, die gar nicht zum Arzt gehen. Und wenn, dann auch nur, wenn es gar nicht mehr geht.

Wir alle kennen die Männergrippe. Ja. Ich weiß. Die ist ganz, ganz schlimm. Da laufen dann die geradezu klassischen Dialoge ab: »Meine Augenlider brennen so! Ich kriege nur durch ein Nasenloch Luft! Und es tut so weh beim Atmen.«

»Dann atme nicht.«

Männer sterben ja immer gleich. Wir Frauen reden wenigstens noch drüber. Männer sind Arztvermeider. Sie wollen es gar nicht erst wissen. Und sie sind auch zu beschäftigt. Das sind laut Statistik die zwei Hauptgründe, warum Männer nicht zum Arzt gehen. Und vor allem wollen sie nicht die Geschichten hören, die im Wartezimmer erzählt werden. Das ist noch schlimmer als das Googeln nach Krankheiten. Ich muss zugeben, eine Zeit lang habe ich sämtliche Symptome, die ich so hatte, im Netz recherchiert. Ich weiß, das soll man nicht, aber es hat so Spaß gemacht. Alle Frauen, die ich kenne, machen das.

Aber Obacht: Man kommt vom Hölzchen aufs Stöckchen. Ich habe mal Halsweh eingegeben und wollte mir dann nach drei Stunden die Krampfadern ziehen lassen. Seit ich

Doppelkinn gegoogelt habe, wird mir jede Woche eine Schönheitsklinik in Düsseldorf vorgeschlagen. Die haben echt Humor. Ne Kölnerin nach Düsseldorf einzuladen. Tse.

Aber neben den Schwätzereien, denen man unfreiwillig zuhören muss – es sei denn, man hat Kopfhörer auf, aber dann hört man ja nicht, wie sie einen aufrufen –, ist das Wartezimmer sowieso der blanke Horror. Heutzutage gibt es oft sogar zwei verschiedene Wartezimmer. Eines für Privatpatienten. Und eines für Kassenpatienten. Das erste Mal hab ich das gesehen, als ich einen Termin beim Lungenfacharzt hatte. Gut, Termin kann man es ja heute eh nicht mehr nennen. Es ist eher so ne ungefähre Richtzeit. Oder ein lockeres Date. Aber die Musikuntermalung war schon toll. Im Privat-Wartezimmer lief aus dem Musical Cabaret: *Willkommen, Bienvenue, Welcome!*

Im Kassen-Wartezimmer lief: *Time to say goodbye.* Da hab ich mich auf den Flur gestellt und laut gesungen: *Atemlos!*

Manchmal sitzt man so lange im Wartezimmer, dass sich die Jahreszeit ändert und man sich denkt: Ach, hätte ich doch Wechselklamotten dabei. Jetzt so mit den Flipflops in den Schnee, das gibt doch dann gleich noch eine Blasenentzündung. Oder: Hätt ich mir doch noch Proviant eingetuppert. Und vor allem: Hätt ich doch gleich meine Wohnung für die gesamte Zeit untervermietet. Ist ja grad Messe!

Während ich da also so stundenlang vor mich hin wartete, habe ich die anderen Kranken beobachtet. Ich fand es interessant, wie sich auch da Männer und Frauen augenscheinlich unterscheiden. Der Mann: wartet. Ist eher still. Chillt. Selten nimmt er eine der Zeitschriften in die Hand. Dabei hat man ihm doch ganz gendergerecht eine *auto motor und sport* hingelegt. Gut, es liegen auch echt mehr Frauenzeitschriften da. Ich trau mich eh immer nicht, die anzufassen, weil ich Angst habe, mich beim Umblättern anzustecken.

Die Frau: sabbelt meist die ganze Zeit. Ich habe schon allein vom Zuhören die Symptome gespürt, die eine Mitpatientin schilderte. Ich hatte in den drei Stunden, die ich warten musste, Blasenentzündung, Rücken, Ischias, Halsweh, Gicht, Rheuma und Maul- und Klauenseuche.

Ich selbst bin als Wartezimmerpatientin eher unauffällig. Reiße Rezepte aus den Zeitschriften und klaue die Kosmetikproben. Gut, ich mache auch To-Do-Listen für mein Gespräch mit dem Arzt, damit ich in den zwei Minuten, die er für mich Zeit hat, alle Fragen unterkriege.

Ich habe aber durchaus auch im Wartezimmer schon gegoogelt. Ob ich wohl Gicht habe. Meine Finger waren so dick. Wahrscheinlich vom vielen Googeln.

Ich ärgere mich immer so maßlos über die verlorene Zeit. Und ich wundere mich, warum nicht längst einer auf die Idee gekommen ist, ein Shop-in-Shop-System für Ärzte zu entwickeln. Einfach mal so ein Nagelstudio mit rein in den Wartebereich. Oder ein paar Friseure, in der Zeit könnten sogar Foliensträhnchen einwirken. Massage. Fußpflege. Außer natürlich bei Maul- und Klauenseuche. Oder man nimmt sich einfach mal den Haushalt mit in die Praxis: An dem Tag beim Lungenfacharzt hätte ich locker meine gesamte Bügelwäsche machen können!

Die wenigen Männer jedenfalls, die ich generell so im Wartezimmer sehe, chillaxen. Ruhen. Und hoffen! Sie bleiben positiv eingestellt, im Gegensatz zu den meisten Frauen, die sich eher die absoluten Horrorszenarien ausmalen. Dank des Internets geht das ja auch heutzutage wirklich gut! Doch der Mann denkt stets: »Nee, wird schon nix sein!«

Statistisch gesehen schätzen Männer ihre Gesundheit jedenfalls – im Gegensatz zu Frauen – eher als gut ein. Was sie dann aber vielleicht gar nicht ist. Wissenschaftler glauben, dass eine mögliche Erklärung dafür sein könnte: Männer nehmen körperliche Symptome weniger wahr oder reden weniger darüber. Das kann ich wirklich bestätigen.

An dem Tag, als ich beim Lungenfacharzt war, kamen im Wartezimmer auf acht Frauen nur zwei Männer. Interessant. Als ich dann endlich aufgerufen wurde und das Wartezimmer verließ, kam der magische Satz, den wir alle kennen:

»Nehmen Sie hier bitte noch einen Moment Platz!«

Man wird zwischengeparkt. Willkommen in der Vorhölle. Das ist wie bei *Mensch ärgere Dich nicht*, wenn man dauernd nur eine Eins würfelt. Und nur ein Feld vorrücken kann. Die Privatpatienten sind die Gegner, die einen rauskegeln. Man muss zurück ins Häuschen. Und wartet wieder. Das Schlimmste ist: Die Stühle auf dem FLUR, wo man nämlich jetzt sitzt, sind echt sehr unbequem. So starrt man an die Wand. Ich kann inzwischen dreihundert Ärzte anhand der Raufasertapete in ihrer Praxis erkennen. Schade, dass es *Wetten, dass ...?* nicht mehr gibt. Da hätte ich gut mitmachen können!

Und dann war es endlich soweit: Der Lungenfunktionstest. Ich kam erstmal in so eine Kabine rein. Die sah so aus wie dieses Papst-Auto. Die medizinische Fachangestellte reichte mir eine Nasenklammer, die musste ich mir aufs Näschen setzen. Wie beim Synchronschwimmen! Ich machte ein paar Schwimmbewegungen, fand mich unglaublich lustig, aber die Dame blieb ernst. Erst als ich mich auf den Kopf stellte und mit den Beinen strampelte, fing sie auch an zu lachen. So ein Arztbesuch ist ja eigentlich auch was Ernstes. Seriöses. Aber das fällt mir nun mal schwer. Egal in welcher Lebenslage, sehe ich eben auch immer die Komik. In diesem Fall waren es ihre Ansagen, die mich Tränen lachen ließen. Ich LIEBE Ansagen beim Arzt!

Zunächst einmal waren die Ansagen ein bisschen zu laut, weil die Arzthelferin anscheinend dachte, ich höre sie nicht so gut in meinem Papamobil.

Dabei hatte ich doch die Nasenklammer auf der Nase und nicht auf den Ohren!

Man konnte sie bis ins Wartezimmer hören: »Normal atmen, ein und wieder aus und wieder ein und wieder aus und aus aus aus aus aus und wieder ein und aus aus aus aus aus aus und wieder ein. Und ein und aus und ein und aus und ein und aus!«

Ich hatte das sofort als Ohrwurm im Kopf. Es blieb den ganzen Tag. Und kam immer wieder.

Es verfolgte mich regelrecht.

Ich saß im Auto, da fing es an zu regnen, ich machte den Scheibenwischer an. Und ein und aus und ein und aus ... Dann an der Ampel. Der vor mir hatte den Blinker an: ein und aus und ein und aus ... Und als ich links rückwärts vorm Haus einparken wollte, was ich zugegebenermaßen nicht besonders gut beherrsche, da dachte ich so: »Wo ist die medizinische Fachangestellte, wenn ich sie wirklich brauche?«

Und ein, und aus, und ein und aus, und ausausausausaus ...

Schließlich parkte ich stattdessen auf einem Busparkplatz.

Ein ganz ähnliches Erlebnis hatte ich übrigens mal beim Sehtest. Da gibt es auch immer so schöne Ansagen. Der freundliche

Augenarzt bat mich auf den Stuhl, stellte die Gläser ein und zeigte mir die erste Zahlenreihe: »Und bitte von links nach rechts vorlesen.«

Dann kamen diese unterschiedlichen Gläser.

Der Augenarzt fragte: »So besser? Oder so besser?« Das ging stundenlang. »So besser? Oder so besser?« »So besser? Oder so besser?«

Irgendwann konnte ich einfach nicht mehr und hab fast geheult. Außerdem wusste ich die Zahlenfolge ja schon längst auswendig.

Ich habe sie jetzt noch im Kopf: 93748! Ich wusste dann nicht, was ich machen sollte. Ihn veräppeln oder ihm was sagen? Wie verhält man sich da eigentlich richtig?

Und der Augenarzt wieder: »So besser? Oder so besser?« Ich schwieg. Dann wusste er offenbar auch nicht mehr weiter. Ich ebenfalls nicht, und es gab eine ziemlich lange Pause. Da war auch so schlechte Luft, kein Fenster im Raum. Wir konnten beide nicht mehr. Ich wollte einfach nur noch nach Hause. Keiner von beiden hat mehr was gesagt.

Und in diese Stille hinein, in diese absolute Ruhe, ließ er total laut einen fahren. Und ich nur ganz cool: »So besser? Und aus aus aus aus!«

Schade, dass man beim Augenarzt keine Nasenklammer bekommt ...

Heute würde ich über mich selbst sagen, dass ich eigentlich eine ganz gute Kranke bin. Tatsächlich bin ich mittlerweile nur noch sehr selten krank. Das war früher absolut anders. Ich hatte öfter was UND habe sehr oft darüber geredet. Ich war wesentlich wehleidiger. Ich habe aber daran gearbeitet und mich dabei auch ein bisschen von der männlichen Art, mit dem Thema

Gesundheit umzugehen, inspirieren lassen. Und siehe da, der Körper folgte dem Geist.

Es ist hilfreich, ganz im Männer-Sinne Buchstaben einzusparen, was Krankheiten anbelangt, denn das viele Darüberreden macht es ja nicht besser. Ich google heute gar nicht mehr. Ich habe es mir selbst verboten und fahre damit ganz gut.

Genauso habe ich mir verboten, in Internetforen zu lesen. Es kostet mich viel Selbstdisziplin, das auch wirklich nicht zu tun. Aber es ist besser so.

Wenn ich allerdings meine These so betrachte, dass ich im nächsten Leben gern ein Mann wäre, so muss ich sagen: Beim Thema Krankheit passe ich. Da bin ich definitiv doch lieber eine Frau.

Denn mal abgesehen vom wenigen Drüberreden sagt meine Erfahrung: Kein Mann in meiner Nähe war jemals so *tough* wie eine Frau. Also, was das Schmerzempfinden anbelangt. Es gibt ja mehr oder weniger drei Typen kranker Männer: Den Decke-bis-zur-Nase-ziehen-und-nur-wimmern-ICH-STERBE!-Typ, den Meckerschlechtgelaunt-Typ oder den Ich-ziehe-mich-komplett-in-meine-Höhle-zurück-Typ.

Alles nicht wirklich nachahmenswert.

Wahrscheinlich ist es wirklich so, dass Männer einfach weniger spüren, ob und wie krank sie sind. Vielleicht liegt es auch hier wieder an der Evolution, dass wir da unterschiedlich ticken. Hätte den Männern ja auch auf der Jagd geschadet. Nützt ihm ja nix, wenn er hinterm Mammut herrennt und dann den Ischias spürt. Und die Familie verhungern lässt, weil er ›Rücken‹ hat.

Aber WENN sie dann WIRKLICH krank sind, die Jungs? Dann gute Nacht!

Und wir Frauen? Wir kriegen Kinder. Wir gebären. Da ist eine schwere Grippe ein Fliegenschiss dagegen! Und während wir schon in der Pubertät zum Frauenarzt gehen und uns ›mit all dem‹ früh anfreunden müssen, warten die meisten Männer mit dem Gang zum Männerarzt und der damit verbundenen ›großen Hafenrundfahrt‹ oft erst, bis sie fünfzig Jahre alt sind.

Und ja, Jungs, ihr würdet wirklich sterben, wenn ihr jeden Monat so krass an irgendeiner Stelle eures Körpers bluten würdet. Und damit meine ich nicht, wenn ihr euch beim Rasieren mal schneidet. Da muss ja auch immer gleich ne halbe Rolle Toilettenpapier dran glauben, die ihr dann in fein säuberliche Stückchen im Gesicht verteilt!

Nein. Bei uns Frauen ist das richtig heftig! JEDEN Monat aufs Neue! Von den Schmerzen mal ganz zu schweigen. Die ihr NIE nachvollziehen könnt!

Aber inzwischen seid auch ihr Zielgruppe. Auch euch versucht man mittlerweile zu kriegen. Mit der *Apotheken Umschau!*

Ich hab das neulich in der Apotheke wirklich gesehen. Da stand auf der *Apotheken Umschau* die reißerische Aufschrift: »Typische Männerleiden! – Vorsorge ist die beste Medizin!« Der Zeitschriftenstapel war noch sehr hoch, was darauf schließen ließ, dass die Männer die lieber liegen lassen. Sie wollen es einfach nicht wissen. Vielleicht haben sie aber auch ein bisschen recht damit. Wenn ich allein daran denke, was ich schon in meiner digitalen *Apotheken Umschau,* dem Internet und diesen Foren alles gesehen habe. Da werden Fotos von Hautausschlägen gepostet, verglichen und getauscht wie Paninibildchen. Hunderte von Leuten haben eine Meinung zum Thema. Und keiner davon ist Arzt! Ich hab aber auch schon Reallife-Foren-Chats gehabt, als ich mal mit einer Freundin stundenlang per WhatsApp Fotos getauscht habe und sie interpretiert hat, was das wohl für ein Hautausschlag sein könnte, den ich da habe. Das ging stundenlang. Wir haben uns so richtig schön reingesteigert. In der Zeit hätte ich auch zum Arzt gehen können. Inklusive drei Stunden Wartezeit. Was ich dann auch am nächsten Tag gemacht habe. Ergebnis: Hitzepickel. Laut unserer Internetrecherche hatte ich allerdings die Maul- und Klauenseuche.

Wissenschaftler haben jetzt herausgefunden, dass Männer nicht wehleidiger sind als wir Frauen, sondern eine Erkältung tatsächlich schlimmer haben. Das liegt an ihrer Immunstruktur. Wenn eine Frau krank wird, dann hilft ihr das Hormon Östrogen, die Krankheit abzuschwächen. Beim Mann ist es genau umgekehrt. Sein Testosteron verstärkt die Krankheit. Und jetzt kommt der Knaller: Je höher der Testosteron-Spiegel beim Mann ist, desto stärker wird das männliche Immunsystem geschwächt. Echte Kerle trifft es also noch härter. Deshalb sind die richtigen Kerle, die aussehen wie eine Mischung aus Rambo und King Kong, dann die, bei denen wir Frauen denken: »Häh? Ernsthaft? Der Hüne stirbt jetzt am Männerschnupfen?«

Ich hatte mal einen Herzensmann an meiner Seite, der hatte eine ganz normale Erkältung. Nicht mal eine Grippe. Diese Szene werde ich nie vergessen. Er lag in unserem Bett, die Ikea-Partner-Bettdecke bis zur Nase hochgezogen. Ich liebe ja diese große Ikea-Partnerbettdecke. 15,15 Meter auf 8,80 Meter. Ich habe übrigens mal versucht, die alleine zu beziehen. Ich war vier Tage lang verschollen. Man hat mich schon suchen lassen vom FBI. Flanell-Bettwäschen-Investigationsgeschwader. Doch ich bin dann wieder aufgetaucht. Ich hatte Hunger! Tagelang nur von Trocknerflusen ernähren – das geht nun wirklich nicht.

Also jedenfalls, der Herzensmann war echt krank. In seiner Wahrnehmung. Wir Frauen wären mit dieser Erkältung noch arbeiten und danach einkaufen gegangen, hätten die Kinder versorgt und das Haus neu gestrichen, während ein Apfelkuchen im Ofen buk.

Er aber winselte nur noch. Man hörte kaum noch was. Eigentlich nur noch ein leichtes, röchelndes Atmen. Alles was ich für ihn tat, war falsch, alles, was ich sagte oder fragte, war ihm zu viel und ein zu starker Schmerz in seinen natürlich auch stark entzündeten Ohren.

»Die brennen wie Feuer ...«

Ja, ja, ja.

Dann rief er seine Mutter an. Um zu wissen, was er denn tun solle. Ich stand daneben, als erwachsene Frau. Aber nein, er rief die Mama an. Denn er war wie viele seiner Artgenossen: sehr mutteraffin. Sie sagte am Telefon, dass natürlich alles, was ich bisher im Falle der unheilbaren, schlimmen und beängstigenden Grippe getan und geraten hatte, falsch sei.

Natürlich. In so einer Situation werden sie dann ja echt alle zum Italiener, ne? LA MAMMA! LA MAMMA, LA MAMMA!

Sie hat ihm gesagt, er solle feuchte Wickel machen. Und das tat er dann auch. Selber. Ich durfte ja nicht helfen. Völlig unkoordiniert brachte er überall Wickel an. Ja, auch da. Dann winkte er mich zu sich, winselte nur noch sehr leise, holte mich heran und sagte: »Mirja. Ich weiß nicht, ob ich es schaffen werde. Dort hinten ist der Schlüssel zum Safe. Da sind alle meine Passwörter drin.«

Und ich dachte: Hat auch was Gutes. So eine Männergrippe! Und ich öffnete alle Fenster auf Durchzug. Bei minus vier Grad.

Jetzt mal ehrlich: Was würde eine Frau mit Grippe tun? Okay, sie läge vernünftigerweise auch im Bett. Aber von dort aus würde sie nicht über Passwörter und letzte Dinge sprechen. Und jammern würde sie auch nicht. Oder ihre Mutter anrufen. Nein. Eher würde sie Anweisungen geben, wie der Laden weiterzulaufen hat, solange sie krank ist: »Zu Mittag kannst du den Kindern Spaghetti Bolognese machen, Soße ist noch eingefroren im Tiefkühlfach, zweite Schublade von oben. Der Reinigungszettel hängt an der Pinnwand, der Große hat um 17 Uhr Fußballtraining, sein Trikot ist noch im Trockner, wir sind mit Hinbringen dran. Dreißig-Grad-Wäsche dunkel ist zu waschen. Den Termin bei Schmidts heute Abend müssen wir absagen. Die Kleine ist morgen zum Geburtstag eingeladen und braucht noch ein Geschenk. Ach, und du wolltest doch gestern schon deine Mutter zurückrufen.«

Nur mal so zum Vergleich. Auch wenn ich beim Thema Gesundheit gern eine Frau bin, gibt es natürlich auch hier etwas bei den Männern abzugucken, was uns Frauen das Leben leichter machen könnte. Ich zitiere meinen Opa, der immer gern gesagt hat: »Was ich nicht weiß, macht mich nicht heiß!«

Nicht nur, dass man diesen Satz in viele Richtungen interpretieren kann. Ich finde ihn hier besonders schön interpretierbar. Denn ja. Vielleicht ist mit ›heiß‹ ja das Fieber gemeint!

Liebe Männer, nehmt uns Frauen bei Krankheit einfach das Internet weg und versucht, mit uns zu reden. Das würde wirklich schon helfen. Und ein Eis, bitte.

Und wenn ihr dann mit uns redet, könnt ihr auch die angesparten Buchstaben von eurer letzten Grippe verbrauchen. In diesem Sinne: Hatschi! Oder auch: Gesundheit!

Mirjas Gesundheitstipps

- Google deine Symptome nicht!
- Nein, auch nicht ganz kurz – sonst hast du nachher Maul- und Klauenseuche!
- Es kommt nie so schlimm, wie du googelst!
- Und Finger weg von Internetforen. Da kriegst du nur die Krätze!
- Sabbel nicht so viel über Krankheiten – davon gehen sie ja nicht weg!
- Nutz die Zeit im Wartezimmer kreativ: Gründe ein Start-up oder eine Bürgerinitiative. Schreib einen Roman. Zeit genug hast du ja. Oder erledige meinetwegen die Bügelwäsche.
- Nimm dir ein Beispiel an den Männern: Wenn du krank bist, leg dich ins Bett, und lass dich ordentlich betüdeln. Genieß es in vollen Zügen, dass du mal nichts machen musst, mal nicht für alles zuständig bist.
- Extra-Tipp: Jammer ruhig ein bisschen mehr. Denk an das Drama, was er immer macht. Manchmal wirkt das Wunder.

Dating

Könnt ihr euch noch an euer erstes richtiges Date erinnern? Wurde euch in der Grundschule ein Willst-Du-mit-mir-gehen-Ankreuz-Zettelchen mit *ja, nein, vielleicht* zugesteckt? Oder kam ein Date erst später in einer der höheren Jahrgangsstufen zustande? Etwa nach einer Party mit Festnetznummer-Austausch? Oder seid ihr Generation Y oder gar Z und wisst jetzt gerade gar nicht, wovon ich spreche und kennt Dating überhaupt nur online?

Ich bin ja Generation X und kann mich an mein erstes Date sehr gut erinnern.

Fernab von den Grundschul- und Pubertätsspielereien war mein erstes richtiges Date das Resultat einer Aktion, die damals mit meiner Freundin Ulla eigentlich nur als Spaß gedacht war. Wir waren circa 18 Jahre alt und hatten eine Annonce in einem damals sehr angesagten monatlich erscheinenden Stadtmagazin aufgegeben. Der Text lautete folgendermaßen:

»Zwei Dieseljeans (18 und 19 Jahre) suchen passende Gegenstücke (19-25 Jahre) zum gemeinsamen Drink in der Bar FEZ in Kassel.«

Soweit ich mich erinnere, war das der ganze Text. Vielleicht hatten wir noch die Jeansgrößen angegeben, ich weiß es nicht mehr genau. Dieseljeans waren zu dieser Zeit mega angesagt, warum das aber den Hauptinhalt unserer Annonce darstellte, ist mir bis heute ein Rätsel. Oberflächlicher geht's ja eigentlich kaum. Schon sehr ungewöhnlich aufs Äußerliche bezogen, wo doch Frauen sonst immer nach Humor und Treue bei einem Mann suchen.

Humor hatten WIR auf jeden Fall mit diesem Text bewiesen. Also ein bisschen. Wir waren ja jetzt nicht wirklich auf Partnersuche.

Wir hatten Chiffre angegeben. Das heißt, für alle, die das nicht mehr kennen, da kamen dann Briefe zu uns nach Hause. Und da musste man richtig lange drauf warten. Man kann sich das heute gar nicht mehr vorstellen. Heute ist mit einem Wisch alles weg. Nicht mit Zewa, nein, ich meine natürlich mit Tinder. Was vor 25 Jahren Wochen in Anspruch nahm, geschieht heute in Sekundenbruchteilen.

Damals dauerte es mehrere Wochen, bis alle Zuschriften bei uns eingetrudelt waren. Die mussten ja erst in die Zeitschriften-Redaktion, und dann wurden sie uns geschickt. Immer schön mit der Deutschen Post!

Einige Kandidaten hatten sogar ein Foto beigelegt. Es waren ganz schön viele, die sich »beworben« hatten. Wir hatten uns für zwei Freunde, die nett und lustig schrieben, entschieden, sogar für welche ohne Foto.

Denn die mit Foto waren die, denen ich, wenn sie mich vorher gefragt hätten, empfohlen hätte, eher keines beizulegen. Wir zogen also unsere besten Dieseljeans an und fuhren in die große Stadt, was hieß ins dreißig Kilometer entfernte Kassel, und freuten uns auf unser Doppeldate. Meine Freundin und ich hatten ausgemacht, dass wir einander ein Zeichen geben, wenn es uns mit den Jungs nicht gefällt, und dann würde eine nach der anderen abhauen. Eine Cola später taten wir das tatsächlich. Denn Klaus und Jürgen gingen leider so gar nicht. Blasse Hobby-CB-Funker konnten auch die schönsten Dieseljeans nicht aufhübschen. Per Geheimzeichen ging meine Freundin kurz raus und sagte, sie müsse noch was in die Parkuhr werfen, und ich ging nach hinten zur Toilette, wo sich der Hinterausgang befand. Glücklicherweise – denn durchs winzige Toilettenfenster wäre nur ein Bein von mir rausgekommen. Der Rest der Dieseljeans wäre drinnen stecken geblieben. Wir trafen uns auf dem Parkplatz und lachten noch die ganze Heimfahrt lang über Klaus und Jürgen.

Eine Annonce habe ich nie wieder aufgegeben.

Aber einige Jahre später, mittlerweile wohnte ich schon in Hamburg, habe ich dann noch mal mit einer Freundin bei einer Loveline-Flirt-Sendung im Radio mitgemacht. Ich habe sogar *on air* gesungen. *Run to you* von Whitney Houston. A cappella. Auf irgendeiner Kassette habe ich das noch. Wir haben uns kaputtgelacht. Ich habe ja nicht ernsthaft einen Freund gesucht, aber ich liebte es schon damals, verrückte Sachen auszuprobieren.

Ich muss wohl ganz schön gesungen haben, denn es riefen wirklich total viele Jungs an. Also beim Radio. Die vom Radio haben mich dann angerufen und mir die Nummern gegeben. Und so war ich auch gleich am nächsten Tag verabredet. Auf Hamburgs berühmtem Gänsemarkt. Ein Blind Date. Ich wusste überhaupt nicht, was mich erwartet. Wir hatten am Telefon gesagt, dass ER als Erkennungszeichen eine Zeitung unterm Arm hat. Ich setzte mich auf eine Bank und dann passierte das Unfassbare: Es setzte sich ein sehr gut aussehender junger Mann neben mich und sprach mich an. Wir redeten erst eine ganze Weile, bis ich ihn fragen konnte, ob er denn mein Date sei. Er verneinte, was schlüssig war, denn er trug gar keine Zeitung unterm Arm.

Ich erzählte ihm die Geschichte mit dem Blind Date aus dem Radio, wir amüsierten uns köstlich darüber. Noch einmal sang ich *Run to you*, um für alle die gleichen Voraussetzungen zu schaffen. Es bildete sich eine Menschentraube und der aufgestellte Hut brachte zwanzig D-Mark ein.

Nein, natürlich habe ich das nicht gemacht. Warum eigentlich nicht?

Der Mann mit der Zeitung tauchte dann auf, ich war ja im vollen Schutz aus sicherer Distanz, und wir beobachteten die Szene. Mein unfreiwilliges Date fragte mich dann, ob ich mich zu erkennen geben möchte oder nicht, denn falls nicht, würde er mich gern zum Pizzaessen einladen. Das wiederum fand ich so kurios und verrückt, dass ich zustimmte und wir uns vom Gänsemarkt davonschlichen. Der nette Radiomann bekam mich nie zu Gesicht, was mir noch heute unendlich leid tut. Ich möchte mich, sollte er das hier lesen, dafür in aller Form entschuldigen. Nach 23 Jahren.

Dafür ist es nie zu spät. *I'm gonna run to you*. Jetzt kann man, wenn man das liest, sagen, puh, die ist aber ganz schön oberflächlich. Die entscheidet ja nur nach Aussehen. Die ist ja eher wie ein Kerl!

Ist das so? Schauen Jungs eher aufs Äußere? Laut Statistik schon. Und für Frauen ist laut Statistik das Allerwichtigste am Mann der Humor! Gut, dann ist es bei mir vielleicht wirklich andersherum, da ich ja die Komikerin bin und irgendwie auch schon immer war.

Was das Mann-Frau-Sein im klassischen Sinne anbelangt, bin ich in vielen Belangen wirklich eher wie ein Mann. Ich war nie das typische Weibchen. Das Mädchen. Das unschuldige, unsichere Ding, das den Kerl anhimmelt. Und eher passiv ist. Das sich erobern und erlegen lässt. Nee, das war ich nie.

Aber gerade was das Thema DATING angeht, bin ich natürlich doch eine typische Frau. Aber sowas von! Das beginnt schon vor dem eigentlichen Date: Bei der Vorbereitung!

Wenn es ums Vorbereiten zu einem wichtigen Date geht, sind die Mädels des *inner circle* natürlich immer eingeweiht. Alles wird minutiös geplant und besprochen. Heutzutage schickt man sich Fotos der verschiedenen Outfits, zieht sich drei Mal um und trägt dann doch das, was man als Erstes anziehen wollte. Eine der Freundinnen wird so gebrieft, dass es im Falle eines Falles den Notfallanruf gibt, den man aus unzähligen Hollywoodfilmen mit Cameron Diaz, Jennifer Aniston oder *Sex and the City* kennt und den ich auch schon selbst getätigt habe: »Was? Deine Katze ist gestorben? Wann denn? Oh Gott, ja ich fahre sofort los!«

Gefolgt vom – wie ich finde – noch viel fieseren: »Wie er hat eben Schluss gemacht? Nach sieben Jahren? Spinnt der?«

Und dann muss man ganz, ganz plötzlich weg. Das tut einem dann ja auch totaaaaal leid. Aber wie soll man sich sonst am elegantesten aus der Affäre ziehen? Als Frau?

Ein Typ macht sowas nicht. Der sagt einfach, dass er jetzt los muss.

OHNE Begründung.

Das macht doch kein Kerl, dass er nach einer Stunde seinen besten Kumpel anrufen lässt, der dann einen kaputten Auspuff hat oder Hilfe beim Ölwechsel braucht.

Männer machen auch nicht so einen Aufriss, was das Styling angeht.

Der Mann lässt zum Date entweder die Klamotte an, die er eh den ganzen Tag schon trug, oder nimmt, was gerade so rumliegt, und riecht dran, ob das noch gut ist. Es kann so einfach sein.

Gerader, unkomplizierter Weg.

Ja, sicher, es gibt bestimmt auch Männer, die sich stundenlang vorher duschen, rasieren, frisieren und verschiedene Outfits wählen. Aber das ist, glaube ich, die Minderheit. Ich hatte noch keinen Kerl, der zu mir gesagt hat: »Sorry, dass ich zu spät bin, ich hab die Haare nicht hingekriegt!«

Wenn ich bedenke, wie viele Stunden ich in meinem Leben schon vorm Kleiderschrank verbracht habe, wenn ich verabredet war. Wie oft ich mich umgezogen habe! Jede Frau kennt den folgenden inneren Monolog: »Das ist zu sportlich, das ist zu sexy, nee, da denkt er, es geht am ersten Abend gleich in die Kiste, darin hab ich einen zu fetten Arsch, darin leider auch, das ist zu kalt, dann friere ich wieder, also doch Zwiebellook, dann kann ich was ausziehen, aber dann denkt er, ich bin voll die Oma, hohe Schuhe, nee, dann bin ich zu groß, er ist ja nur ein bisschen größer als ich, ja, gut, da steh ich drüber, also dann im wahrsten Sinne des Wortes, also doch Sneakers, aber die heben den Po nicht an, Schlankmachunterwäsche à la Bridget Jones, nee, dann darf aber auf keinen Fall was laufen, weil wäre ja sonst auch peinlich, wenn er was davon auszieht oder mich nur streichelt und meine Schenkel sich anfühlen wie eingeschweißte Hähnchenteile bei Rewe. Und wie schmink ich mich? Männer mögen ja eigentlich kein starkes Make-up. Ich mag, seit ich denken kann, Lippenstift tragen, aber der sendet auch die falschen Signale. Lippenstift ist immer gleich so porno. Also lieber weglassen? Die Augen stark betonen? Bloß nicht zu sehr zukleistern. Kenne keinen, der darauf steht. Haare offen oder ein salopper Pferdeschwanz? Haare auf mögen ja die meisten Männer ...«

OH GOTT! Es kann so schwierig sein als Frau.

Wenn ich so an die Dates in den Neunzigern zurückdenke mit Zeitungsannonce und Radio, dann muss ich schmunzeln, denn es hatte so was total Unschuldiges, aber auch Liebevolles.

Und heute? Tindern alle.

Ich weiß noch, als ich meiner Mutter erklärt habe, was Tinder ist. Ich sagte: »Mama, bei Tinder da lernt man sich beim Wischen kennen!« Meine Mutter erwidert:

»Wie? In einer Putzkolonne?«

Ja. So ähnlich. Ne Kolonne ist es ja schon irgendwie. Eine Kolonne Männer, die bei dir um die Ecke wohnt, je nachdem, wie du deinen Radius eingestellt hast.

Kurz erklärt, für alle, die Tinder nur vom Hörensagen kennen: Tinder ist eine App, dort stellt man Fotos von sich ein. So wie man sich eben präsentieren möchte, dazu einen kurzen Text zur Person. Dem Nutzer werden die Fotos angezeigt, vorausgesetzt, das eingegrenzte Alter stimmt.

Früher hieß das in der TV Werbung nachts um ein Uhr: »Girls aus deiner Umgebung warten auf deinen Anruf!«

Heute heißt es: »Boys in deiner Umgebung warten auf ein Match«. Denn wenn es *matcht*, fand der Boy dich auch gut! Das heißt: Beide haben das jeweilige Foto nach rechts gewischt.

Das Ganze besteht wirklich nur aus Wischen.

Und ich fürchte, mehr am Wischen als bei Tinder ist ein Mann später in seinem gesamten Leben nicht mehr.

Bei einigen Kandidaten sieht man gleich an ihren Fotos und ihrem Text, dass sie wohl eher flirtiges, erotisches Interesse haben, bei einigen geht es aber auch um ein ganz normales Kennenlernen. Wie man sich eben so digital kennenlernen kann.

Jungs bevorzugen Fotos, die sie in allen erdenklichen Sportarten zeigen, vorausgesetzt, sie sind sportlich. Dickere Jungs haben Portraits.

Frauen bevorzugen Duckface-Selfies und Fotos mit ihren Katzen oder Vierbeinern. Dickere Mädchen haben Portraits. Es gibt unausgesprochene Regeln. Unter anderem, dass der, der *matcht,* auch zuerst schreibt.

Und dann schreibt man sich eine Weile auf Tinder. Man merkt schon relativ schnell, ob es über ein »Hey, na, wie geht's?« oder ein »Schönes Lächeln« oder ein »Was machst du so?«, hinausgeht.

Bei manchen hat man wirklich den Eindruck, sie arbeiten nur mit *copy and paste.* Nur wenige beherrschen die deutsche Rechtschreibung. Ich bin da leider sehr empfindlich. Wenn es dann aber beim Schreiben auf Tinder ganz okay war, geht es über zu WhatsApp. Entweder verabredet man sich dann gleich schon auf einen Kaffee oder man telefoniert.

Ich habe folgende Tinder-Typen ausmachen können:

1) **Der Brieffreund:** Er schreibt gerne und viel. Vor allem belangloses Zeug. An einem Treffen im realen Leben scheint er nur wenig Interesse zu haben. Versucht man zaghaft oder auch aktiv, ihn aus seiner Schreibhülle herauszuziehen und ins echte Leben zu holen, also auf einen Kaffee oder Bier zu treffen, sagt er ab. »Erkältet, muss beim Umzug helfen, gestern wurde es leider so spät, muss morgen früh raus, gerne nächste Woche, mal schauen.« Man fragt sich, was der Brieffreund will. Und kommt zu dem Ergebnis: Das weiß er wohl selber nicht.

2) **Der Wortakrobat:** Er schreibt gerne und viel. Tolle Sätze. Sie sprühen nur so vor Humor, Intelligenz und Charme. Sofort möchte man sich aus dem Onesie pellen, Wimperntusche drauf, raus aus dem Haus und ihn kennenlernen. Der Wortakrobat fragt interessante Dinge und man merkt sofort, das ist nichts Oberflächliches. Die Dialoge sind ein echter Schlagabtausch und machen Spaß. So geht es weiter. Tagelang. Doch irgendwann stellt er die Frage: »Machst du eigentlich Sport?«, und wenn man bis drei zählen kann, ist klar: Er will wissen, ob man dünn, mittel oder dick ist. Er fragt nach weiteren Fotos, will Ganzkörperfotos, sonst will er sich nicht treffen. Man ist irritiert: War doch der erste Eindruck ein ganz anderer! Es entspinnt sich ein weiteres, vorerst noch lustiges Wortgefecht über Oberflächlichkeit, gefolgt von seiner Ansage, dass man doch nun mal als erwachsener Mann wisse, worauf man stehe und »modern curvy« sei es nun mal nicht, da müsse man doch auch ganz ehrlich sein dürfen. Das wollten wir Frauen doch immer. Aha. Nach zwei Wochen nobelpreisverdächtiger Texte fragt man sich: »Wer hat sie jetzt eigentlich nicht mehr alle, der oder ich?« Der Wortakrobat behält sich seine beste Pointe, die man sich selbst allerdings nie so hätte ausdenken können, bis zum Schluss auf: Da ihm die Fotos offensichtlich nicht zusagen, lehnt er ein Date ab. Er ändert sein Profil in »Sie soll eine sportliche Figur haben«. Außerdem bietet er an, eine kostenlose Coachingstunde bei ihm zu nehmen. Denn er ist ja Coach. Falls einem also etwas auf der Seele liege und es etwas zu besprechen gebe, könne er einen coachen. Kostenlos. Ich empfehle, das Angebot anzunehmen. Um ihm dann aufs Maul zu hauen. Kostenlos.

3) **Der Irre:** Auf den Fotos erkennst du im Grunde schon den leicht diabolischen Blick, der dich zugleich anzieht und abstößt. Doch ein Bier kostet ja (fast) nix, also stimmst du dem sehr spontanen Treffen zu, denn du denkst dir, nicht lang schnacken! Schon nach drei Sätzen ist dir klar, du hast es mit einem Exemplar der Marke *super-weird* zu tun. Denn er redet extrem wirres Zeug und erzählt dir ausführlich von seinem größten Hobby: »Am Wochenende in den Wald gehen und mit dem Gewehr rumballern!« Auf deinen Einwand hin »Dabei könntest du ja versehentlich auch auf einen Menschen schießen!«, erwidert er: «Klar. Kann passieren. Ist ein Risiko. Ich hoffe nur immer, dass ich kein Kaninchen erwische, dem könnte ich niemals was zuleide tun!« Okay, denkst du dir. Du willst schnell weg, er sagt aber: »Ich möchte dir jetzt wirklich keine schlechte Userexperience geben!« Also dem simse ich mal lieber die Nummer von dem Coach. Der ist auch User. Und hat Experience. Vielleicht kann der helfen. Kostenlos.

4) **Der Sexsucher:** Der ist schnell erklärt. Er schreibt, dass er ausschließlich Interesse an Sex hat, deine Fotos »geil« findet und als du nach fünf Minuten noch nicht geantwortet hast, löscht er sofort das Match und schreibt: »Dann eben nicht!« Schnell zusammengefasst: Beim Sexsucher ist generell viel Druck vorhanden. Nicht nur auf dem Füller.

5) **Der Verliebte:** Achtung, liebe Frauen! *Dangerzone!* Der Verliebte ist der, der nicht viel schreibt und sich gleich treffen will. Das lässt auf einen großen Erfahrungsschatz bei Tinder schließen, denn er ist schlau und weiß: Diese ganze

virtuelle Schreiberei bringt so gar nichts, man baut sich nur ein Bild im Kopf, das dann vielleicht gar nicht stimmt. Geschriebene Worte können alles sein, im schlimmsten Falle sind sie sogar abgeschrieben, und so ist es besser, einander gleich zu sehen und die Chemie abzuchecken. Dass er offensichtlich einen großen Erfahrungsschatz besitzt, ist uns Frauen aber irgendwie egal, wir verdrängen sowas ganz gerne, nach dem Motto: »Ach, bei mir ist bestimmt alles ganz anders!« Bestimmt. Der Verliebte ist offen, charmant, scheinbar wirklich interessiert und kommt am ehesten dem nahe, was früher eine Kneipenbekanntschaft war, die man noch mal wiedersehen will. Denn schließlich hat man ihn ja sozusagen in der virtuellen Kneipe Tinder kennengelernt und den ersten Smalltalk hinter sich. Der Verliebte ist eloquent, hat Benehmen, hält einem die Tür auf und ist der Einzige, bei dem man das Gefühl hat, man hat wirklich ein Date. Manchmal zahlt er, manchmal nicht. So wie man es als moderne Frau eigentlich ganz gerne hat! Aber Obacht: So himmelhochjauchzend rasch, wie der Verliebte aufgetaucht ist, so blitzschnell kann er auch wieder verschwinden. Auch wenn es einige, vielleicht sogar viele Dates gab. Denn er ist eben nur von seinen Gefühlen getrieben. Und die können sich ganz schnell ändern. Plötzlich entscheidet er sich um. Kurz abgecheckt, Bewerbungsgespräche und Test bestanden. Oder eben auch nicht. Waren einfach zu viele Konkurrentinnen in der Pipeline? Wir werden es leider nie erfahren. Denn der Verliebte meldet sich nie mehr. Deswegen bei dieser Spezies unbedingt aufpassen und an den Abschluss einer Tindersicherung denken!

6) **Der Kumpel:** Der Kumpel ist, ebenso wie der Verliebte, ein Fan von schnellen Tatsachen. Er sucht keine Brieffreundschaft, sondern möchte sich lieber sofort treffen. In der Kneipe um die Ecke. Gesagt, getan. Sehr schnell stellst du allerdings nach zwei Sekunden fest: »Nä, das isses nicht!«, und ihm geht es genauso. Gott sei Dank! Einigkeit. Das Schöne: Es wird ein netter und entspannter Abend. Ihr versteht euch wirklich gut und habt Spaß. Weder Sex noch weiteres Mann-Frau-Geplänkel stehen im Weg. Mit dem Kumpel hat man tolle Gespräche, kann sich gemeinsam totlachen, betrinken oder Pferde stehlen. Eigentlich ist das der wahre Tinder-Glücksfall!

Ergo: Tinder kann man machen. Muss man aber nicht. Da muss man schon für gemacht sein. Meins ist es nicht. Aber an Weihnachten hatte ich großen Spaß mit meinen neu umgetexteten Weihnachtsliedern: *Morgen, Tinder wird's was geben ... Oh Tinderbaum ... Ihr Tinderlein kommet ... Tinder Nacht, heilige Nacht ... Tinderbells, Tinderbells, tinder all the way ... We wish you a tinder Christmas.*

Mein Favorit ist der berühmte Ohrwurm, der ja auch inhaltlich am nächsten dran ist: *Tinder Christmas, I gave you my heart, but the very next day, you gave it away.*

Da lobe ich mir doch das klassische Chatten von vor ein paar Jahren: Ich habe das mal probiert. Ich wollte einfach mal wissen, wie das so ist. So mit einem Mann. Im normalen Chat. Christoph hieß der. War schon ungewohnt am Anfang. Aber irgendwie auch gleich so vertraut. Wir hatten auch sofort ein Thema, das uns beide begeistert hat, wofür wir Feuer und

Flamme waren. Der hat auch immer schnell geantwortet und das war so spannend zu sehen, wie er dann immer geschrieben hat. Ich denke, ich werde ihn noch mal kontaktieren – einfach toll, dass es den Apple Support gibt.

Wenn ich zurückschaue auf die guten alten Neunziger und die damaligen Datingmethoden, und heute Tinder und Co. betrachte, so muss ich sagen: Vieles hat sich verändert. Vieles ist auch gleich geblieben. Zum Beispiel die Grundkonstellation.

Auch beim Daten muss ich sagen: JA! Im nächsten Leben wär ich gern ein Mann. Denn ich glaube wirklich, dass Männer es auch in diesem Punkt einfacher haben. Oder es sich eben einfacher machen. Je nachdem.

Wir Frauen sind es doch, die meist in jeder Entwicklungsstufe des Datingprozesses alles mit mindestens der einen besten Freundin besprechen.

Früher war es die Standleitung auf dem Festnetz und die Dialoge waren: »Und was hat er dann gesagt? Und wie seid ihr verblieben? Meldet er sich oder du? Hat er sich schon gemeldet? Du musst ihm Zeit lassen!«

Es ging damals alles ein bisschen langsamer. Selbst das Kennenlernen. Was schon allein an den telepostalischen Möglichkeiten lag. Früher kam man abends nach Hause, rannte in den Flur zum Anrufbeantworter. Die Freude war so unendlich groß, wenn der dann tatsächlich blinkte. Darauf hatte man den ganzen Tag gewartet! Da konnte sich noch Spannung aufbauen. Man wusste ja noch nicht, ob es tatsächlich der ersehnte Anruf war. Heute: WhatsApp. Wann werden die zwei Häkchen blau? Wieso werden die Häkchen nicht blau, der ist doch online?! Was macht der denn? Der schreibt doch mit einer anderen! Das ist doch alles Irrsinn. Und wenn er dann heutzutage endlich geantwortet hat, werden Screenshots von WhatsApp-Dialogen gemacht, die Freundin soll mitlesen und vor allem mitinterpretieren, obwohl sie den Prinzen eigentlich gar nicht kennt. Und diese Phase im Dating, im Kennenlernen, dieses ganze Umwerben und Abwarten, das würde ich gern im nächsten Leben aussparen. Denn ich finde es unendlich anstrengend!

Mein Lieblingsbild mit der Evolution und der Höhle und der Jagd kann ich hier auch wieder anbringen. Es ist ein bisschen platt und ein Klischee, mag sein. Aber es scheint zu stimmen.

Die Frauen waren es doch, die in der Höhle warteten und zu viel Zeit hatten, dummes Zeug zu labern und zu interpretieren. Die Jungs hatten dazu auf der Jagd keine Zeit. Und es ist im Grunde alles so einfach. Damals in der Höhle wie heute. Zwischen »Er weiß einfach noch nicht, dass er mich liebt!« und »Er steht einfach nicht auf dich!« gibt es eigentlich keinen Unterschied. Jungs wissen das sehr genau. Die können das nur eben manchmal nicht so gut ausdrücken. Oder klar ansagen. Und mit diesem Verhalten laufen sie genau in die Falle des Interpretationswillens einer Frau. Denn wir interpretieren nun mal allzu gern. Wie viele Stunden in meinem Leben und im Leben meiner Freundinnen wir allein damit verbracht haben, zu verstehen, warum er sich nicht meldet! Mittlerweile gibt es im Internet unzählige Seiten zum Thema »Warum er sich plötzlich nicht mehr meldet!«

Was es da alles gibt, Coaches, die den Frauen sagen, wie sie sich bloß richtig verhalten sollen, damit ER zurückkommt. Denn er braucht Zeit, er kann nicht so schnell von der Kennenlernphase in die Bindungsphase gehen. Er schüttet beim Sex nicht gleich so viele Bindungshormone aus wie Frauen. Er muss erstmal in die Rückzugsphase. Watt? Ich dachte Keule übern Kopp und dann ist gut?

Und im Netz gibt es ernsthaft Seiten, die einem als Frau erklären, was man dann genau machen soll, es gibt sogar SMS-Vorlagen, was man wie genau sagen beziehungsweise schreiben soll.

Ein Riesenmarkt an Möglichkeiten, auf dem seriöse und weniger seriöse Coaches Geld dafür verlangen, Frauen im Grunde zum Narren zu halten. Da lob ich mir doch meinen Coach von Tinder! Der war sogar kostenlos!

Ich meine, stellen wir uns doch mal Folgendes vor: Sascha ist sich nicht sicher, ob Dagmar auf ihn steht oder nicht. Und? Was macht er? Telefoniert er stundenlang mit seinem besten Freund Klaus und interpretiert Dagmars Verhalten beim letzten Date im Restaurant wieder und wieder? So nach dem Motto:

»Sie hat ihre Hand auf den Tisch gelegt und ihr linker Zeigefinger befand sich nur ein paar Zentimeter neben meinem. Das hat doch was zu bedeuten, oder, Klaus? Oder? Meinst du, sie meldet sich morgen? Was mache ich denn bloß, wenn sie sich nicht meldet!«

Nö. Sascha denkt gar nicht dran.

Sascha liest auch keine Tipps im Netz namens *Zehn mögliche Gründe, warum sie sich nicht meldet*. Sascha wünscht sich bestimmt, dass Dagmar ihn unwiderstehlich findet. Aber er weiß, es hat keinen Zweck, das herbeiinterpretieren zu wollen. Also geht Sascha zum Handball, wie jeden Mittwoch. Und danach auf ein wortloses Bier mit Klaus und den Kumpels. Ob Dagmar sich gemeldet hat oder nicht, wird er sehen, wenn er wieder zu Hause ist, wo sein Handy liegt. Entspannt. Schicksalsergeben. *You name it.* Auf jeden Fall nachahmenswert.

Nein, aber im Ernst. Ich glaube, im Grunde ist es ganz einfach. Entweder jemand steht auf dich. Oder er steht eben nicht auf dich. Diese ganzen Spielchen, Strategien, das ist alles Bullshitbingo.

Wenn ich mich so umschaue oder meine eigenen Beziehungen betrachte: Wenn es klar ist, ist es klar.

Soll ich trotzdem mal in Liebesdingen im nächsten Leben der Mann sein? Mich mal nicht melden? Die Sache aussitzen? Klare Ansagen herauszögern? Mir nicht zwei Tage lang Gedanken machen, was ich zum Date anziehe und mich stundenlang aufhübschen, sondern darauf vertrauen, dass das stimmt, was die mit der 48-Stundenwirkung über mein Deo sagen? Nein, das würde ich wahrscheinlich gar nicht hinkriegen, mit meinem Vorleben als Frau. Eher stelle ich es mir schön vor, die Chance zu haben, mit dem Wissen und der Erfahrung einer Frau ein Mann zu sein.

Das Unmögliche möglich und damit einfach alles richtig zu machen: Einer Frau wirklich den Hof zu machen, sie zu umgarnen, Gentleman zu sein, bei ihrem Vater um ihre Hand anhalten. All den altmodischen Kram. Und sie zugleich auf Augenhöhe zu behandeln.

Ach, das wäre doch zu schön.

Aber auch das hätte letztlich zwei Seiten.

Denn es ist doch heute immer noch so, dass der Mann am Montag im Büro vor seinen coolen Jungs eher über sein Rock-'n'-Roll-Wochenende prahlt als eine Frau. Die wird sonst ja gern schnell als Schlampe gesehen.

Und wenn Beziehungen wegen einer dritten Person auseinandergehen, ist für mein Gefühl, egal, in welcher Konstellation ich das bisher beobachten durfte, stets die Frau die Böse. Tja. Es bleibt also noch einiges zu tun. Vielweiberei hat halt die längere Tradition als Vielmännerei.

Was das Kennenlernen anbelangt, habe ich mich in meinem bisherigen Leben immer irgendwo in der Mitte bewegt. Ich war immer sehr *tough* und für eine Frau eher eine Jägerin als ein Weibchen. Ich finde die Mischung interessant, sich einerseits erobern zu lassen, dem Mann seine männlichen Attribute zuzugestehen und andererseits nicht alles mit sich machen zu lassen. Denn das machen leider immer noch viel zu viele Frauen. Auch im Jahr 2019.

Gerade im Dating-Bereich habe ich das Gefühl, dass Frauen sich immer noch zu sehr in einer passiven Rolle sehen!

Also, Mädels. Erobert die Typen ruhig mal. Macht, was euch gefällt, steht zu eurem Handeln! Und redet offen über eure Wünsche. Das wirkt Wunder.

Und unterstützt euch gegenseitig. Haltet zusammen. Bestärkt einander. Ihr seid gut, so, wie ihr seid. Ihr seid gut GENUG! Ihr seid richtig. Ihr müsst euch nicht verbiegen. Das machen die Kerle nämlich auch nicht.

Sollte ich eine von euch treffen in meinem nächsten Leben, wenn ich dann tatsächlich ein Mann bin: Ich werde gut zu euch sein! Ich werde mich melden, verbindliche Aussagen treffen, zu euch stehen, euch gut behandeln, euch die Tür aufhalten, manchmal zahlen, manchmal euch zahlen lassen, Gleichberechtigung im Sinne von 2019 walten lassen, euch Freiraum, aber genauso auch Schutz und Geborgenheit geben. Und natürlich werden wir den besten Sex der Welt haben. Schließlich weiß ich ja, was ihr mögt! Ach ja: Und ich wische auch. Den Boden in unserer gemeinsamen Höhle. Versprochen!

Mirjas Datingtipps

- Mach ruhig mal den ersten Schritt. Sei die Jägerin. Das ist spannend. So hast du die Situation in der Hand und musst weniger interpretieren.
- Oder lass dich verführen. Ganz, wie du magst.
- Es ist eigentlich einfach: Entweder er steht auf dich. Oder er steht eben nicht auf dich.
- Herbeireden kann man Liebe nicht. Wirklich nicht.
- Interpretiere lieber Gedichte als das Verhalten der Männer. Es bringt nichts.
- Hab beim Online-Dating die Tinder-Typen im Kopf. Das kann hilfreich sein.
- Sprich über deine Wünsche. Sag, was du willst. Und sag vor allem auch, was du nicht willst.
- Sei unterstützend und solidarisch mit deinen Freundinnen. Vor allem in Liebesdingen.
- Mach dich locker. Liebe ist die schönste Sache der Welt.
- Hab Spaß, online, offline, mit wem auch immer.
- Denn du bist toll. Das wird er schon noch herausfinden. Ganz ohne deine Interpretation.

Kosmetik

Ich glühe. Ich bin rot. Ich sehe aus wie ein Hummer. Wahlweise wie jemand, der sich zu weit über einen Topf mit kochenden Nudeln gebeugt hat. Oder sagen wir es, wie es ist: Eigentlich sehe ich aus wie ein halbes Pfund Mett. Ich war heute zum ersten Mal beim Mikroneedling und muss sagen: Ja. Kann man machen. Muss man aber nicht.

Meine Kosmetikerin fuhr mit einer Art Stift, der aus ganz vielen kleinen spitzen Nadeln besteht, langsam und gleichmäßig über meine Haut. Beim Mikroneedling wird die oberste Hautschicht so sehr gereizt, dass vermehrt Kollagen, Elastin und Hyaluronsäure vom Körper ausgeschüttet werden. Dadurch soll die Haut schon nach der ersten Behandlung viel straffer, fester, jünger und frischer aussehen. Das mit dem »gereizt« kann ich absolut bestätigen. Meine Haut war gereizt. Ich allerdings auch. Und zwar sowas von!

Das konnte ich aber nicht zeigen, denn die Kosmetikerin hatte mir vor der Behandlung eine Betäubungscreme aufs Gesicht geschmiert. Reglos lag ich da, mit dem Gesichtsausdruck einer Melania Trump. Bei der weiß man ja auch immer nicht: Lacht sie jetzt oder ist sie traurig?

Meine Kosmetikerin war ganz in ihrem Element: »Nachdem der Trend aus Hollywood hierher geschwappt ist, lassen sich auch in Deutschland immer mehr Frauen in Kosmetikstudios und Hautarztpraxen nadeln.«

Haha, früher hat sowas noch der Kerl erledigt. Einen so richtig »genadelt«, dachte ich so, während ich da halbtot lag. Sagen konnte ich ja nicht viel. Die Betäubungscreme wirkte.

Die Kosmetikerin fuhr fort: »Grundsätzlich kann man sagen, dass Microneedling feinste Verletzungen auslöst, die die Haut als Wunden registriert. In der Haut werden dann verschiedene Botenstoffe und Wachstumsfaktoren ausgeschüttet, um die Wundheilung anzuregen.«

Unweigerlich musste ich an meinen Bruder denken, der sich in der Pubertät gerne mal in der Schule gekloppt hat. Stimmt! Waren die Rocky-Balboa-Wunden erstmal abgeheilt, hatte er auch wieder sein typisches Babyface.

Während die Kosmetikerin mich weiter »nadelte«, schleuste sie parallel noch Hyaluronsäure ein. Auch so ein Trend. Überall ist die jetzt drin. Handcreme, Schuhcreme, sogar Hundefutter gibt's jetzt mit Hyaluronsäure.

Selbst ein Hund darf heute nicht mehr in Würde altern.

Dann war ich fertig. Im wahrsten Sinne des Wortes. Ich war knallrot.

Sie fragte: »Haben Sie heute noch was vor?«

Ich erwiderte: »Lieber nicht!«

Ich lief nach Hause, draußen wurde es dämmrig. Als ich kurz auf der Straße stehen blieb, hielten Autos an. Sie dachten, ich wäre eine Ampel.

An dem Abend brauchte ich zu Hause auch gar kein Licht mehr anzumachen. Ich war eine menschgewordene Infrarotlampe. Am nächsten Tag strahlte mein Gesicht noch immer knallrot. Als ich dem DHL-Boten die Tür öffnete, dachte er, ich wäre in ihn verliebt. Quasi gerade rot angelaufen. Er blieb auf einen Kaffee, machte sich aber nach fünf Minuten wieder auf den Weg, als er erkannte, dass die Farbe nicht aus meinem Gesicht wich.

Es war eine sehr kurze Liebe.

In den folgenden Tagen schälte sich meine Haut, so wie nach einem Nordseeurlaub in den Neunzigerjahren, als man es mit dem Sonnenschutz noch nicht ganz so genau nahm. Jetzt ähnelte ich einem mit Parmesan bestreuten Hummer! Nach einer Woche war dann endlich alles abgeheilt und ich sah exakt wieder so aus wie vor der Behandlung.

Das Ganze soll man alle zwei Wochen machen, dann sieht man angeblich nach drei Monaten ein Ergebnis. Mal davon abgesehen, dass die Behandlung sauteuer ist, sehe ich dann ja nur wenige Tage im Monat »gut« aus. Denn die Hälfte der Zeit bin ich ein Rocky-Balboa-Hummer.

Ergo: Sinnlos.

Aber ich kann jetzt mitreden, wenn's ums »Nadeln« geht. Da bleib ich lieber bei dem, was ich schon seit einigen Jahren immer mal wieder machen lasse: Mikrodermabrasion. Da wird einem wie mit einer Art Ministaubsauger die Haut abgesaugt. Ich mag das. Mit so einer Diamantkuppe fährt das Ding, auch so ein kleiner Stift, über meine Haut, trägt Hautschüppchen ab und macht dabei lustige Staubsaugergeräusche. Ich empfehle aber, nicht den Behälter anzuschauen, in dem das Abgeschuppte drin ist. Das sieht einem Staubsaugerbeutelinhalt nämlich sehr ähnlich.

Meine ersten Berührungspunkte mit dem Thema Kosmetik hatte ich natürlich in der Pubertät. Zum Glück wurde ich von Teenager-Akne verschont, habe stattdessen schon früh den halben Kosmetikbestand meiner Mutter geplündert und mich bereits mit 13 geschminkt. Leider konnte ich das nicht besonders gut. Ich wollte aussehen wie Madonna oder Cyndi Lauper, bekam stattdessen aber Anfragen, als Clown Beppo auf Kindergeburtstagen aufzutreten.

Ich weiß noch, wie mein Vater einmal, als ich aus dem Bad kam, in seiner unnachahmlichen nordhessischen Art folgenden Klopper brachte: »Ist denn schon Ostern?«

»Warum?«, fragte ich.

»Na, weil du dich so angemalt hast!«

Meine Schminkkünste verfeinerten sich dann glücklicherweise über die Jahre. In meiner Generation war das noch *learning by doing*, wir hatten noch keine *Bibi* mit ihrem *Beautypalace* auf YouTube. Aber es war schon grenzwertig, wie ich damals aussah!

Neulich habe ich ein Video einer unserer Familienfeiern gesehen, da muss ich so 15 Jahre alt gewesen sein. Ich sah die Feiergesellschaft und fragte meine Eltern: »War Alice Cooper auch zu Gast?« Es war wirklich schlimm.

Schlimm war auch meine Dauerwelle zur Konfirmation. Irgendwie hatte ich mir das in den Kopf gesetzt. Beziehungsweise auf den Kopf.

Ende der Achtzigerjahre hatten alle Dauerwelle. Also wollte ich auch. Allerdings hatte ich den Nena-Haarschnitt, den wir damals alle trugen. Der Haarschnitt, inspiriert natürlich von Superstar Nena, war im Grunde ein Vokuhila, also vorne kurz, hinten lang. Gestuft.

Niemand hatte mich vorgewarnt, was das in Kombination mit einer Dauerwelle ergeben würde: Auf dem Konfirmationsfoto vor der Kirche mit all den anderen Konfirmanden sehe ich wirklich aus wie Wolfgang Petry. Das war echt Hölle. Hölle. Hölle.

Mit 21 Jahren, als ich zumindest auf dem Kopf wieder normal aussah, kam ich das erste Mal so richtig mit Kosmetik im engeren Sinne in Berührung. Ich war bei Douglas und wollte mir eigentlich nur eine Wimperntusche kaufen. Aber die Verkäuferin war sehr engagiert und hielt mir eine Gesichtspflege-Rede: »Sie müssen die freien Radikalen fangen.«

Ich antwortete zunächst: »Nee, mit Politik hab ich nicht so viel am Hut!«

Doch sie ließ nicht locker: »Sie müssen JETZT mit Anti-Aging beginnen. Sonst ist es zu spät! Die Hautalterung beginnt bereits. Gute Hautpflege ist das A und O.«

Sie sprach wirklich so, als ginge es um Leben und Tod. Wahrscheinlich hatte sie gerade frisch eine Schulung hinter sich. Ich mag ja engagierte Menschen, die für ihre Sache brennen, aber ich weiß noch ganz genau, dass ich damals eher beleidigt war und die Verkäuferin doof fand. Denn mit 21 hatte ich eine glatte Babyhaut und nicht eine einzige Falte. Aber im Grunde hatte sie ja recht. Mit der Hautpflege sollte man so früh wie möglich beginnen. Obwohl Lebensstil und Genetik genauso wichtige Faktoren sind. Ich renne zwar nicht alle vier Wochen zur Kosmetikerin, aber habe immer meinem jeweiligen Budget entsprechend in meine Haut investiert.

Im Schnitt gibt eine Frau im Jahr 160 Euro für Kosmetik aus. Ich liege weit darüber. Sehr weit. Ich bin von meinen Freundinnen auf jeden Fall die Teuerste. Ich liebe Kosmetik. Es ist mein einziges wirkliches Laster.

Andere haben das mit Handtaschen oder Schuhen. Ich habe das mit eben mit allem, was schön macht.

Parfums, Glows, Mascaras, Highlighter, Lowlighter, Nagellacke, Lippenstifte, ich liebe dekorative Kosmetik! In anderen Bereichen reiße ich mich mehr und mehr zusammen, habe nicht mehr parallel fünf Duschgels oder zehn Shampoos am Start. Das verstehen Männer ja gar nicht, dass wir so viele davon haben. Männer haben genau ein Duschgel. Für oben und unten. Oder wie der Hersteller es blumiger ausdrückt: Für »Haut und Haar«. Wie praktisch. Hätte auf dem Markt für Frauen definitiv keine Durchschlagskraft. Wobei sich der Kosmetikmarkt für die Herren der Schöpfung ganz schön wandelt gerade.

Bei dm gibt es jetzt ein Regal nur für Jungs.

Das trägt den innovativen Namen *Seinz*. So hofft man bei der Drogeriemarktkette, all die herumirrenden Männer mit fragenden Gesichtern vor einem Regal versammeln zu können. Ob das funktioniert? Und muss es im Zeitalter der Gleichberechtigung wirklich getrennte Regale für Frauen und Männer geben?

Doch wenn man mal schaut, was erst bei der Bartpflege los ist! Der Hipster hat da ja einen ganz neuen Markt aufgemacht. Barber-Shops haben Hochkonjunktur wie nie zuvor. Der gepflegte Bartträger geht dort mittlerweile einmal die Woche hin. Zum Stutzen. Ölen, kämmen, pflegen.

Das war doch früher nicht so, oder? Ich weiß noch in den Siebzigern, als mein Papa einen Vollbart hatte, da hab ich manchmal beim Kuscheln noch ein halbes Raider drin gefunden. Das wir uns dann gerecht geteilt haben.

Mein Opa hatte gar nix mit all dem zu tun.

Ich erinnere mich noch genau, wie seine Spiegelschrankseite aussah. Da waren original drin: Kernseife. Rasierer. Und: Old Spice. Schon damals dachte ich: Wie passend, Old Spice für den alten Herrn. Undenkbarer Frauenparfumname. Ein Old Spice ist heute ja eines der mittlerweile auch schon in die Jahre gekommenen Spicegirls.

Opa hatte nicht mal einen Ohren- und Nasenhaarschneider. Nein. Bei Opa krabbelten da sogar immer kleine Tierchen drin rum. Wenn man ihm in die Nase geschaut hat, dann sah das aus wie ein australischer Traumfänger!

Omi war da schon etwas anspruchsvoller. Sie hatte ein All-in-one-Produkt, das damals allerdings noch gar nicht so hieß. Sie schwörte auf Mouson-Creme. Die gute Mouson-Creme. Das war ihr Geheimnis. Die benutzte sie für alles. Manchmal schmeckte der Rührkuchen ein bisschen danach, und wir Kinder wussten nicht, lag das an ihren eingecremten Händen, oder hatte sie tatsächlich auch die Backform damit eingefettet? Die Generation meiner Großeltern hat wahrscheinlich in ihrem gesamten Leben nicht die 160 Euro ausgegeben, die die deutsche Frau heute pro Jahr in Kosmetikprodukte investiert.

Und was Omi mit siebzig damals mit ihrer Mousoncreme war, ist die heutige Siebzigjährige mit ihrer Pediküre. Damen in diesem Alter gehen sehr gerne zur Pediküre. Das fällt mir immer wieder auf. Allerdings wird mir jetzt, wo ich älter werde, auch klar, woran das liegt. Man kommt da unten selber nicht mehr dran. Da klemmt der Bauch.

Es gibt so vieles, das wir Frauen tun können, um uns selbst zu optimieren. Eine schier endlose Kette an Behandlungen, Cremes, Make-ups. Von der Schlammmaske bis zur Operation ist ja heute alles möglich. Wo ist die Grenze? Was ist noch im Rahmen und was ist *too much*?

Ich habe beispielsweise trotz meiner Medienpräsenz ja »nichts machen lassen« und habe das auch nicht vor. Das hat allerdings Seltenheitswert.

Laut Psychologen steigt der Konsum von Kosmetik deshalb, weil der Mensch offenbar glaubt, in diesem Bereich seines Lebens noch die Kontrolle über sich zu haben, während ihm der

Rest immer stärker entgleitet, schnelllebiger und unsicherer wird. Allerdings, was ist, wenn ich in Jogginghose zur Kosmetikerin gehe? Heben sich Plus und Minus dann gegenseitig wieder auf? Karl Lagerfeld hat doch immer gesagt, dass man die Kontrolle über sein Leben verloren hat, wenn man Jogginghosen trägt.

Indem wir uns selbst optimieren, sind wir uns ja auch ein Stück weit näher. Klar, wenn ich mich nach dem Baden von Kopf bis Fuß mit Kokosöl einreibe, um mal eine natürliche Schönheitsroutine zu nennen, dann fühle ich mich ganz bei mir. Dann denke ich an die Karibik, liege am weißen Sandstrand unter Palmen, mache dazu noch eine Schokomaske und nenne mich selbst liebevoll *Bounty*.

In der heutigen Zeit kommt doch keine Frau da noch hinterher, was wir alles brauchen. Sollen. Für die Haut ab zwanzig, dreißig, vierzig und die reife Haut. Jede Woche wird uns was Neues erzählt in den bösen Frauenzeitschriften, auf Instagram oder YouTube. Die Trends gehen allerdings enorm auseinander. Einerseits hat der natürliche Weg einen starken Zustrom, zu dem zum Beispiel der Allrounder Kokosöl zählt, oder auch selbstgemachte Peelings aus dem letzten Kaffeesatz vermischt mit Olivenöl. In vielen Blogs kann man wertvolle Tipps und Anleitungen bekommen, wie man auf natürliche Art Kosmetik selbst herstellen kann.

Auf der anderen Seite wird es immer komplizierter mit Cremes, Augenpflege, Peelings, Seren und Masken. Und beim Abschminken auch. Abschminken, oder wie ich sage: Gesicht auf Werkseinstellungen zurücksetzen. Rauf, runter, hin, her. Vor Jahren gab es noch kein Mizellenwasser. Heute gibt es das von jedem Hersteller. Ich finde immer noch, dass »Mizellenwasser«

klingt wie eine Insektenfalle im heimischen Garten. Nivea hat sogar ein Mizellenwasser mit schwarzem Tee. Zum Augen-Make-up-Entfernen. Mit schwarzem TEE! Da krieg ich doch kein Auge zu! Aber das gleiche Problem haben die Jungs ja auch. Mit ihrem Koffein-Shampoo. Kein Wunder, dass die manchmal so überdreht sind!

Jetzt gibt es sogar eine Creme für Frauen, die du dir in die Falten schmierst, und dann betäubt die deine gesamte Mimik. Da ist Gift drin, das deine Mimik lahmlegt. Soll man zum Beispiel nehmen, wenn man ein wichtiges Event hat. Das kann ich doch nicht machen! Wie krass ist das? Dann mache ich mir das drauf, kurz bevor ich zum Deutschen Comedypreis gehe, und wenn ich dann über den roten Teppich laufe, denken alle, ich hätte einen Schlaganfall!

Manchmal wird selbst mir schwindlig bei all dem, was es auf dem Markt gibt an dekorativer, medizinischer, manueller oder operativer Kosmetik! Da brauch ich einen Bachelor. Und zwar nicht den mit der Rose, sondern den auf Papier. Damit ich da noch durchsteige.

Männer werden nicht so vollgespammt zum Thema Kosmetik!

Und wenn ich ein Mann wäre? Wie sähe das aus? Dann duschte ich mit Cliff. Nuance Sport. Ich hätte dann natürlich auch den Körper dieses Klippenspringers. Ich besäße nur ein einziges Shampoo. Höchstens noch eine Gesichtscreme. Ich benutzte keine Bodylotion. Könnt ihr euch das vorstellen, Mädels, keine Bodylotion? Kein Abwarten, bis das Zeug endlich eingezogen ist und ich die Jeans anziehen kann, ohne dass es klebt? Einfach duschen, abtrocknen und fertig? Was man da an Zeit sparen könnte!

Verschiedene Seren würde ich auch nicht kennen. Nur Serena Williams.

Und Behaarung im Speziellen und Allgemeinen. Die ließe ich einfach wachsen! Endlich!

Als ich neulich mal mit dem Herzbuben *sexy time* einläuten wollte, habe ich zu ihm gesagt: »Du, Schatz, ich bin frisch rasiert!«

Er strich mir über die Oberlippe und sagte: »Stimmt doch gar nicht!«

Gut, im Gesicht, je älter man als Frau wird – das ist ja wirklich schon so eine Sache. Jede Frau kennt das! Da kommt jedes Jahr eins von den Hexenhaaren dazu. Das will man ja nicht dran lassen. Allerdings könnte man sich wenn man Mürbeteig macht, das Reinpiksen mit dem Holzstäbchen sparen für die kleinen Löcherchen. Einfach mal kurz mit dem Gesicht drüberrollen, fertig ist der Boden. Ich hab mir das mal waxen lassen an der Oberlippe, das hab ich so gar nicht vertragen. Ich sah drei Tage lang aus, als hätte mir einer die Fresse poliert. Ja, gut. War ja im Grunde auch so. Aber die Härchen an der Oberlippe dranzulassen, finde ich auch nicht schön. Dann muss ich immer an meine Oma denken, bei der das im hohen Alter so viel weißer Flaum war, dass sie von weitem aussah wie eine Pusteblume. Trotzdem: allein dieses ganze Rasiere und Gewaxe als Frau. Das ist doch irre! Und als Mann: Es bliebe dran! Stellt euch vor! Als Mann müsste ich mich gar nicht mehr waxen lassen. Noch nicht mal an den Beinen – wie schön wäre das! Mit Beinkleid. Männer lassen sich nur waxen, wenn sie eine Wette verloren haben.

Ich finde das ja immer sehr interessant zu beobachten, wenn im Winter die Mädels alle an der Bushaltestelle stehen und rumjammern, dass es so kalt ist. Ich waxe im Winter ja nicht. Ich sag dann immer: »Mir ist nicht kalt. Ich hab ne Echthaarleggings!« Ich rufe hiermit auf: »Mut zum Mammut!«

Klar, es gibt auch Frauen, die haben echt krasse Beinbehaarung. Ich kenne eine, wenn die sich nicht rasiert, hat die eine Hosengröße mehr.

Aber muss denn wirklich überall alles weg?

Eigentlich ist Behaarung an bestimmten Stellen auch sinnvoll! Also, wenn ich mich überall rasiere, schwitze ich viel mehr. Logisch, oder? Dafür brauch ich dann ein Aluminium-Deo. Das verstopft dann die Drüsen, damit ich nicht mehr schwitze. Davon kann ich dann allerdings Krebs kriegen. Na toll! Die eine kosmetische Maßnahme zieht die andere nach sich, die dann auch noch gesundheitsschädlich sein kann. Gefangen im Kosmetikwahnsinn!

Was aber kann man in Sachen Kosmetik von Männern lernen?

Ich weiß von Paaren, bei denen der Mann mit seiner Frau den Deal hat, dass sie erst ein neues Produkt von irgendetwas kaufen »darf«, wenn sie ein altes von irgendetwas aufgebraucht hat.

Das ist gar nicht mal so schlecht! Da kann man sich wieder was Gutes von den Jungs abgucken. Auf so eine Idee würde eine Frau niemals kommen. Jede Frau würde denken: »Häh? Wieso?«

Liegt das etwa wieder an unseren Genen?

Cleopatra lag doch auch schon in der Milch. Wir können da nix für. Die hat sich auch schon eine Tonerde-Maske gemacht, hab ich erst neulich in einer Doku auf Arte übers alte Ägypten gesehen. Und der Herzensmann auf der Couch so neben mir: »Ach. Das haste dir gemerkt? Nicht die ganzen wichtigen

Dinge, warum zum Beispiel die Cheopspyramide Cheops heißt oder so?! Aber das mit der Maske weißte noch!«

Ich, ganz Komikerin, habe natürlich geantwortet: »Maske? Welche Maske?«

Loriot sei Dank.

Doch es gibt natürlich auch Männer, die sich übermäßig pflegen und stylen. Ich muss sagen, dass ich das ein bisschen befremdlich finde. Klar, geduscht und schrittfrisch soll er schon sein. Aber ich finde, ein Mann muss auch nach Mann riechen. Und nicht wie eine Douglas-Verkäuferin.

Neulich hab ich was entdeckt, da musste ich echt lachen. Die Namen von Kosmetikprodukten sind mittlerweile ja schon genauso absurd wie die Namen von Friseurläden: eine Wimperntusche mit dem Namen *Better than sex*. Die musste ich natürlich sofort kaufen. Aber das fand ich schon krass. Ich dachte, okay, muss ich das Bürstchen da jetzt extra vorsichtig in das Röhrchen einführen?

Allerdings geht es in der Männerkosmetik jetzt auch zur Sache. Mein neu entdecktes Highlight ist: Der MANUPGRADER! Die Werbung lautet:

»MANUPGRADER! Der Kickstart in einen erfolgreichen Tag. Das erste pflegende Allround-Talent für den gepflegten und selbstbewussten Mann. Eine Gesichtspflege, speziell auf die Bedürfnisse der Männerhaut abgestimmt, blendet mit einer leichten Tönung alle Unvollkommenheiten im Gesicht aus.«

Und die im Gehirn auch? Argh! Schön auch die Produktbewertungen der Herren dazu, die ich im Internet gefunden habe: Klaus aus Backnang schreibt:

»Natürlich ist es ein Make-up. Ein guter positiver Effekt stellt sich tatsächlich unmittelbar und erkennbar ein. Sehr gut, dass es nicht glänzt. Es ist grifffest und du brauchst dir keine Sorgen machen, dass du es verschmierst. Und, anders als beim Make-up für die Frau, brauchst du kein Puder mehr. Auf jeden Fall bühnen- und kameratauglich. 19,90 € sind allerdings recht happig!«

Klar, Klaus, du kommst ja auch aus dem Schwabenländle. Hast du eine Ahnung, was Marken-Make-ups für Frauen so kosten?

Ralf aus Kassel war auch nicht schlecht: »Es handelt sich hier um schlichtes Make-up. Es lässt sich schlecht abwaschen und man hat überall sehr schnell Flecken. Zwar wird das Gesicht mattiert, aber der Effekt sieht stark nach geschminkt aus. Zwei Sterne dafür, dass der matte Effekt zwar da ist, Abzüge für den hohen Preis und das nicht rückstandsfreie Abwaschen!«

Wie stelle ich mir das vor? Da kommt der Mann nach Hause. Hat Make-up am Kragen. Du vermutest, er hat eine Affäre. Und dabei ist es viel schlimmer. Er hat einen *Manupgrader*!

Fast getoppt wird das Ganze jetzt auch noch vom – wie ich es nenne – Zalando für den Mann, der Internetseite dergepflegtemann.de. Da gibt es alles. Sogar Duftkerzen. Männer hassen Duftkerzen! Oder etwa nicht? Was ist da los? Stirbt die Generation aus, die noch in den Achtzigerjahren statt Lippenpflegestift Fettstift sagte und nur ein einziges Aftershave aus der Drogerie benutzte und Bruno-Banani-Höschen trug? Ich will diese Männer zurück!

Das erste Vorbild in Bezug auf Kosmetik ist für uns Frauen oft die eigene Mutter. Und der Mama kann man eigentlich vertrauen. Als ich mir mit 16 die Augenbrauen dünn wie

Zarah Leander zupfte, weil man das in den Neunzigern eben so machte, hat meine Mama mich gewarnt. Und gesagt, wenn du das zu oft machst, wachsen die irgendwann nicht mehr richtig nach. Da hatte sie leider recht, die gute alte Mama. Was sie aber nicht wusste, war, dass 25 Jahre später der Theo-Waigel-Augenbrauen-Look die Welt erobern würde oder wie mein Vater neulich meinte: »Die Mädels sehen jetzt alle aus, als ob sie die Augenbrauen mit Edding nachgezeichnet hätten.«

Haha! Wo er recht hat, hat er recht, der Papa. Ich find's auch nicht so schön. Vor allem, dass manche sich die Augenbrauen tätowieren lassen. Sorry, da bin ich raus. Das sieht einfach künstlich aus. Dann doch lieber *Forever Angie* auf dem Oberarm als *Forever Theo* über den Augen.

In New York gibt es mittlerweile an jeder Ecke eine sogenannte *Brow Bar*, wo man das mal eben in der Mittagspause machen lassen kann. Ich habe das meinem Vater erzählt. Und dann fragte er:

»Wie? *Brow Bar*? Die trinken mittags schon frisches Bier?«

»Nein, Papa, die gehen als Theo-Waigel-Double!«

Und nebenan gibt's New York Nails, die originalen, die es hier dann in Wanne-Eickel auch gibt, aber da steht das draußen nur dran.

Das ist die einzige Gemeinsamkeit. Sonst ist das schon ein sehr großer Unterschied. Hab ich auch alles schon probiert, aber mache ich auch nicht mehr. Künstliche Fingernägel haben ja auch eine große Bandbreite. Von natürlich bis zu zehn Zentimeter langen Schaufeln, mit denen man den Garten umgraben kann. Manche lassen sich da noch eine halbe Swarowski-Schmuckstein-Kollektion draufkleben, können einem dann aber leider nicht mehr die Hand geben zur Begrüßung. Die Nägel sind dann so schwer, da kann man die Hände nur noch hängen lassen.

Ich frag mich ja immer, wie solche Frauen ihre Wohnung putzen. Aber wahrscheinlich kommen gerade DIE gut in alle Ecken.

Neben dem Brauen- gibt es ja übrigens auch noch den Wimperntrend. Klar, auf der Suche nach der richtigen Wimperntusche sind wir Mädels ohnehin schon unser halbes Leben lang. Sie soll verlängern, verdichten, einzeln trennen, färben UND Schwung herstellen. Die perfekte Wimperntusche ist wie der perfekte Mann: UNAUFFINDBAR. Dann doch lieber diese künstliche Wimpernverlängerung? Wimpern-Extensions!

Ich hab das natürlich auch schon ausprobiert, ich hab ja fast alles ausprobiert. Mit Wimpern-Extensions sah ich aus wie eine Giraffe! Wenn ich gezwinkert habe, kam ein krasser Wind auf. Habe ich gelesen, schlug sich die Buchseite von alleine um. Erinnert ihr euch noch an den Orkan letztens? Ja, das war ich.

Ich kenne keinen Mann, der sich die Wimpern oder die Brauen machen lässt. Ich kenne auch tatsächlich keinen, der sich einer Kosmetikbehandlung unterzieht. Wie übertrieben der Kosmetikwahn inzwischen ist, sieht man, wenn man auch hier einfach mal die Rollen umdreht und sich zum Beispiel Jochen ausdenkt: Jochen geht am Samstagvormittag zum Kosmetiker. Zwei Stunden lang. Er lässt sich peelen, lässt sich die Haut abschürfen, bis er puterrot ist. Anschließend hat er einen Termin im Nagelstudio. Jochen entscheidet sich für Shellac Nails in der aktuellen Modefarbe *plum*. Leider kann er auch danach nicht mitkommen in den Baumarkt, um die

Holzlatten fürs geplante Hochbett der Tochter zu kaufen, denn er war schon ewig nicht mehr bei der Pediküre. Auch die Zehennägel wollen gepflegt sein und sollen diesmal ebenfalls pflaumenfarben werden. Und sein Friseur Thorsten muss ihm heute auch noch unbedingt die Schläfen grau färben. Denn der George-Clooney-Look kommt doch immer so gut an bei den Frauen, und Dagmar und er sind ja heute Abend eingeladen. Frisch gepeelt, genadelt, mit Shellac Nails, pedikürten Füßen und grauem Haaransatz schlendert Jochen am späten Samstagnachmittag dann noch kurz in die Parfümerie: In seinem Männerheft *Freund* war die Rede von diesem neuem Serum, das die Wucht sein soll. Gegen Fältchen um die Augen. Mädels, seht ihr, was ich meine? So einen Jochen gibt es im *real life* eher nicht.

Allerdings ist fast jeder Mann, den ich kenne, extrem anspruchsvoll, wenn es um seine Haare geht. Das HAUPT-HAAR scheint ein wunder Punkt zu sein. Vor allem, wenn es lichter wird. Da wird dann schon mal Schüttelhaar aus der Dose draufgestreut oder sogar künstliches Haar verpflanzt. Früher hieß das Toupet, aber das macht glaub ich heute (fast) keiner mehr. Doch wenn es ums Thema »Geheimratsecken« geht, sind die Herren sehr sensibel. Dabei ist das doch eigentlich ein positiv besetzter Begriff. Denn der Geheime Rat war ja etwas Gutes: Die Bezeichnung spielt auf Ehre und Alter des frühneuzeitlichen Titels Geheimer Rat an. Der Geheime Rat beriet den Fürsten vertraulich in wichtigen Landesangelegenheiten. Ganz ehrlich: Da wäre ich dann doch als Mann lieber Team Geheimer Rat als Team Undercut!

Denn in Sachen Haupthaar folgen Männer mittlerweile – leider – echten Trends. Und der Undercut war die Pest der letzten Jahre: Jeder Typ wollte plötzlich aussehen wie ein Fußballer. Vom zehnjährigen Bub, bei dem das ja noch ganz niedlich wirkte, bis zu so einem 63jährigen Rüdiger mit Bauchansatz. Tja. Stand halt nicht jedem.

Aber mal eben alles abrasieren, das geht immer. Und es kostet (fast) nichts und geht schnell.

Als ich neulich mal wieder mit meinen Foliensträhnchen dreieinhalb Stunden bei meiner Friseurin saß, mir Stullen und Büroarbeiten mitgebracht hatte, weil immer alles bei uns Frauen so lange dauert, hörte ich folgenden Dialog zwischen dem Friseur und seinem Kunden: Der Friseur: »14 oder 20?«

Der Kunde: »Zentimeter oder Millimeter?«

Der Friseur: »Millimeter natürlich. Zentimeter ist nebenan.«

Wir mussten alle so lachen. Denn mit nebenan meinte er das Etablissement neben dem Friseur. Ja. Ein Bordell!

Nach fünf Minuten war er dann fertig. Wahrscheinlich genau wie nebenan!

Mal ganz ehrlich: Ich wäre beim Thema Kosmetik wirklich von Herzen gern im nächsten Leben ein Mann. Da wäre ich vermutlich morgens und auch abends nach fünf Minuten fertig. Im Bad. Ich würde mir einfach auch nicht mehr so einen Kopp machen, wenn ich morgens aufstehe und aussehe wie ein Falk-Stadtplan. Ein oft benutzter.

Ich könnte endlich mal ganz in Ruhe ungeschminkt durch die Stadt laufen. Ohne dass ich gefragt würde, ob ich Magen-Darmgrippe habe. Und ich würde eine Menge Geld sparen. Das hätte ich dann übrig. Und würde mir in einem teuren Restaurant einen Hummer bestellen. Mit extra viel Parmesan.

Mirjas Kosmetiktipps

- Seht die Vielfalt der Kosmetikprodukte als das, was es ist: ein Angebot. Sucht euch davon raus, was euch Spaß macht und genießt den Effekt!
- Liebt euren Lippenstift. Und benutzt ihn auch. Nicht immer nur sammeln!
- Ihr müsst nicht alles ausprobieren: Das mache ich schon für euch. Garantiert!
- Bitte lasst nichts machen. Ihr seid schön so, wie ihr seid. Ihr seid perfekt!
- Macht mal was ganz Verrücktes: Wascht euch die Haare mit Duschgel! Und, merkt ihr einen Unterschied zum Shampoo?
- Oder, supercrazy und für Fortgeschrittene: Lasst die Haare sprießen, wo sie wollen, Stichwort Winterfell!
- Geht ruhig mal ungeschminkt aus dem Haus: Es erkennt euch sowieso keiner!
- Entspannt euch. Auch wenn ihr nur Wimperntusche und Kajal benutzt, habt ihr das Kosmetikwettrennen gegen die Kerle schon längst gewonnen.

Sport

Ich mache ja ganz selten Sport. Ich will, dass es was Besonderes bleibt!

Mit diesen Worten beginne ich fast jeden Abend mein Comedyprogramm, während ich vorher einmal durch den Saal renne, um die Meute erstmal gut aufzuwärmen!

Beim Sport soll man sich ja auch vorher gut aufwärmen. Das mache ich mit dem Publikum auch. Ich bin meistens, je nach Saalgröße, nach dem Run total verschwitzt, weil ich einfach sehr wenig bis gar keine Kondition habe. Bringe ich dann den Gag mit dem Sport, höre ich, wie die Zuschauer aus vollem Halse lachen, was mir zeigt: Der Mehrheit geht es genauso! Es ist ein Lachen, das uns verbündet. Jeder weiß, was ich meine.

Ich habe in meinem Leben schon extrem viele Sportarten angefangen. Ich sage bewusst angefangen, denn mir wurde bei jeder Sportart sehr schnell sehr langweilig. Die einzigen kleinen Ausnahmen stellen das Joggen und das Wandern dar. Ansonsten: Katastrophe.

Gestern war ich zum ersten Mal seit fünf Jahren joggen. Ich weiß gar nicht, wie ich das geschafft habe, denn eigentlich bin ich ja die Königin der Joggingausreden:

Es regnet.
Wenn ich nass werde, werde ich bestimmt krank. Außerdem könnte ich ausrutschen.

Es regnet nicht.

Aber der Boden ist noch zu nass vom Regen. Ich könnte ausrutschen.

Es schneit.

Dafür bräuchte ich diese Spikes unter meinen Joggingschuhen. Ich gucke mal eben bei Zalando, was die kosten. Zwei Stunden später: Ich freue mich auf die neue Strickjacke, die ich mir bei Zalando bestellt habe! Ach ja und Joggen: Nee, dazu ist es jetzt ja viel zu spät!

Die Sonne scheint.

Da muss ich mir dann extra Sonnenschutz drauf machen. Dann schwitze ich noch mehr. Außerdem besteht die Gefahr eines Sonnenstichs.

Es zieht sich am Himmel gerade echt zu.

Person neben mir: »Wo denn?«

Die Sonne scheint nicht.

Das ist viel zu kalt ohne Sonne.

Es ist zu warm.

Da schwitze ich zu viel. Ich könnte außerdem einen Hitzekollaps kriegen.

Es ist zu kalt.

Dann muss ich mich total dick anziehen. Dann läuft es sich so schlecht. Außerdem könnte ich mich erkälten.

Es ist zu windig.

Da krieg ich Zug. Das ist auch gar nicht gut für meine Stimme.

Ich habe nicht genug gegessen.

So komplett auf nüchternen Magen ist ja auch gar nicht gut.

Ich habe zu viel gegessen.

Mit vollem Magen kann ich nicht joggen gehen. Da kommt mir ja alles hoch.

Ich habe gestern zu viel getrunken.

Mein Magen ist total übersäuert. Wenn ich jetzt jogge, kommt die Magensäure hoch und verätzt mir die Stimmbänder. Dann werde ich heiser.

Ich sehe heute nicht gut aus.

Wirklich nicht. Wenn mich da jemand sieht. Da laufen die Hunde auf der Hundewiese weg.

Meine Sportklamotten sind gerade in der Wäsche.

Ich kann die unmöglich noch mal tragen. Die riechen so doll, da laufen mir die Hunde auf der Hundewiese hinterher.

Ich fühle mich heute echt schwach.

Ich schaffe es kaum in die Küche. Und das heißt schon was.

Ich fühle mich heute echt krank.

Da muss ich aufpassen. Sonst krieg ich eine Herzmuskelentzündung.

Ich fühle mich heute echt müde.

So schlapp kann ich nicht loslaufen. Da knicke ich bestimmt um.

Ich fühle mich heute echt depressiv. Was ist, wenn ich aus Versehen vor einen Baum laufe? Dann würden alle denken, ich hätte versucht, mich umzubringen.

Ich habe nicht genug geschlafen.

Da ist die Verletzungsgefahr viel zu groß.

Ich bin zu gestresst.

Könnte passieren, dass ich die Hunde auf der Hundewiese anschreie.

Ich habe zu viel zu tun.

Ich muss unbedingt neue lustige Texte schreiben.

Ich bin zu alt.

In meinem Alter ist es eh zu spät, noch mit Sport anzufangen.

Ich habe PMS.

Ich bin kurz vor den Tagen. Prämenstruelles Syndrom.
Ich habe PMS.
Ich bin kurz nach den Tagen. Postmenstruelles Syndrom.
Ich habe meine Tage.
Ich habe meine Tage!
Ich trainiere morgen.
Bestimmt.

Aber gestern habe ich es geschafft. Weiß der Teufel, wie. Vielleicht lag es daran, dass ich gestern Abend dachte, als ich mein Gesicht im Spiegel sah: Hier geht jeden Tag der Vollmond auf. Und: Ich muss wirklich fitter werden! Ich habe mir also eine App rausgesucht, die wirklich für Anfänger gedacht ist. Sie heißt: *From Couch to 5K*! Also auf Deutsch: Vom Sofa bis zu fünf Kilometern. Den Titel fand ich ansprechend. Ich lud sie mir runter. Sobald ich auf Start drückte, sprach eine nette junge Frau mit mir und sagte mir genau, was ich tun sollte.

Man sollte immer anderthalb Minuten gehen und anschließend moderat schnell laufen, also im Grunde im absoluten Schneckentempo, eine Minute lang. Dieses ungleiche Verhältnis sprach mich sofort an. Denn immer, wenn ich keinen Bock mehr hatte, also so nach circa fünfzig Sekunden, durfte ich ja gleich wieder gehen. Wie ich es aber bei dem Schneckenprogramm nach acht Wochen auf fünf Kilometer schaffen sollte? Ich war gespannt.

Das Ganze ging erst mal nur 25 Minuten. Während meines kleinen Ründchens überholten mich drei Rentner. MIT Rollator. Die Hunde auf der Hundewiese begannen, mir IHR Stöckchen zuzuwerfen, und auch sonst unterschied ich mich nur unwesentlich von den Spaziergängern.

Ich fand toll, wie mich die Frau auf meinem Kopfhörer lobte und motivierte: »*You are great. You are awesome. You are almost there.*«

Also: »Du bist großartig. Du bist fantastisch. Du bist fast da!«

Da musste ich unweigerlich doch grinsen und dachte: Klasse, wenn ich das nächste Mal Sex habe, leg ich die einfach daneben. »*You are great. You are awesome. You are almost there.*« Ist ja auch wirklich gut, dass die sich so oft wiederholt. Kann beim Mann ja nicht schaden. Der Mann wird sich freuen! Man soll Männer doch loben.

Ehrlich gesagt fand ich Sport schon in der Grundschule doof. Allein der Geruch in Turnhallen und Umkleidekabinen. Bäh! Diese unnachahmliche Mischung aus Käsefuß und Gummi. Das hat bis heute keiner in den Griff gekriegt. Geräteturnen war mein absoluter Horror. Die Angst vor dem Bock ging nie weg.

Wenn ich zum Lehrer gesagt habe: »Ich hab keinen Bock!«, was ich als Wortspiel extrem lustig fand, kam immer die Antwort: »Dann nimm ne Ziege!« Sehr witzig.

Ich sag nur AUA – wer mal VOR den Bock gelaufen ist, der weiß, was ich meine. Als Junge muss das allerdings noch traumatischer sein. In diesem Fall ist es ein echter Pluspunkt, dass bei uns alles unter Putz gelegt ist. Diesbezüglich ist es schon ganz gut, eine Frau zu sein.

An den Ringen konnte ich mich genauso wenig hochziehen wie an diesem komischen Seil. Vorm Handstand hatte ich Angst, ebenso vorm Purzelbaum. Es erschließt sich mir bis heute nicht, warum ein Mensch einen Purzelbaum machen soll. Wozu soll das gut sein? Schuppentiere sollen ja die absoluten

Purzelbaum-Rekordler sein. Ja, okay. Das können die ja gern machen. Aber Schuppentiere gehen ja auch nicht auf zwei Beinen in der Eifel wandern. Soll doch jeder das tun, wofür er sich am besten eignet.

Als ich älter wurde, hat mir Weitsprung im Schulsport ein kleines bisschen gefallen, meine langen Beine waren da absolut von Vorteil und auch der Kurzstreckenlauf war okay. War halt schnell vorbei.

Und Brennball und Völkerball. Das war auch noch ganz okay. Das waren Spiele, bei denen ich zwar auch, wie (fast) jedes Mädchen, Angst vor dem Ball hatte, aber nicht so doll wie bei Basket- oder Volleyball. Auch da: Da kann's schon mal ein rotes Gesicht geben. Und nicht, weil man verknallt in den Sportlehrer ist. Sondern weil man den Ball mitten in die Visage geknallt bekommen hat! Das Bälletrauma. Welche Frau kennt es nicht!

Schon während der Schulzeit ist mir aufgefallen, dass Jungs viel selbstbewusster und angstfreier im Sportunterricht waren. Klar, jetzt nicht alle, da war auch immer der eine dicke Junge, der zuletzt in die Mannschaft gewählt wurde.

Ich war immer der kleine dicke Junge. Obwohl ich gar nicht dick war. Aber einfach sensationell unbegabt und ungeschickt. Das wussten alle. Da hat mich einfach keiner gewählt.

Und die Jungs? In meiner Erinnerung sind die einfach losgerannt. Haben gemacht. Ohne lang rumzulamentieren. Die haben einfach behauptet, dass sie gut Volleyball spielten. Das war vielleicht gar nicht so. Aber wenn man sich etwas lange genug einredet, tritt es auch ein. Wie wichtig mentale Stärke im Sport ist, weiß man ja heute. Sie macht einen Großteil des Erfolgs bei Sportlern aus.

Eigentlich hatte ich die perfekte Physiognomie, um eine gute Sportlerin zu werden. Groß, schlank, lange Beine. Breites Kreuz. Aber ich besaß keinerlei Stärke. Weder körperlich noch mental. Und absolut kein Selbstbewusstsein. Da war einfach: NIX! Und irgendwie waren da auch keine Pädagogen, die etwas Spaß am Sport aus mir rausgekitzelt hätten. Was mal wieder zeigt, wie wichtig gute Lehrer sind! Theoretisch könnte wahrscheinlich jeder Mensch den perfekten Sport für sich finden. Wenn er den richtigen Zugang bekommt.

Meine Sport-Odyssee ging indes weiter. Ich hab mal eine ganze Weile Squash gespielt, ohne zu wissen, dass es Squash ist. Ich hatte als Kind einen Ball, einen Schläger, ein Scheunentor auf unserem Bauernhof und niemanden zum Spielen. So ist das eben, wenn man außerhalb des Dorfes kurz vorm Grimmschen Dornröschenwald aufwächst. Während man dort auf den Prinzen wartet, kann man schon mal üben, wie man ihm dann später eins überziehen könnte, sollte er mit Aschenputtel durchbrennen.

Nach kürzester Zeit wurde mir allerdings beim Bauernhof-Squash auch schon wieder langweilig. Meine Mutter, eine große Motivatorin, gab nicht auf und schickte mich zum DLRG. Denn da war mein Bruder auch. Ihn musste sie sowieso da hinfahren, also packte sie mich gleich mit ins Auto. Eine Sportart für beide Kinder. Praktisch. Klug gedacht. Doch was ihm sehr gut lag, lag mir nun gar nicht. Tauchen fand ich beängstigend, Turmspringen sinnlos, Kraulen viel zu anstrengend. Und Leute retten erwies sich als ungeeignet für jemanden, der selbst bei jedem Schwimmzug drei Liter Chlorwasser einatmet. Seehund Mirja lag lieber am Rand und kuschelte mit den Schwimmnudeln.

Also ging es munter weiter. Der Vorteil am Dorfleben ist ja, dass man viele Vereine zur Auswahl hat. Deshalb wurde der nächste ausprobiert. Und so kam ich zum Kunstradfahren. Ich weiß wirklich nicht, wer aus meiner Familie entschieden hat, dass ich ausgerechnet dahin soll. Aber ich selbst kann es kaum gewesen sein. Im Kreis fahren, auf dem Lenker stehen oder sich in den Lenker reinlegen? Was soll das? Ich bekam einen Nabelbruch, musste operiert werden und das Thema war schnell vom Tisch. Zum Glück!

Doch da gab es ja noch den örtlichen Tischtennisverein. Das war aber auch nicht meine Welt. War ja wieder mit Bällen. Ich bin zwar um die Tischtennisplatte herumgelaufen. Aber getroffen hab ich keinen einzigen Ball. Also weiter: zur Jugendfeuerwehr. Dort war ich das einzige Mädchen. Ich war schon sehr fortschrittlich und modern mit meinen acht Jahren, eine kleine Feministin, auch wenn alle dachten: Die hat sie doch nicht mehr alle! Was will die hier? Allerdings war mein Vater Leiter der örtlichen Feuerwehr, und deshalb wollte auch seine kleine Tochter ganz im Sinne von Grisu, dem kleinen Drachen, Feuerwehrfrau werden. Ich fand mich unglaublich cool. Ich hatte den längsten Schlauch von allen! Haha!

Doch auch bei der Feuerwehr hielt es mich nicht lange, und so kam ich zum Jazzdance. Das war damals modern. Deswegen wollte ich da hin. Da waren all die coolen Mädchen, zu denen ich auch gern gehört hätte! Jazzdance! Ein Tanzbär macht Karriere. Na ja ... auch in der letzten Reihe muss ja jemand stehen. So motivierte ich mich. Immerhin habe ich die gesamte Erarbeitungszeit einer Choreografie durchgehalten. Zu *Eye of the Tiger*. Als ich aber zur Showtanzwettbewerbsreise nicht mitdurfte, weil ich die Choreografie einfach bis zum

Schluss nicht wirklich beherrschte, verließen mich schon wieder der Mut und die Lust weiterzumachen. Ich verabschiedete mich.

Trotz erfolgreich abgeschlossener Musicalausbildung blieb ich auch als junge Erwachsene irgendwie ein kleiner Körperklaus. Ich weiß auch nicht, warum ich Musicaldarstellerin wurde, denn das mit dem Bewegen war echt nicht mein Ding. Dieses ganze Getanze braucht doch kein Mensch, und es ist doch auch so unnatürlich.

Außer bei Dirty Dancing. Da passt es. Hätte ich allerdings nie machen können. Obwohl; einmal die Hebefigur. Bei mir hätte die wenigstens Sinn ergeben. Das Lied heißt ja nicht umsonst: *I've HAD the time of my life*. Vor allem für den mich Hebenden!

In meinen Zwanzigern habe ja mal Tae Bo probiert. Das fand ich sogar ganz gut. Da war ich mal kurz geflasht. Tae Bo ist eine Sportart, die Elemente aus asiatischen Kampfsportarten mit Aerobic verbindet und zu schneller Musik praktiziert wird. Es ist aber kein Kampfsport und keine Selbstverteidigungstechnik, sondern reine Fitnessgymnastik. Der Name ist ein Akronym für den Slogan des Erfinders von Tae Bo, Billy Blanks, und steht für:

Total commitment to whatever you do (= Volles Engagement für alles, was du tust)
Awareness of yourself and the world (= Bewusstsein deiner Selbst und deines Umfelds)
Excellence, the truest goal in anything you do (= Perfektion, das wichtigste Ziel all deines Tuns)

Body as a force for total change (= der Körper als die Macht für totale Veränderung)
Obedience to your will and your true desire for change (= Gehorsam deinem Willen gegenüber und deinem wahren Verlangen nach Veränderung).

Äh. Ja. Okay. Aber jeder, der mich kennt, weiß, das ist einfach zu viel *Commitment* auf einmal. Das schaff ich einfach nicht. Meine Begeisterung hielt auch hier wieder nur ganz kurz an. Ich war ein Mal da.
    Ich bin halt doch eher fürs CHILLEN zu haben:
    Cool rumliegen.
    Haribos immer in Reichweite.
    Intensives Ausruhen.
    Lecker Eis.
    Lockerbleiben.
    Endloses Faulenzen.
    Nichtstun.

Und doch gab ich nicht auf: Weiter ging es mit Fitnessstudios. Ich war das perfekte Mitglied. Ein passives. Zahlt pünktlich. Kommt nie. Diese Geräte! Oh, wie langweilig! Wiederholungen an Geräten: Oh, noch viel langweiliger! Auf dem Laufband laufen oder auf dem Stepper? Laaangweilig!
    Und da auch toll zu beobachten: Während die Mädels aufgehübscht wie kleine Hamster-Chicks alle nebeneinander aufgereiht vor sich hin steppten, waren die Jungs doch weniger die Ausdauer-Heinis.
    Manche Frauen machen sich ja fürs Fitnessstudio zurecht, als würden sie abends ausgehen wollen. Volles Make-up, Haare

total toll, und die neueste Sportkollektion von Nike. Und Nägel, so lang, dass sie einem die Augen ausstechen könnten, wenn man ihnen die Minihantel in der Größe eines Snickers klaut. Ich war nie so. Ich gehe immer ungeschminkt zum Sport. Und sehr selten. Meine Kaffeeketten-Sporthose ist nicht von Tchibo. Die ist noch von Eduscho.

Jungs stemmen ja im Fitnessstudio meist Gewichte. Und reden dabei lustige Sachen:
»Ey, Bruder, isch hab voll Plan gemacht. Isch hab voll zugenommen. Hab Muskeln gemacht. Isch hab voll Plan von Eiweiß!«
Ja, denke ich dann. Du hast einen Plan. Offensichtlich aber leider NUR von Eiweiß. Es ist schon eine bestimmte Männerspezies, die man in den Studios beobachten kann. Der Pumper ist halt oft der gedrungene Typ. Marke ohne Hals. Gern mit Solariumsbräune und auch gern mal mit Bauchansatz. Eins habe ich mit ihm aber gemeinsam. Wir mögen beide Ausdauersport eher nicht so gern. Wir sind die Inkonsequenten. Wir sind viele. Ich hab ja wirklich mal überlegt, ob ich mir einen *personal trainer* leiste. Aber dann dachte ich: Jemand, der zu mir nach Hause kommt und mich anschreit? Das kann ich günstiger haben. Vom eigenen Partner. Und der wiederum geht gern zum Fußballgucken in eine Sportsbar! Und denkt, dass wäre dann auch Sport!

Ach, und Yoga. Das hab ich natürlich auch schon probiert. Denn das ist ja so schön ganzheitlich. In Indien machen das bereits die Kinder in der Schule und ganz ehrlich: Das müsste man hier auch einführen. Yoga ist wirklich toll. Für Körper, Geist und

Seele. Ich hab auch da wie in der Weight-Watchers-Gruppe nur einen einzigen Mann gesehen. Und der stöhnte am lautesten von allen: »Ich krieg die Beine nicht auseinander. Ich krieg die Beine einfach nicht auseinander!«

Ich nur so: »Müsst ihr Männer ja auch nicht!«

Alle außer ihm lachten. Ich glaub, er hat es nicht verstanden. Und obwohl Yoga und ich uns echt mochten: Ich habe jetzt meine Fünfer-Yoga-Karte seit drei Jahren. Und es sind noch vier Mal drauf.

Mein jüngster Versuch im letzten Jahr war dann das gerade sehr angesagte EMS-Training. EMS steht für elektromagnetische Stimulation. Ja, genau. So ein bisschen, als wenn man sich diverse Vibratoren an den Oberschenkel hält. Bei der EMS sorgt Strom für die Belastung. Ich kam da an und musste einen Anzug anziehen, so eine Art schwarze enge Radlerhose und ein enges schwarzes Oberteil. Ich sah ein bisschen aus wie Lara Croft. Aber eben auch nur vom Outfit her. Dann legte mir die Trainerin angefeuchtete Elektroden an. Das war so ein bisschen wie beim EKG. Überall hatte ich Kabel und zeitweise auch Radioempfang. Über diese Kabel gelangen 85 Mal in der Sekunde schwache Stromimpulse durch die Haut in die Muskeln. Die Folge: Ganz ohne Bewegung schnurren die Muskelfasern zusammen – und man selbst soll dagegenhalten. Diese Phasen dauern nur wenige Sekunden, kurze Pausen folgen. Das liebe ich ja bekanntlich sehr, das mit den Pausen.

Diese Muskelarbeit erfordert einen extremen, schweißtreibenden Einsatz. Man schwitzt, ohne wirklich zu arbeiten. Im Grunde ja total mein Ding. Aber auch da: Ich war seit der Anmeldung vor über einem Jahr vier Mal da und zahle brav weiter. Jede Woche! Obwohl es um die Ecke ist. Mir ist einfach nicht zu helfen. Ich sehe es als Sponsoring. *Support your neighbourhood.*

Ich hab dann meinem Vater davon erzählt. Ich sagte:

»Da kriegst du Stromschläge in den Po!« Mein Vater entgegnete nur: »Das hättest du doch viel einfacher haben können! Und vor allem kostenlos. Stellste dich bei uns aufm Land mit'm nackten Arsch an den Weidezaun! Kriegste auch nen Schlag!«

Wo er recht hat, hat er recht.

Leider gibt es keine Statistik darüber, ob mehr Frauen oder mehr Männer ihren Sport schwänzen. Aber ich kenne eher Frauen, die sich selbst bescheißen. Die Ausreden haben. Wo immer irgendwas ist. Frauen sind auch die perfekten Kundinnen für diese ganzen Fitness-Apps. Wenn ich mir allein anschaue, was es da alles gibt, was man in diesen 7-Minuten-Workouts machen kann. Dagegen ist ja meine Jogging-App von vorgestern. Oder auf Instagram. Diese Fitnessmodels. Das ist ja richtig irre, was da abgeht. Wenn man *#fitness* eingibt, gibt es fünfhundert Millionen Einträge dazu. Da sind zwar auch ein paar Jungs, die aussehen, als hätten sie ein Xylophon verschluckt. Aber definitiv mehr Mädels. Und sorry, wenn ich da fast altmodisch klinge, aber manche der Fotos find ich grenzwertig. Wirklich sehr leicht bekleidet, posieren die Frauen vor irgendwelchen Spiegeln. In eindeutigen Posen. Und sich dann über versaute Rappervideos aufregen! Manche präsentieren die momentan angesagte Lücke zwischen den Schenkeln. Das jedenfalls kann mir nicht passieren. Oder die Furche bauchabwärts, die für mich schon an Magerwahn grenzt. Andere sind regelrecht muskelbepackt und dazu noch so eingeölt, was ich echt eklig finde. Ich habe auf YouTube und Instagram mehr weibliche Fitnessmodels als männliche gefunden. Bei Zeitschriften und Apps ist das genauso. Warum?

Sind Männer auch beim Thema Sport entspannter und gehen den geraden Weg? Die Männer, die ich kenne, laufen einfach los, wenn sie fitter oder schlanker werden wollen. Ohne große Worte.

Auf jeden Fall machen sich Männer in Sachen Sport weniger verrückt. Ich meine, sehen wir doch mal einen Durchschnittsmann vor uns. Nennen wir ihn Martin: Martin ist Mitte vierzig und hat auch eine Muffinjeans. Auch bei ihm geht der Teig so oben übers Bündchen. Nur nicht genährt von Muffins, sondern von regelmäßigem Bierkonsum. Und? Was macht Martin? Ist er schon seit Jahren ganz krank vor schlechtem Gewissen? Meldet er sich im exklusivsten Fitnessstudio der Stadt an? Und geht dann doch nicht hin? Verschlingt er die neuesten Fitnesstipps in seiner Lieblingsmännerzeitschrift? Recherchiert er aufwendig, welche Hipster-Sportart denn nun gerade angesagt ist? Oder geht er etwa zum Bauch-Beine-Po-Workout oder gar zum Hot Yoga? Ach was. Martin kramt im Keller nach den alten Joggingschuhen – die Jogginghose hat er nach Feierabend ja eh schon an – und geht laufen. Einfach so. Im Park um die Ecke. Klar kriegt er sofort einen roten Kopf und kommt ganz schön ins Schnaufen. Aber das kann er dann ja in der abendlichen Kumpelsrunde beim Bierchen auch wieder heldenhaft erzählen: »Das war krass anstrengend, ey, zehn Runden im Park, ich sach dir, voll der Stress!« Und alle nicken bedächtig und bewundern ihn. Oder Martin findet in seinem Smartphone die Nummer seines alten Kumpels Michi wieder, der immer die Fußballvormittage am Sonntag organisiert hat. Eine SMS an Michi, und schon läuft Martin wieder dem Ball hinterher. Wie früher. Natürlich in dem alten Shirt seines Lieblingsvereins und in der gemütlichen Jogginghose.

Von diesem lockeren Umgang mit Sport können wir Mädels uns ruhig inspirieren lassen. Denn wenn ein Mann aus dem Fitnessstudio kommt, und ich frage: »Und, was hast du heute gemacht? Ausdauer, Fitness oder Pumpen?«

Dann kommt schon mal als Antwort: »Ich hab einen Milchshake getrunken!«

Humor ist IMMER dabei.

»Nee, Süße, ich hab kein Winkefleisch. Das ist ein Ex-Muskel.«

Ich liebe diese Kombination aus Selbstironie, Selbstbewusstsein, aber eben auch Konsequenz!

Wenn sie was getan haben, sind Männer im Allgemeinen ja sehr stolz. Das verkünden sie dann schon auch ganz gerne. Ich habe mal erlebt, wie ER von draußen reinkam wie ein Wilder und stöhnte wie Tarzan. Zählte alles auf, was er gemacht hatte. Wie es genau gewesen war. Seine Siege, seine Meilen, seine Zeiten. Am Ende klopfte er sich auf die Brust. OBWOHL er nicht aussah wie Tarzan.

Oder mein schwuler Freund Thore. Theraband-Thore. Der aus dem Diät-Kapitel. Der alles mit dem Theraband macht, von morgens bis abends. Thore macht ja sogar Übungen, wenn er sich die Zähne putzt. Wackelt hundertmal mit dem Kopf hin und her. Das soll irgendwas im Gehirn schulen. Ich glaube das ist gegen Vergesslichkeit. Ich hab es vergessen. Aber Thore, so sportlich er auch ist, macht eben auch nicht so ein Geschiss. Der macht einfach. Vielleicht wäre ich echt eine Sportskanone, wenn ich im nächsten Leben ein Mann wäre. Mit ein bisschen

Muskeln, leicht definiert. Mit guter Kondition. Und vor allem einem guten, gesunden Selbstbewusstsein. Ich würde Sport machen, wenn ich will. Und es lassen, wenn ich eben nicht will. OHNE schlechtes Gewissen. Denn das steht uns Frauen doch oft viel mehr im Wege als den Männern. Muss auch am »Nichts-denken-Gen« liegen.

Klar, Sport gibt dir das Gefühl, dass du nackt besser aussiehst. Gin Tonic aber auch. Isso. Vielleicht wäre Taxi fahren eine gute Sportart für mich. Da werde ich ja tranSPORTiert.

Ach, ich hab die Lösung! Das ich da nicht eher drauf gekommen bin! Es gibt doch seit Neuestem eine wissenschaftliche Studie, die besagt, dass man, wenn man den Sport nur DENKT, also die Übungen im Kopf durchgeht, ebenfalls abnimmt und fit wird. Das isses! Ich setz mich jetzt gleich mal aufs Sofa. Mach mir eine Fitness-DVD an. Und gucke mir das alles in Ruhe an. Wie bei so einem richtig schönen Fernsehabend. Und was gehört zu einem richtig schönen Fernsehabend? Sonnenklar: Chips und Bier.

Mirjas Sporttipps

- Denkt euch keine Sportausreden aus. Nehmt einfach meine. Ich habe doch für jede Gelegenheit eine. Sie haben sich alle schon bewährt!
- Aber beachtet bitte: Das Auswählen der Ausrede allein gilt noch nicht als Sport!
- Macht nicht so ein Gedöns.
- Macht einfach Sport. Ganz egal, welchen.
- Steht euch nicht selbst im Weg, lauft einfach los!
- Und wenn es nur Couchsurfing ist, Hauptsache, Bewegung!

- Finger weg von allem, was lediglich euer Gewissen bewegt: Die Gebühren fürs Fitnessstudio machen niemanden fit, höchstens das Konto des Besitzers!
- Und die neueste App nützt auch nix, wenn ihr sie nicht appliziert, also anwendet.
- Schraubt eure Ansprüche lieber ein bisschen runter: Eine Runde mit dem Fahrrad, die ihr abends wirklich dreht, ist effektiver als zwei Stunden Internetrecherche darüber, ob die Anschaffung eines Hollandrades lohnt.
- Quält euch lieber real den Berg rauf als auf dem Sofa mit Selbstvorwürfen.
- Und wenn alle Stricke reißen: Fitness-DVD. Angucken. Und im Idealfall sogar mitmachen.

Ausgehen

Puh. Aua. Mein Kopf.

Wie haben wir das nur früher alles gemacht? So richtig auf die Rolle gehen und dann trotzdem morgens topfit zu Schule, Uni oder Arbeit? Das war irgendwie überhaupt kein Problem!

Ich war am Wochenende mit einem Kumpel etwas trinken. Ich hatte extra gut gegessen vorher, eine ordentliche Grundlage geschaffen mit zwei belegten Broten, einer kleinen Tüte Chips und zwei Stückchen Käsekuchen. Das war die festeste Nahrung, die ich zu Hause hatte. Nur Bauschaum wäre noch fester gewesen. Ein Obstsalat ist vor dem Ausgehen ja eher kontraproduktiv. Wenn man dann ordentlich was trinkt, hat man Obstbowle. Deswegen liegen diese dünnen Tusneldas auch immer nach einem halben Prosecco betrunken unterm Tisch oder hängen überm Klo.

Aber trotz der guten Grundlage habe ich jetzt Kopfweh.

Dass es beim Feiern einer guten Grundlage bedarf, lernt man zum Glück auf dem Dorf schon sehr früh. Sowohl als Junge als auch als Mädchen. Bei dem Thema herrscht absolute Gleichberechtigung.

Ich war ungefähr 14 Jahre alt, als ich zum ersten Mal so richtig aus war. Zeltdisco bei uns im Dorf! Sogar mit zwei Party-Areas.

Eine IM Zelt und eine HINTERM Zelt.

Da gab's Cola-Korn für nur eine Mark!

Sogar mit dem miesesten Taschengeld war also ein Vollrausch möglich. Deswegen schmeckt in der Erinnerung, glaube ich, auch für beinahe jedes Dorfmädchen der erste Zungenkuss nach Cola-Korn.

Bei mir war es Ingo. In der Party-Area HINTERM Zelt.

Das Lagerfeuer brannte, irgendwer spielte auf der Gitarre *Blowin' in the Wind*. Das konnten wir damals alle auf der Gitarre spielen. Hat ja auch nur zwei Akkorde.

Wenn man auf dem Land aufwächst, lernt man unter Umständen wirklich schon früh hart zu trinken. Sei es auf dem Schlachtfest, wo ein Korn dem nächsten folgt, da die harten Männer das Schlachten sonst gar nicht aushalten würden, weil sie eben doch nicht so gut Blut sehen können. Oder in der Vereinswelt. Wer schon mal auf so einem richtigen Feuerwehrfest war, weiß, da wird zwar gelöscht, aber kein Feuer.

»Boah, ich hab aber auch einen Brand« statt »Durst« zu sagen, kommt bestimmt aus der Feuerwehrwelt.

Deswegen haben wir Kinder meinen Vater auch immer geärgert und haben gesagt: »Unser Papa ist bei der Feierwehr!«

Wächst man auf dem Land auf, stürzt man sich, sobald man älter wird, entweder irgendwann ganz ins Vereins- und Dorfleben oder man zieht weiter, so wie ich es tat. Denn meine Neugierde auf all das, was es sonst noch so gibt auf der Welt, war einfach schon immer grenzenlos.

Ich durfte schon relativ früh in die eine große Landdiskothek gehen und meine Eltern blieben nachts extra lange wach, nur um mich abzuholen. Es wurde sich immer unter den Eltern abgewechselt. Manchmal durfte ich bis ein Uhr nachts dort tanzen gehen, und mein Vater kam mit Streichhölzern in den Augen bisweilen sogar bis in die Disco rein, wenn sein wildes Töchterchen nicht pünktlich rauskam. Da war dann die Tanzfläche schnell leer. Und das nicht, weil die *Dancing Queen* gehen wollte, sondern weil Papa in Gummistiefeln auf eben dieser stand!

Oft tanzte ich nur zu gerne oben auf der Lautsprecherbox zu *Rhythm is a Dancer*. Es waren eben die frühen Neunziger. Da machte man das so. In der Stadt hätte man wenigstens Geld dafür bekommen, als Go-Go-Tänzerin. Für mich hieß es auch »Go-Go«. Go go nach Hause.

Damals war ich schon hin- und hergerissen in meinem Leben als junge Frau. Ich mochte dieses ganze Mann-Frau-Geplänkel nicht. Der Typ muss einen ansprechen, nachdem gegenseitige »Balztänze« gemacht wurden? Nö. Außerdem fand ich grundsätzlich die Jungs gut, die mich mit dem Arsch nicht anguckten. Weil sie eben gerade nicht zu *Rhythm is a Dancer* tanzten, sondern zu *Tainted Love* von Soft Cell!

Das Einzige, das uns wahrscheinlich verband, war die Liebe zum schwarzen Kajal.

Mein Männergeschmack war einfach nicht musikkompatibel. Meine Freundinnen meckerten auch immer gleich, wenn ich zu U2 oder Héroes del Silencio tanzen wollte. Obwohl wir eigentlich auch nie in so großen Mädelsgruppen unterwegs waren. Auch später nicht. Ich war schon immer eher der Eins-zu-eins-Typ. Mit EINER Freundin oder EINEM Freund unterwegs. Alles andere war mir zu anstrengend. Das ist eigentlich bis heute so. Vor allem, wenn dann hysterische angetrunkene Frauen alle durcheinander reden. Da krieg ich Kopfweh.

Wer diese Frauengruppen nicht kennt, der fahre gern einfach mal samstags deutschlandweit in Regionalzügen in Richtung der nächstgrößeren Stadt. Da sitzen sie drin, mit Helene-Fischer-Playlist auf dem Handy, Plastikbechern und Rotkäppchen-Sekt. Im Nachbarabteil übrigens die männliche

Variante. Mit Fußballtrikot, Mettbrötchen und Bier. Zum Supergau kommt es allerdings, wenn eine Gruppe die andere Gruppe anspricht. Dann gute Nacht!

»Guckt mal, Mädels, wen ich gerade vor dem Klo kennengelernt habe. Das ist der Jürgen. Ist der nicht süß?«

In den Neunzigern war es sehr kostengünstig, eine Frau zu sein beim Ausgehen. Denn da hat auf jeden Fall der Mann bezahlt. Doch ich fand das damals schon doof!

Ich wollte und konnte meinen Kiba (Kirschbananensaft – den trank man damals) selber bezahlen. Ich fand es auch cool, Jungen mit einem frechen Spruch an der Bar oder beim Tanzen anzusprechen und einfach anders zu sein. Das kam allerdings nicht immer gut an. Ehrlich gesagt, nie so richtig.

Heute denke ich: Ach. Ich war einfach meiner Zeit voraus. Ich war cool. Ich war SELBSTständig. Ich war Feministin. Und kannte den Begriff noch gar nicht!

Ich musste nicht umgarnt und gepampert werden. Ich musste nicht von dem Boy mit dem fetten Schlitten abgeholt werden. Gut, kam jetzt einer mit einem Trecker vorbei, schlug mein Herz auch nicht gerade höher, aber bis heute mache ich mir nichts aus Statussymbolen. Schon damals habe ich mich gefragt, warum es dieses ritualisierte Affentheater zwischen Mann und Frau beim Ausgehen gibt. Und ich fühlte mich wahnsinnig allein mit meinen Gedanken dazu. Denn die anderen Mädchen dachten so nicht! Ich war aber schon immer für Gleichberechtigung.

Ich war die, die supercool auf der Tanzfläche getanzt hat.

Ich war die, die die fancy Outfits hatte.

Ich war die, die alle angeguckt haben.

Ich war die, die die Jungs angesprochen hat.

Und meine Freundin, die steif am Tanzflächenrand stand, war aber dann die, die von den Jungs angesprochen wurde!

Nicht ich.

Das sollte sich auch nicht mehr grundlegend ändern. In meiner wilden Phase wurde ich allerdings des Öfteren angesprochen, aber nicht um zu flirten, sondern weil man ständig Drogen bei mir kaufen wollte.

Denn in den Neunzigern war ich so eine Technomaus, die bis morgens oder mittags durchtanzte. Inzwischen hatte ich auch einen besten schwulen Freund, mit dem ich einfach immer Spaß hatte, und wir gingen in Kassel in die damals sehr angesehene Techno-Disko *Factory*. Hier legten sie alle auf, Sven Väth, Torsten Fenslau und Marusha. Die Großen der Neunziger Jahre.

Dort habe ich getanzt und getanzt und getanzt. Meine einzigen Drogen waren Koffein, Red Bull oder Guarana. Ich war einfach gut drauf, liebte es, mich in Ekstase zu tanzen. Da aber synthetische Drogen damals extrem in waren, dachten wohl alle: »Na, die hat ja das geilste Zeug überhaupt eingeworfen!« Hatte sie aber gar nicht!

Wäre ich damals nur etwas cleverer gewesen, hätte ich bunte Traubenzucker mit Herzchen drauf als Ecstasy verkauft und besäße heute eine von dem Geld erworbene Altbauwohnung in Berlin-Mitte. Oder ich säße im Knast.

Morgens um halb sieben musste ich übrigens immer zu Hause sein, damit meine Mutter zur Arbeit fahren konnte. Auch da waren wir fortschrittlich in unserer Familie. Carsharing! Hatte sie allerdings am Wochenende frei, fuhr ich auch manchmal erst um halb sieben morgens zu Hause los und ging zu den damals berühmten After-Hour-Partys. Alle fragten sich, warum ich so frisch und gut aussah. Wusste ja keiner, dass ich gerade eben erst aufgestanden war!

Manchmal wurde ich aber auch heimgefahren von der langen Tanznacht, dabei hatte ich einmal ein sehr kurioses Erlebnis.

Wir waren mehrere *Partypeople* im Auto. Ich erinnere mich noch, wie der Fahrer plötzlich während der Fahrt anhalten wollte, weil er mitten auf der Bundesstraße rosa Einhörner sah.

Immer wieder rief er: »Guckt doch mal, Leute. Sind die nicht süß?« Es dauerte eine ganze Weile, bis wir alle rafften, dass er halluzinierte. Während wir anhielten, ließ ich ihn kurz eins streicheln und fuhr den Rest der Strecke dann lieber selbst.

Wenn ich was kann, dann an rosa Einhörnern vorbeifahren.

Doch auch die Kasseler Partywelt war mir irgendwann zu eng, und ich zog weiter.

Nun sollten es die Techno- und Houseclubs der Großstädte sein, und wir wollten nach Hamburg und Frankfurt. Aber wie sollten wir da hinkommen? Wir hatten keine eigenen Autos. Und ich als Früh-Feministin hielt es für Quatsch, mir extra dafür einen Jungen zu suchen, der mich durch die Gegend kutschierte. Wie es damals wirklich sehr viele Mädchen taten:

»Liebst du den Ingo überhaupt?«

»Nein. Aber er hat so einen schönen Opel Astra. Tiefergelegt.«

»Hat er DICH auch schon tiefergelegt?«

Ich wollte das nicht. Ich wollte selbstständig sein!

Also hieß es Zug fahren. Wieder war ich es, die die Männer ansprach. In diesem Falle den Schaffner. Auch, um ihn ein bisschen zum Lachen zu bringen. Ich fragte ihn in breitestem Hessisch: »Sagense ma, wie komm isch denn in Frankfurt zum Röhhhmer? Da is wohl ne subber Technoparty!«

»Ey, Mädsche, isch hör des doch, Sie sin doch'n original Frankfurter Mädsche, Sie werde doch wisse, wie man zum Röhhhhmer kommt?«

»Nein. Ich bin aus Hümme!«

Der Schaffner daraufhin: »Gesundheit!«

Wenn man den Namen meines Heimatdorfes ausspricht, klingt es halt immer so, als müsste man niesen.

Ich konnte zu der Zeit sämtliche Kassetten des Comedyduos Badesalz auswendig. Ich hörte sie rauf und runter. Daher war ich in der Lage, den Dialekt anscheinend so gut nachzumachen, als wäre es mein eigener. Der Schaffner lachte noch lange über mich und schüttelte gleichzeitig den Kopf.

Für heutige junge Erwachsene ist es wahrscheinlich ein Rätsel, wie man sich damals ohne Smartphone durchgeschlagen hat. Aber wir kamen am Ziel an. Immer. Das waren crazy Zeiten: Wir sprachen echte Menschen an und baten um Hilfe. Und wir tanzten und tanzten uns durch Frankfurt. Auch durch Hamburg. Nach Hamburg trampten wir oft. Wir sprachen aber immer nur Frauen oder Familien auf Tankstellen an. Egal, wie lange wir warten mussten. Und das war manchmal wirklich sehr lang. Wir wollten einfach sicher gehen! Es gab ja keine Absicherungsmöglichkeit wie heute mit WhatsApp oder Kennzeichen abfotografieren oder so. Aber heute trampt ja auch irgendwie gar keiner mehr.

Es lief immer gleich ab. Wir trampten nach Hamburg, zogen uns bei Burger King auf der Toilette um und schminkten uns dort so lange, bis sie uns rausschmissen, zogen dann von Club zu Club, gingen gegen Morgen auf den Fischmarkt und fuhren anschließend zurück nach Hause. Auf der Rückreise aßen wir dann auf der Rückbank fettigen Aal und Räucherlachs von Aale-Dieter und stanken der mittelhessischen Familie, die gerade vom Ostseeurlaub kam und uns freundlicherweise mitnahm, das Auto voll!

Meine Eltern wussten natürlich von alldem nix. Erst vor ein paar Jahren habe ich ihnen von diesen Tramptouren erzählt. Sie trugen es mit Fassung.

In diesen Situationen wäre ich manchmal gern ein Junge gewesen, ich glaube, ich hätte bei diesen Aktionen dann viel weniger Schiss gehabt.

Oft verhielt ich mich deswegen einfach wie einer. Vielleicht war das so etwas wie ein unbewusster Schutzpanzer. Ich blieb niemandem eine Antwort schuldig, ganz im Gegenteil, im Grunde war ich frech wie Oskar. Sowohl beim Trampen als auch bei den Türstehern vor dem Club. Dafür kam ich in jeden Club. Immer! Na ja, als Frau ist das auch einfach leichter als als Mann. Hat eben alles Vor- und Nachteile.

Nach den vielen Sonntagmorgen mit Aale-Dieter und Bananen-Fred hieß es dann aber irgendwann mal langsam erwachsen werden.

Die Liebe zu Hamburg blieb, und so zog ich zum Studieren in die schöne Hansestadt. Jetzt war auch wieder am frühen Morgen Tanzen angesagt. Aber nicht zu Techno in der coolen After-Hour-Party sondern zu Tschaikowski im Ballettsaal. Die Musicalausbildung!

Die Ausbildung war so anstrengend, dass an Ausgehen und Tanzengehen nicht mehr zu denken war. Jede freie Minute musste ich nebenher auch noch jobben, um das alles finanzieren zu können. Meine Partyphase nahm ein jähes und trauriges Ende. Ich fiel vom Barhocker. Einfach so. In einem der angesagtesten House-Clubs der Stadt. Aber nicht wegen eines Vollrausches, sondern weil ich einfach eingeschlafen war.

Meine harte Partyzeit war tatsächlich schon mit 21 Jahren vorbei. Ganz schön früh. Aber ich kann mit Fug und Recht behaupten, dass ich zwischen 16 und 21 so viel ausgegangen bin wie andere in ihrem ganzen Leben nicht. Ich wilde Partymaus, ich.

Und heute? Heute bin ich eine erwachsene Frau von 44 Jahren und lebe im angesagtesten Hipsterviertel von Köln den Lifestyle einer Dreißigjährigen. Man kann mich sicher nicht vergleichen mit einer vierundvierzigjährigen Frau, die verheiratet ist, zwei Kinder hat, Hund, Katze, Maus, weder auf dem Land noch in der Stadt.

Wenn ich heute ausgehe, gehe ich meistens essen oder was trinken. Gehe ich alleine essen, werde ich schief angeguckt. Egal wo. Ich habe mal einen Kurztrip an die belgische Küste gemacht, so ganz allein. Das war schön. Bis zu dem Punkt, als ich abends in einem Edelrestaurant essen gehen wollte. Den Tisch hatte ich schon online vorbestellt und mich richtig toll geschminkt und sehr *casual*, aber doch schick angezogen. Ich hatte eine Ausgehverabredung mit mir selbst und war voller Vorfreude. War doch das Restaurant so gelobt worden im Internet. Direkter Meerblick. Exquisite Küche. Feine Weine. Ich kam an, öffnete die Tür und erlebte zum ersten Mal in meinem Leben so richtig hautnah Frauen-Ausgeh-Mobbing. Der Herr am Empfangscounter fragte: »Haben Sie reserviert?«

»Ja«, erwiderte ich. »Auf den Namen Regensburg!«

»Dort hinten ist Ihr Tisch!«

Ich setzte mich. Es handelte sich um den hinterletzten Tisch in der hinterletzten Ecke. Der Tisch war festlich eingedeckt. Für zwei Personen.

Der Kellner kam zu mir und fragte: »Ihre Begleitung kommt noch?«

»Nein. Ich esse allein«, antwortete ich.

»Oh!«

Selten habe ich so ein trauriges, mitleidiges »Oh« gehört. Da steckte alles drin: Ungläubigkeit, Überraschung, Befremden. Unweigerlich kam mir die deutsche Popband *Wir sind Helden* mit ihrem Hit *Bitte gib mir nur ein Oh!* in den Sinn. Aber ich hatte den Kellner ja keineswegs um ein »Oh« gebeten. Und doch hallte es nach. Ich begann mich unbehaglich zu fühlen, dachte aber: Jetzt bloß cool bleiben. Der Kellner fing an, das Gedeck abzuräumen, das für die zweite Person gewesen wäre. Und jeder Gourmet weiß: In einem feinen Restaurant ist das viel. Mehrere Bestecke, mehrere Gläser, mehrere Teller. Leider auch die zweite Butter und das zweite Brötchen. Das ärgerte mich am meisten. Das Abräumen dauerte eine gefühlte Ewigkeit. Und in dieser wie mir schien endlosen Zeitlupe sahen alle anderen Restaurantbesucher zu mir herüber und verstummten. Hatte es sich eben noch um ungefähr sechs bis acht andere Tische mit wohlerzogenen und schönen Menschen gehandelt, die sich auf flämisch, französisch oder deutsch angeregt miteinander unterhielten, sah ich mich jetzt einer schweigenden Gruppe von Leuten gegenüber, die alle fragende Gesichter machten. Als wäre ich eine Vogelscheuche. Und der Kellner, der das zweite Gedeck abräumte und in die offene Küche stellte, murmelte leise etwas zur Chefin hinter dem Tresen, die daraufhin ebenfalls zu mir hinsah.

Wie gerne wäre ich in diesem Moment Lara Croft gewesen, die zu jedem Tisch hinüberfliegt und mit einem Schlag sämtliche Brötchen und Butterstücke klaut! Ich dachte: Hab ich Flecken im Gesicht? Warum gucken ALLE? Darf eine erwachsene Frau denn nicht alleine essen gehen?

Und: Kriegt ein Mann die gleichen Blicke? Nein! Scheint mir nicht so.

Da schauen die anderen Gäste vielleicht auch kurz, denken sich dann aber: Ach, ein Geschäftsmann, der ist sicher auf der Durchreise. Aber ich werde IMMER angeglotzt, wenn ich alleine esse. Nicht nur dort in Belgien. Es ist mir später noch öfter passiert. So oft, dass ich das inzwischen, wenn ich kann, wirklich vermeide.

Ich habe mich damals in der Situation so unbehaglich gefühlt, dass ich dachte, okay, dann mime ich eben die Restaurantkritikerin! Frei nach dem Ratatouille-Prinzip wie in dem gleichnamigen Film. Ich fotografierte sämtliche Gänge, den ganzen Tisch, und machte mir allerhand Notizen. Ich verhielt mich so, als wäre ich eine Foodbloggerin oder Printkritikerin. Wahrscheinlich war es völlig übertrieben, was ich gemacht habe. *Overacting* sozusagen. Aber das war mein einziger Weg.

Ich habe dann sehr schnell gegessen, das exquisite Essen jedoch nicht wirklich genießen können. Und vom Meerblick habe ich ja eh nichts gesehen an meinem Katzentisch. Ich habe extra viel Trinkgeld gegeben und bin gegangen. Selbst beim Rausgehen spürte ich die Blicke der anderen noch. Zum Ausgleich habe ich mich anschließend in eine abgerockte Strandbar gesetzt, zum Sonnenuntergang einen leckeren Gin Tonic getrunken und aufs Meer hinaus gesehen. Ich habe die nette hochschwangere Besitzerin der Bar kennengelernt, sie gab mir ein Schälchen Nüsschen zu meinem Cocktail. Sie füllte es fünf Mal auf, so lange plauderten wir über Gott und die Welt. Viel besser!

Sie war völlig offen, entspannt und schien nicht zu bewerten, dass ich allein reiste und speiste. Es kommt also immer darauf an, wo man sich befindet, wenn man ausgeht. Vor allem als Frau. Aber: Kann mir doch keiner erzählen, dass das Männern genauso geht!

Ich habe es wirklich auch schon erlebt, dass ich im Urlaub in Kroatien schlicht keinen Tisch im Restaurant bekommen habe. »How many people are you?«

»It's only me.«

»Sorry, this table is for two.«

»Yes, but I am alone and I would like to eat here.«

»No, sorry.«

Der hat mich weggeschickt. Ernsthaft weggeschickt. Das war so mit das Demütigendste, was ich je erlebt habe. Ich versuchte es im nächsten Restaurant. Das Gleiche: »Sorry, this table is for two!«

»No problem«, entgegnete ich, »I eat for two.«

Doch auch hier wurde ich weggeschickt. Am Ende saß ich heulend am Strand mit einer kalten Pizza auf den Knien.

Ich habe mal einen männlichen Kollegen, der auch Comedian ist und viel reist, gefragt, ob ihm etwas Ähnliches schon passiert ist, aber er verneinte. Was ganz klar meine These stützt: Es ist als Mann einfacher. Und nicht nur, weil es sich der Mann oft einfacher macht, sondern auch, weil die Gesellschaft es ihm einfacher macht. Noch immer. Im Jahr 2019. Eigentlich kann das doch gar nicht sein!

Aber er sagte mir auch:

»Weißt du, Mirja, kein Mann macht sich da im Restaurant so Gedanken drüber. Ob er vielleicht falsch sein könnte. Der sieht zwar auch, dass die Leute gucken. Aber er hinterfragt es einfach nicht.«

Das würde ich auch gern können!

Wenn ich auf Tour bin, setze ich mich auch nicht mehr nach der Show alleine an die Hotelbar. Denn eine Frau, geschminkt, allein an der Hotelbar, heißt für Männer: Klares Signal, Beute! Die sucht!

Dabei habe ich manchmal einfach Lust, noch im Adrenalinrausch, beflügelt von der Show, ein gutes Bier oder einen leckeren guten Rotwein in Ruhe zu genießen. Nur so. Ganz für mich.

Aber keine Chance! Ich wurde bisher IMMER angesprochen. Und um die Uhrzeit natürlich nicht mehr in ganzen, seriösen Sätzen. Da wollte sich keiner mehr mit mir übers Bahnfahren, Stau auf der Autobahn oder die Klimaerwärmung unterhalten. Die hatten auch Klimaerwärmung. Untenrum.

Ach, Mann! Im wahrsten Sinne des Wortes. Nicht mal in Ruhe ein Bier kann man trinken, geschweige denn essen gehen im belgischen Edelrestaurant.

Gehe ich heute mit meiner netten Nachbarin, die in meinem Alter ist, auf ein, zwei Kölsch, so bietet sich uns eigentlich immer das gleiche Bild. Studenten oder Alkoholiker, die jeden Abend an der Bar der Kölschkneipe sitzen.

Ich sagte neulich noch zu ihr:

»Tja. Frauen in unserem Alter ziehen auch nicht mittwochs um die Häuser. Die haben meistens Familie. Und meist auch noch einen Job. Und die schlafen wegen all der Dinge, die sie tagsüber so tun, kurz nach der Tagesschau auf der Couch ein.«

Aber immer noch lieber Alkoholiker in der Kölschkneipe beobachten als Tussis auf dem Ring, unserer Partymeile in Köln. Da sind wir neulich mal aus Versehen nach einem Auftritt reingeraten und da dachte ich, ich bin im Zoo. Hier ist noch alles beim Alten. Da scheint die Zeit stehen geblieben zu sein. Aufgeplusterte Jungs, die sich wortwörtlich zum Affen machen und Frauen, oder soll ich lieber sagen Weibchen, die die jahrzehntelange Arbeit sämtlicher Feministinnen in Sekundenschnelle aushebeln. Ich war schockiert!

Da wird getanzt, obwohl tanzen kann man das eigentlich nicht nennen, es hat eher etwas von Balztanz. Da geht es nur um Äußerlichkeiten, da sprechen erwachsene Frauen mit Kleinmädchenstimmen und lassen sich auf Drinks einladen. Da hängen Strasssternchen an Handys, lachen Botoxgesichter ins Leere, werden echte und unechte Brüste in Outfits hochgeschraubt, die eher an Karneval als an coolen Style erinnern – künstliches Getue weit und breit, sodass es mich schauderte.

Solariumsgebräunte Typen mit kleinen Goldkettchen, derart aufgepumpt, dass sie die Größe eines Quadratmeters hatten und sich Dialoge lieferten, die vor allem aus »Alter«, »Krass« und »Ey, Bruder« bestanden. Die müssen enorm viele Eiweißshakes getrunken haben, und einige davon haben sich dann wohl im Kleinhirn abgesetzt. Ich musste wirklich die ganze Zeit an meinen letzten Zoobesuch mit meiner Nichte denken, als ich das Affentheater sah.

Und dann der Toilettenbesuch. Vorm Spiegel. Das Gladiatorinnentreffen, wie ich es ja immer nenne. Wenn Frauen sich da gegenseitig abchecken mit Blicken, dann gefriert die Luft. Ist die schlanker als ich? Was hat die an? Was ist das für ein Lipgloss? Das geschieht im Bruchteil einer Sekunde. Jungs kriegen das gar nicht mit.

Für mein Gefühl findet ja vor deutschen Toilettenspiegeln immer noch viel zu wenig Verschwesterung statt! Liegt das am schlechten Einfluss der Märchen? Spieglein, Spieglein an der Wand, wer ist die Schönste im ganzen Land? *Nur EINE kann Germany's Next Topmodel werden.* Bäh!

Macht einander stattdessen doch mal lieber mehr Komplimente, Mädels, tauscht euren Lipgloss, seid unterstützend. Das Einzige, was ich in dieser Ringdisco unterstützen sah, war die figurformende Unterwäsche unter dem einen oder anderen Kleid. Also da gehe ich lieber in meine assige Kölschkneipe zu den Frauen mit dem heiseren Lachen und dem überdurchschnittlichen Kölschdurst!

Und ich meine, stellt euch mal vor, liebe Frauen, wie das wäre, wenn Männer beim Ausgehen so drauf wären wie die Frauen in den Clubs auf dem Kölner Ring: die Lippen von Andreas aufgeblasen wie ein Schlauchboot. Jochen in knapper Röhrenjeans und mit bauchfreiem Shirt inklusive Nabelpiercing. Hannes in Hotpants, wie er den Kopf schief legt und in ein helles Lachen ausbricht, damit wir ihm den zweiten Gin Tonic bezahlen.

Dazu der Konkurrenzkampf der Blicke auf der Herrentoilette: Wie macht das Jürgen nur, fragt sich Andreas, dass der so einen Waschbrettbauch hat? Der muss operiert sein! Und, oh, der Stefan, wie der wieder duftet. Dem hat Sabine bestimmt das neueste Chanel-Parfüm geschenkt. Und jetzt schaut euch doch mal den supersüßen weißen Designer-Jumpsuit von Klaus an! Ich muss Karin dazu kriegen, dass sie mir auch so einen kauft ... den muss ich einfach haben! Oder will ich doch lieber auch solche Diamantohrstecker, wie die, die Klaus sich gerade wieder reinfummelt? Oh, ich weiß doch auch nicht!

Na? Würden uns solche Männer gefallen? Die sich so aufbrezeln und innerlich so anzicken? Kann es das sein?

Ich finde ja, in jeder Kölschkneipe herrscht mehr Gleichberechtigung als in der klassischen Ausgehszene! Oder kann ich jetzt nur noch auf eine Ü50-Party gehen, um meine Ruhe zu haben? Da war ich nämlich mal aus Versehen. Wirklich. In Hamburg. Denn in derselben Location fand an dem Abend der Quatsch Comedy Club statt, und ich hatte in der Show gespielt. Ein Kollege und ich gingen dann danach noch dorthin und tanzten, lachten, tranken und hatten großen Spaß. Aber eben Ü50. Das war schon ein bisschen skurril. Ich hatte total meine Ruhe, wurde überhaupt nicht abgecheckt von den anderen Weibern oder angebitcht. Das wunderte mich wirklich.

Ich fragte meinen Kollegen: »Warum mobben mich die anderen Frauen nicht raus?«

Da sagte er: »Die sehen dich gar nicht mehr richtig. So weit können die gar nicht mehr gucken!«

Wir mussten beide sehr lachen.

Trotzdem bleibe ich dabei. Im nächsten Leben werd ich Mann! Dann kann ich in Ruhe allein teuer essen gehen, ohne schief angeschaut zu werden.

Gleichzeitig könnte ich aber auch wie ein Affe zu DJ Bobo tanzen und mit meinem tiefergelegten Opel Astra die Kölner Ringe runterbrausen. Mit Duftbaum Vanille selbstverständlich. Denn ich hätte ja auch eine weiche Seite. Aber Moment: Nee! Dann müsste ich ja auch meistens die Getränke bezahlen. Will ich das?

Ehrlich gesagt möchte ich heute, als FRAU, wie auch schon mit 16 Jahren, die Grenzen gern noch stärker aufweichen. Nicht wie eine militante Feministin, aber wie eine moderne Frau.

Denn insgeheim wünsche ich mir natürlich, dass beim nächsten Mal im Restaurant der Kellner sagt:

»One person? No problem. I will give you the best table I have. Right here at the window, just for you!«

Denn diesen Platz mit Aussicht haben wir auch verdient!

Mirjas Ausgehtipps

- Geht aus. In jedem Alter!
- Lasst eure Kinder bei den Männern, die Hemden ungebügelt, die Jobsorgen am Schreibtisch und zieht um die Häuser!
- In Kneipen, Restaurants, in Clubs und auf Partys!
- Wenn ihr was trinken geht, esst vorher etwas Ordentliches – eine gute Grundlage ist alles!
- Geht ruhig mal allein essen. Wenn wir Mädels das alle öfter machen, lernt auch der letzte Kellner, uns gut zu behandeln und uns einen Platz an der Sonne zu geben.
- Den wir übrigens verdient haben!
- Ihr wollt in Ruhe tanzen? Auf zur Ü50-Party! Da ist es entspannt. Denn da sieht keiner mehr irgendwas.
- Zahlt eure Drinks ruhig selber!
- Freut euch an den Outfits der anderen Frauen – ihr geht doch aus, um euch zu amüsieren, nicht um neidisch zu sein!
- Erfindet die Balzregeln neu. Wir schreiben das Jahr 2019: Ihr dürft Männer ansprechen. Macht ihnen Komplimente. Die sind dann oft völlig verblüfft, und der Rest ergibt sich wie von selbst!

Arbeiten

Nun bin ich also Autorin. Haben sie gesagt. Das ist irgendwie einfach so passiert. Wie vieles in meinem Leben, was mit Arbeiten zu tun hat. Aufgaben kommen auf mich zu, und ich nehme sie halt einfach in Angriff. Wenn es ums Arbeiten geht, wäre ich nicht nur gern ein Mann im nächsten Leben, nein, vielleicht bin ich es auf gewisse Weise die ganze Zeit schon.

Während andere Frauen in meinem Umfeld oft mit sich hadern und Sätze sagen wie »Wie soll das nur gehen?«, »Ich kann das nicht!« oder das allseits beliebte »Das trau ich mir einfach nicht zu!« habe ich einfach immer gemacht. Bin den geraden Weg gegangen.

»Respekt, wer's selber macht«, titelt eine beliebte Baumarktkette. Ich komme mir auch ein bisschen wie ein Werkzeugkasten vom Baumarkt vor. Da sind ganze verschiedene Sachen drin. Wie eben jetzt gerade die Autorinnentätigkeit. Aber so war es immer. Von Anfang an.

Vielleicht wird man als Frau einfach so, wenn man auf einem Bauernhof groß wird. Da hat man schon als Kind Aufgaben, eigentlich arbeitet man, den Kräften entsprechend, voll mit. Weil man einfach muss. Für mich hieß das Kälbchen oder Schweine füttern. Gut, die Schweinchen waren auch das einzig Rosafarbene, was ich zum Spielen hatte. Die anderen Mädchen hatten wenigstens eine Barbie. Oder, wenn es schlecht lief, eine Petra. Da war doch Heiligabend echt im Eimer, wenn man eine Petra statt der erhofften Barbie ausgepackt hat, oder? Da wollteste doch die Mama mit der Petra hauen, hab ich auch mal, der Kopf der Petra ist weit geflogen. Wahrscheinlich liegt der noch immer irgendwo inmitten der Kasseler Berge und rottet vor sich hin.

Ich hatte ja aber wenigstens ein Schweinchen namens Babe.

Zu meinen rosa Freunden hatte ich immer eine enge Bindung. Wir hatten so unsere ganz eigene Kommunikation. Die Schweine und ich haben im Grunde ein und dieselbe Sprache gesprochen. Die anderen Kinder haben mich nicht umsonst die Schweineflüsterin genannt. Deswegen komme ich ja heute auch so gut mit Männern zurecht. Kleiner Spaß, liebe Männer. Gut, einmal im Jahr wurden die Schweine abgeholt. Das hatten mir meine Eltern schon früh erläutert. Das ist der Lauf der Dinge. Den anderen Schweinen hab ich dann erzählt: »Die machen nur einen Ausflug. Die sind auf Schnitzeljagd.«

Die Schweine haben den Braten nicht gerochen.

Ich konnte auch mit fünf Jahren schon Trecker fahren. Immer dann, wenn meine Familie Steine auf dem Acker gelesen hat, musste ich das machen – also nicht, dass man so Steine anschaut und in ihnen die Zukunft sehen kann, nee, dann würde ja die Mama heute auf Astro TV arbeiten. Nein, es ging ums Steine auflesen, um den brachliegenden Acker wieder in einen Zustand zu versetzen, dass man aussäen konnte. Ich musste dann immer vorfahren mit dem Trecker plus Anhänger. Jetzt war ich aber noch so klein, dass mein Vater mir 15 Stuhlkissen auf den Sitz gelegt hatte, damit ich überhaupt übers Lenkrad gucken konnte.

Trotzdem habe ich mich immer verkuppelt. Und zwar nicht mit dem Nachbarsjungen, das wäre ja schön gewesen, nein, ich konnte die Kupplung nicht runtertreten. Also stand ich auf und sprang aus dem Stand drauf. Das klappte fast immer. Aber eben nur fast.

Meine Familie lachte sich kaputt über mein ruckelndes Vor- und Zurückfahren. Doch für mich ist dieses frühe Gehoppel auf dem Acker mit dem Trecker das absolute Sinnbild meiner damals schon tief verwurzelten Selbstständigkeit. Ich wusste mir in meinem Leben einfach immer zu helfen. Egal, wie. In den unmöglichsten Situationen. Ich habe immer eher erstmal Ja gesagt. Und wenn dann die Panik einsetzte, mich selbst eher beruhigt mit den Worten: »Das wird schon irgendwie gehen«.

Besser als das berühmte und von Frauen öfter als von Männern angewandte »Ich kann das nicht!«

Ich kann. Ich konnte.

Vorbildfunktion hatte sicher auch meine *working mum*, wie man heute so schön sagt. Als der Landwirtschaftsbetrieb nur noch nebenberuflich lief, arbeiteten meine Eltern beide noch in anderen Jobs. Vollzeit. Meine Mutter hatte Ende der Sechzigerjahre noch sogar meinen Vater deswegen fragen müssen. Heute unvorstellbar. Aber damals war das so. Wie gut, dass das der Vergangenheit angehört. Mein Vater hatte kein Problem damit, dass meine Mutter arbeitete. Alle Frauen in meiner Familie waren selbstständig, selbstbewusst und hatten das Zepter in der Hand. Alles Powerfrauen.

Ich glaube, das Thema Selbstbewusstsein im Beruf beginnt schon bei der Erziehung. Wie wird es der Tochter vorgelebt? Vor allem von den Frauen der Familie? Meine Mutter gab mir auf jeden Fall ein großes Selbstvertrauen mit auf den Weg.

Als ich in den Neunzigern eine kaufmännische Lehre als Groß- und Außenhandelskauffrau absolvierte, wurde ich das erste Mal damit konfrontiert, dass zwischen den Geschlechtern nicht alles so ganz gerecht aufgeteilt wird. Je nachdem, welche Abteilung man in der Firma gerade durchlief, durften die Jungs meist die etwas cooleren Aufgaben erledigen, die auch Verantwortung bedeuteten. Ich wiederum durfte häufig Kaffee kochen, Ablage machen, und auch schon mal Knöpfe an ein Abteilungsleiter-Sakko annähen. Daneben natürlich kopieren, kopieren, kopieren oder auch kopieren.

Für die neue, digital geprägte Generation ist das wahrscheinlich kaum noch vorstellbar, aber damals mussten eben Dokumente, die mehrere Leute gleichzeitig auf dem Schreibtisch brauchten, händisch kopiert werden. Der Top-Job für den weiblichen Azubi. Ich habe während meiner zweijährigen Ausbildung so oft am Kopierer gestanden, dass schon viele dachten, ich wäre eigens dafür eingestellt worden. Copy-Mirja, die Fachkraft am Kopierer: DIN-A-4, DIN-A-3, doppelseitig, verkleinert, vergrößert, wie hätten Sie es denn gern? Das kann ich alles heute noch im Schlaf. Allerdings frage ich mich wirklich, was an dieser ewigen Kopiererei meine kaufmännischen Fähigkeiten geschult haben soll.

Darüber hinaus kam ich während meiner Ausbildung auch mit handfestem Sexismus in Berührung. Ich hatte einen Vorgesetzten, der mir mindestens dreimal pro Woche ein Magnum Mandel ausgab. Das sollte ich dann immer schön in seiner Gegenwart essen. Ehrlich gesagt hab ich mir als Achtzehnjährige zuerst gar nicht so viel dabei gedacht. Heute allerdings weiß zum Glück jede Achtzehnjährige: Das war Sexismus pur. Aber ich habe schon immer meinen ganz eigenen Weg gehabt, mit so etwas umzugehen. Instinktiv habe ich den Spieß eines Tages einfach umgedreht: Ich fragte den Vorgesetzten gegen Mittag, ob er heute ein Magnum möchte, ich müsse eh in der Pause in die

Stadt und ich würde ihm gerne eins mitbringen. Er freute sich und bejahte. Von meinem schmalen Ausbildungsgehalt zwackte ich Geld für ein Eis ab und brachte ihm ein Magnum Mandel mit. Damit es auch richtig schön knackte! Ich beeilte mich extra, damit es nicht zu sehr schmolz. Aufgeregt klopfte ich an seine Tür und reichte ihm das Eis. Er bedankte sich und seine Vorfreude schlug in Verwunderung um: »Aber, Frau Regensburg, haben Sie sich denn kein Eis mitgebracht?«

»Nein«, entgegnete ich, »heute esse ich keines. Aber ich schaue Ihnen gern zu. Nur Mut!«

Den Gesichtsausdruck dieses Vorgesetzten werde ich nie mehr vergessen. Das hatte gesessen! Ohne, dass ich groß irgendwas sagen musste. Ich sah ihn an, lächelte und begriff auf einen Schlag, wie verunsichert er war. Er wurde rot, begann das Eis aus der Verpackung zu wickeln und zu essen, wobei ihm Brocken der Mandelsplitter herabfielen, auf seine Hose, auf seine Krawatte. Kurzum: Er saute sich auch noch völlig ein. Und konnte sein Eis nicht genießen. Denn ich starrte ihn an. Ich arbeitete an meinem Schreibtisch erst weiter, als er mit Eis-Essen fertig war. Ich ließ ihn nicht aus den Augen. Es sollte das letzte Eis in dieser Firma gewesen sein. Für ihn und für mich.

Allerdings entdeckte ich an meinem Ausbildungsplatz tatsächlich mehr und mehr meinen Witz, mein Entertainment-Gen. Ich wusste damals schon genau, dass ich »was mit Bühne« machen wollte. Meine damalige Bühne sehe ich noch genau vor mir: Es war ein großer kühler Flur mit mehreren Treppenstufen. Und ganz oben: MEIN Kopierer. Dort testete ich an meinen Kolleginnen und Kollegen selbst ausgedachte Gags und Anekdoten oder erzählte in märchenhafter Ausschmückung von meinen aufregenden Partywochenenden. Also war das Kopieren doch zu etwas nütze!

Frech wie Oskar war ich schon immer, deswegen traute sich auch nie einer der Altherren-Vorgesetzten, einen zweideutigen Blick zu wagen, geschweige denn einen solchen Spruch mir gegenüber zu bringen. Das Selbstbewusste hatte mir meine Mutter glücklicherweise vorgelebt, und das lebte ich nach. Ich blieb keinem eine Antwort schuldig. Ich war immer ein bisschen zu laut. Immer ein bisschen zu forsch. Mein dominantes Auftreten war wie ein Schutzschild, welches mich sicher durchs Leben brachte.

Nachdem ich das Kopieren und Kaffeekochen in Perfektion beherrschte, hatte ich irgendwann Glück und kam in eine interessantere Abteilung, wo ich dann auch bis zum Ende der Ausbildung blieb. Das lag aber auch an mir selbst, hatte ich doch dem Abteilungsleiter schon zu Beginn gesagt:

»Wenn ich hier Kaffee kochen soll oder kopieren, können Sie mich gleich weiterschicken in die nächste Abteilung!«

Daraufhin durfte ich dann tatsächlich richtig coole Sachen machen. Aufgaben mit Verantwortung übernehmen, wie beispielsweise die Urlaubsvertretung für eine Angestellte, mehr als mir in meiner Ausbildung überhaupt zustand. Nachdem ich das so klar und deutlich formuliert hatte, wurde es mir anscheinend auch zugetraut! Also: Etwas sagen hilft schon mal!

Ich bestand die Abschlussprüfung und sollte dann tatsächlich übernommen werden. Die Firma bot mir einen Job an! Und ich? Ich lehnte ab. Denn ich wollte weiterziehen. Meine Pläne waren andere. Ich hatte die Ausbildung vor allem meinen Eltern zuliebe gemacht, sie hatten einfach zu große Sorge, das Töchterchen mit nur 18 Jahren nach dem Fachabitur nach

Hamburg zu schicken. Also war der Deal, dass ich erst »etwas Anständiges« lerne. Es war definitiv keine verlorene Zeit. Ich habe wirklich viel gelernt.

Ich koche einen top Kaffee. Und kann jederzeit einen Copyshop eröffnen.

Im darauffolgenden Jahr wollte ich mich auf Aufnahmeprüfungen für die Musicalschulen vorbereiten, da kam also kein fester Job in Frage, zu zeitaufwendig. Also ging ich in einem Schuhladen jobben. Und auch hier: Einfach machen. Ich erinnere mich noch genau an das Vorstellungsgespräch: Ich ging in einen der Läden rein und fragte, ob eine Aushilfe gesucht würde. Gleich mein erster Versuch war ein Volltreffer. Der Chef fragte mich:

»Haben Sie denn Erfahrung im Verkauf?«

Ich erwiderte:

»Nein, überhaupt nicht. Ich habe aber eine Ausbildung zur Groß- und Außenhandelskauffrau gemacht.«

Er entgegnete:

»Also Büro?«

»Ja, genau. Ich kann megagut kopieren. Vor allem Menschen. Ich kann Menschen kopieren. Auch Verkäuferinnen.«

Ich redete mich um Kopf und Kragen, er lachte sich kaputt und stellte das verrückte Mädchen ein. Ich hatte keine Ahnung von Schuhen, aber er erklärte mir alles. Er wies mich ein in die Welt des Leders, der Größen, Sohlen, Innenmaterialien, Hersteller, Pflegehinweise sowie der Spreiz- und Senkfüße. Ich war wissbegierig, offen und neugierig. In diesem Kasseler Schuhgeschäft startete ich meine Zweitkarriere als Verkäuferin. Es sollten noch zahlreiche tolle Läden folgen. Verkaufen macht mir Spaß.

Ganz klar kann ich sagen, dass in allen Läden, in denen ich jemals gejobbt habe, es prozentual mehr die Männer waren, die mich förderten, mir viel zutrauten und aus mir eine gute Verkäuferin machten als die Frauen. Zickenterror, Lästereien, Neid und Missgunst gab es dagegen leider oft vom weiblichen Geschlecht.

Meine nächste Station war dann die Ausbildungszeit an der Musicalschule. Auch dort war es so, dass die Lehrer mich gefördert, mich so akzeptiert haben, wie ich bin. Die Lehrerinnen hingegen haben mich unter Druck gesetzt, mir gesagt, ich solle abnehmen. Sie wollten mich verbiegen. Sie haben es mir eher schwerer gemacht. Ich war die einzige Schülerin, die immer nur auf Probe ins nächste Ausbildungsjahr kam. Fünfzig Prozent wurden von vornherein schon von Jahr zu Jahr ausgesiebt. Aber ich war auch noch zusätzlich »auf Probe«. Was sollte diese Probe sein? Ich war doch sowieso kein Musicalmäuschen, quadratisch, praktisch gut. Klein, zierlich, eine die vielseitig einsetzbar ist, aber wenig eigenen Charakter hat. Nein. Ich war ich. Ich war Mirja. Die Lehrer haben das gesehen und so gelassen. Mich gelassen. Die Lehrerinnen nicht.

Und doch: Bei all den Erschwernissen war es am Ende ausgerechnet ich, die das erste Engagement hatte. Nicht auf Probe! Nein. Auf Lohnsteuerkarte. Für richtiges Geld. Und noch vor Beendigung der Ausbildung. So konnte ich leider nicht am Abschlussstück des Jahrgangs teilnehmen, sondern ging ARBEITEN!

Ich machte eben einfach! Beim Vorsingen für das Engagement hatte ich einer rein männlichen Jury vorgesungen und vorgesprochen, die der Meinung war, ich wäre geeignet. Ich bekam eine Ensemble-Position mit einem Gesangssolo aus dem Off.

Doch auch da zeigte sich wieder, dass – aus welchen Gründen auch immer – Frauen nicht unbedingt zu meinen Förderinnen gehörten. Die Choreografin des Stückes, die beim Vorsingen gefehlt hatte, stellte zu Beginn der Proben fest, dass ihr mein Tanztalent nicht ganz ausreiche. Von nun an positionierte sie mich von Tag zu Tag während der Proben immer weiter hinten, bis ich in der letzten Reihe stand und fast von der Bühne kullerte. Sie verzweifelte an mir. Aber anstatt mich zu motivieren, mich aufzubauen und mir Selbstbewusstsein zu geben, das ich nun mal im Tanz dank der Lehrerinnen der Musicalschule nicht hatte, sagte sie mir im Grunde jeden Tag, dass ich für die Choreographie, die sie sich im Rahmen des Stücks ausgedacht hatte, nicht gut genug tanzen könne. Aber ich sei ja nun mal da. Ich habe das damals als große Demütigung empfunden.

Doch ich wäre nicht Mirja, wenn ich sowas nicht aushalten und stoisch durchstehen würde, weil ich tief im Inneren schon immer wusste: Irgendwann wird alles gut, irgendwann wirst du für all das Abmühen und Abrackern belohnt werden. Einfach weitermachen!

Und so war es dann auch: Während ich nebenher weiterhin in einer Boutique jobbte, die mir auch schon einen Großteil meiner Musicalausbildung finanziert hatte, spielte ich brav meine Shows am Theater. Und dann kam eines Tages der berühmte Anruf. Ich weiß noch genau, wie ich im Laden stand und Pullis faltete.

»Hallo, Mirja, hier ist Karl, der musikalische Leiter. Du, unsere beiden Besetzungen der Hauptrolle sind verhindert, jetzt wissen wir nicht, was wir morgen machen sollen. Traust du dir zu, die Partie zu singen?«

Stille.

»Mirja, bist du noch am Telefon?«

»Ja, ja ... ich überlege ...«

Ich weiß noch genau, was ich dachte. Diese Partie singen, für die ich eigentlich viel zu jung war. Und für die ich nicht ganz die passende Stimmfarbe hatte. Dann noch der ganze Text. Und die komplizierten Bühnenfahrten. Wie sollte das gehen?

»Karl? Ich mach's!«

Ich wäre auch nicht Mirja, wenn ich nicht sofort meine gesamte Familie angerufen hätte, damit sie anreist, und ich wäre auch nicht Mirja, wenn ich nicht noch an dem Tag meine Schicht in der Boutique zu Ende gearbeitet hätte, anstatt schnell nach Hause zu fahren und die Partie zu lernen. Das habe ich dann in der Nacht getan.

Mein Auftritt wurde ein voller Erfolg. An dem Abend, als ich das erste Mal in einem der schönsten Theater Deutschlands in einer Hauptrolle auf der Bühne stehen durfte, sahen mich zufällig andere Theatermacher, und so entstanden aus dieser Chance noch viele Folgeengagements. Ein Dominoeffekt.

Ich durfte die Rolle noch ganze drei Mal spielen, was laut einer alten Theaterregel bedeutet, dass ich sie in meinen Lebenslauf schreiben durfte. Es war eine unvergessliche Zeit. Und obwohl ich gerne etwas anderes behaupten würde, waren es auch in diesem Fall die Männer, seien es nun die Vorgesetzten, die mir diese unglaubliche Chance gaben, oder die Kollegen, die mich vor Ort unterstützten, mich stärkten und herausforderten. Mich größer machten. Und leider waren es die Frauen, die mich behinderten und dafür sorgten, dass ich mich klein fühle oder mir – in diesem konkreten Fall – die Chance neideten.

Sind manche Frauen so, weil sie sich selbst so wenig zutrauen?

Ich bin oft in meinem Leben zu Vorsingen gegangen. Dort traf ich häufig auf den Typus selbstbewusster männlicher Pfau, der singend durch die Gänge stolzierte, sich mit stolz geschwellter Brust vor die Jury stellte und siegessicher vorsang.

Frauen hingegen habe ich bei solchen Vorsingen eher immer aufgeregt und unsicher erlebt. Bloß nicht zu sehr auffallen, bloß nicht zu sehr herausstechen. Dann denken die noch von der Produktion, ich wäre zu frech und schwierig in der Arbeit.

Natürlich war auch ich nicht immer nur stark und ohne Selbstzweifel. Aber das Leben hat mich immer wieder vor Herausforderungen gestellt, bei denen ich das Geschlechterungleichgewicht erkennen konnte. Und ändern wollte.

Wie vielen Frauen habe ich eigentlich konkret einen Job zu verdanken und wie viele Männer haben mich gefördert?

Einer Frau. Einen Job.

Bei einem Solotheaterstück fing eine Kollegin an zu proben, stellte fest, dass das nix für sie ist und schlug mich vor. Sie rief mich an und sagte: »Mirja, ich kann das nicht. Aber DU. DU kannst das.«

Das fand ich so toll damals. Und die Frau finde ich auch immer noch toll. Sie hat es begriffen. Das mit der gegenseitigen Stärkung. Ich versuche das ebenso zu handhaben und Frauen, die ich toll finde, in dem was sie tun, weiterzuempfehlen. Von der Friseurin bis zur Comedy-Kollegin.

Wenn ich an all die weiteren Chancen und Begegnungen denke! Als mir beispielsweise ein Regisseur empfahl, was mit

Comedy zu machen, da er da großes Talent sehe und er dadurch tatsächlich den Startknopf meiner Comedykarriere drückte. Oder auch, als ich noch in der Boutique arbeitete und der Chef mir extra mehr zahlte, weil ich so gute Umsätze machte. Ich wurde unterstützt. Bestärkt. Das waren meine Vorbilder!

Heute arbeite ich als Komikerin in einer immer noch von männlichen Kollegen dominierten Welt. Es gibt zwar inzwischen mehr weibliche Comedians, aber als ich anfing, waren es sehr wenige. Es wurden aber auch sehr wenige gebucht, und da fragt man sich schon: Was war zuerst da, die Henne oder das Ei? Wenn man in diesem Beruf Frauen nicht fördert, wie sollen es dann mehr werden? Sie müssen ja eine Bühne haben. Sich ausprobieren können, besser werden.

»Tut mir leid, eine Frau haben wir in der Show schon!«, ist eine der meist gehörten Absagegründe für Komikerinnen. Immer noch. Wie, EINE haben wir schon? Sind Frauen also eine gesellschaftliche Randgruppe? Ich habe noch nie gehört, dass jemand gesagt hätte: »Tut mir leid, einen Mann haben wir schon gebucht!« In der Wahrnehmung der Öffentlichkeit gibt es immer noch wenige Komikerinnen in Deutschland, dabei kenne ich eine Menge gute. Es darf aber anscheinend auch nur eine Königin geben, und die soll auch schön auf ihrem Thron sitzen bleiben. Während es bei den Männern durchaus mehrere sehr erfolgreiche Komiker sein dürfen.

Woran liegt das? Am Wünsche-Durchboxen, am Sich-Durchsetzen, am Auftreten? Meine Lieblingsgeschichte, die das ganz gut illustriert, ist die einer meiner Kolleginnen.

Sie sagt immer: »Wenn eine Frau von der Bühne geht und der Auftritt war eher so mittelgut, dann sagt sie: ›Oh, da an der einen Stelle, da muss ich noch mal rumschrauben, da ist es noch nicht so optimal, da war ich einfach auch vom Timing her nicht richtig!‹«

Kommt hingegen ein Mann von der Bühne, und es lief nur so mittelgut, sagt er nur: »Scheißpublikum!«

Ich kenne auch eher männliche Kollegen, die backstage allen erzählen, wie erfolgreich sie sind, was sie für hohe Zuschauerzahlen haben, wie super alles läuft, und dass sie ja generell die Comedy ganz neu erfunden haben. Auch wenn das vielleicht gar nicht stimmt.

Bei den Frauen erlebe ich so etwas nicht. Ganz im Gegenteil. Die machen sich eher klein. Auch die Erfolgreichen. Die meisten stellen noch immer ihr Licht zu sehr unter den Scheffel.

Und die Frauen unterstützen sich untereinander noch immer nicht genug. Vernetzen sich nicht genug! Wenn ich mir Entscheider und Entscheiderinnen ansehe, bei Kabarettpreisen, Fernsehsendungen oder Veranstaltungen, dann kann ich aus meiner persönlichen Statistik ganz klar belegen: MICH, also nur MICH, das soll nicht für andere gelten, haben mehr Entscheiderinnen als Entscheider abgelehnt.

Wenn ich gebucht werde, ob nun für kleine Veranstaltungen oder große, sind es mehr Frauen, die zögernd, unsicher oder dagegen sind. Ich weiß, das wird jetzt keine Feministin gerne lesen wollen. Aber es ist leider so. Und ich weiß von vielen anderen »normalen« Berufen, in denen sich das auch so verhält.

Gegenseitige Unterstützung? Stärkung? Zusammenhalt? Frauen nach vorne? Leider viel zu oft noch Fehlanzeige! Manchmal habe ich das Gefühl, dass wir immer noch in der Steinzeit sind.

Die #MeToo-Debatte ist berechtigt und wichtig, gerade für die nachkommende Generation, damit all die jungen Mädels wissen, wie man sich zur Wehr setzt bei alten lüsternen Säcken, die Situationen ausnützen. Ich war zum Glück nur ein einziges Mal in solch einer prekären Situation. Ein Kumpel, dem ich neulich davon erzählt habe, erwiderte: »Du bist auch nicht der Typ für sowas!«

»Wer ist denn bitte der Typ für SOWAS?«, wollte ich prompt wissen.

Niemand ist der Typ für sowas! Sei die Frau groß und kräftig, forsch und laut oder klein und zierlich, verhuscht und leise. Solange es noch so eine Einstellung in den Männerköpfen gibt, hat der Feminismus noch nicht genug erreicht.

Ich würde mich nicht als Feministin bezeichnen, ich glaube aber, bewusst oder unbewusst schon immer ein selbstbestimmtes Leben als Frau gelebt zu haben.

In der einen erwähnten prekären Situation, es war ein Vorsprechen für ein Festengagement als Schauspielerin an einem Theater im Osten der Republik, bat mich der Intendant VOR dem offiziellen Vorsprechen in sein Büro. Dort wolle man sich etwas näher kennenlernen. Ich dachte mir erst mal nichts dabei, hatte ich doch gelernt: Wer schlecht denkt, ist schlecht. (Leider stimmt der Spruch nicht immer!) Mir fiel auf dem Weg in sein Büro auf, dass der Intendant jede seiner bereits am Haus engagierten Schauspielerinnen, die wir auf dem Flur trafen, wie zufällig berührte. Sei es an der Schulter, am Arm oder am Rücken. Aber da ja am Theater die Menschen ohnehin etwas körperlicher sind, dachte ich mir vorerst nix dabei. Ich wertete es eher positiv. Doch dann im Gespräch merkte ich schnell: Oh, nee. Der Mann ist leider ganz schön eklig. Seine unangenehme Art fiel mir gleich zu Beginn auf. Nach nur wenigen Minuten fragte er mich:

»Wollen Sie sich nicht mal hier rüber zu mir auf die Couch setzen?«

Ich erwiderte: »Nein, ich sitze hier drüben ganz gut!«

Das Gespräch lief dann ganz normal weiter, so als hätte es die Frage gar nicht gegeben. Aber im Grunde hätte ich sofort gehen sollen. Ich blieb allerdings zum Vorsprechen, das dann natürlich eher mittelgut lief, weil ich mich unfassbar unwohl fühlte und nur weg wollte.

Ich bekam das Engagement natürlich nicht, hätte es aber auch nie im Leben angenommen, selbst wenn ich es dringend gebraucht hätte. Das war in den nun zwanzig Jahren, die ich im Showgeschäft arbeite, das allereinzige Mal, dass ich mit der berüchtigten Besetzungscouch in Berührung kam. Ich fürchte, mit diesem einzigen Mal stelle ich eine Minderheit dar. Leider.

Grenzen muss es geben, Grenzen muss man aufzeigen. Das finde ich auch wirklich gut am heutigen Feminismus, weil einfach viel mehr über solche Erlebnisse geredet wird als früher. Aber für mich fängt Feminismus schon viel früher an. Es geht mir um das Verhältnis von uns Frauen untereinander. Wir müssen uns gegenseitig mehr unterstützen, einander stärken, loben, fördern, helfen. DAS ist die Unbesiegbarkeit, die uns Frauen eine Stahl- und auch Strahlkraft gibt. Nur so kann Gleichberechtigung funktionieren.

Dann können wir beispielsweise auch bei der nächsten Gehaltsverhandlung sagen: »Kollegin XY verdient das und das, ich verdiene das und das, und Kollege Z verdient das und das. Wir sollten aber alle gleich viel verdienen.«

Ich weiß, noch ist das Wunschdenken, denn das würde voraussetzen, dass untereinander darüber geredet wird, was wer verdient. Das müssten wir alle viel mehr tun! Es könnte aber sicher helfen, wenn schon mal die Frauenfront stärker würde. Doch das setzt voraus, dass wir Frauen uns untereinander nicht mehr bekriegen, was leider immer noch viel zu oft der Fall ist.

Meistens gibt es ja in jedem Büro nach wie vor eine dieser Agentur-Bitches. So eine karrieregeile Zicke, die im Bürokühlschrank die ganze Woche nichts als einen Magermilchjoghurt stehen hat, den eh keiner klauen will. Die immer so einen leichten Mundgeruch hat, weil sie nie was isst, und die wie nebenbei zu dir sagt: »Ach, du bist schwanger? Oh, wie schön!«

Dabei lacht sie so falsch und rennt sofort zum Chef, weil sie deine Stelle haben will. Weil sie es einfach nicht erträgt, dass du, obwohl schwanger, eine verdammt gute Teamleiterin bist. Und das nach der Elternzeit auch bleiben wirst. Gut, auch Männer mögen die Karrieren anderer Männer untergraben, aber so fiese Bitches sind meiner Erfahrung nach eher Frauen.

Denn was machen die Jungs, wenn sie merken, dass einer von ihnen, nennen wir ihn Klaus, im Job ein gutes Händchen beweist? Wenn Klaus in kurzer Folge erst Projektleiter, dann Abteilungsleiter und schließlich CEO wird? Missgönnen die Männer Klaus seinen beruflichen Erfolg? Machen sie Klaus fertig? Dissen sie ihn? Weit gefehlt! Sie sagen sich, Respekt, der hat's raus. Die Jungs suchen Klaus' Nähe, wollen mit ihm zusammenarbeiten, rausfinden, was er richtig macht, lernen von ihm, schauen sich was von ihm ab. Damit das nächste Mal, wenn Klaus einen Abteilungsleiter sucht, möglichst der eigene Name fällt. Davon, liebe Mädels, sollten wir uns mal eine dicke Scheibe abschneiden!

Und warum müssen Frauen, die es »geschafft« haben, noch immer auftreten wie ein Mann? Mal ganz abgesehen vom

Kinderkriegen, das noch immer nicht gut unter einen Hut mit der Karriere zu bringen ist. Die Frage »Warum hast du eigentlich kein Kind bekommen?« wurde mir sowohl von Männern als auch von Frauen gestellt, da sehe ich im Grunde keinen Unterschied. Allerdings ist das generell eine sehr grenzüberschreitende Frage. Keiner meiner männlichen Kollegen wird das gefragt. Keiner. Und das gilt für alle Berufe und alle Branchen.

Noch viel grenzüberschreitender ist allerdings ein Erlebnis, das ich mal backstage hatte. Da sagte eine Kollegin: »Du hast ja gar keinen richtigen Bauch!«, nachdem ich meine Muffinjeans dem laut johlenden Publikum präsentiert hatte.

Ich fragte: »Wie, richtig?«

»Na ja« entgegnete sie, »du bist ja gar nicht richtig dick!« Und es kam noch besser: Eine zweite Kollegin stimmte mit ein: »Ja, man sieht halt, dass du kein Kind gekriegt hast!«

Ich war sprachlos. Nicht nur, dass das generell ja schon unterirdisch ist, nein, sie setzte damit ja sogar noch einen drauf. Denn ganz ehrlich: Sie kannte mich nicht und konnte nicht wissen, ob ich nicht vielleicht ein Kind hätte haben wollen. Es ist nicht der Fall. Aber es hätte ja sein können. Ich kenne einige Frauen, deren sehnlichster Wunsch ein Kind ist, und die unzählige Versuche künstlicher Befruchtung hinter sich haben. Was, wenn ich eine dieser Frauen gewesen wäre?

Oh, wie traurig, dachte ich. Es gibt noch so viel zu tun! Das ist definitiv nicht der Weg, wie Frauen sich gegenseitig unterstützen und stärker und selbstbewusster werden. Daran mangelt es doch noch immer. Wir sollten einander viel mehr in unseren Lebensentscheidungen respektieren: Kinder, keine Kinder, Karriere oder der Versuch, beides zu kombinieren – es gibt so viele verschiedene weibliche Lebensentwürfe – und das ist doch bereichernd für alle! Wir können voneinander lernen und sollten uns respektieren!

Eine Freundin von mir unterrichtet an einer Hochschule, und sie erzählte mir, dass selbst jetzt in der neuen, wesentlich feministischer geprägten Generation ihre Studenten zum Teil die klassischen Verhaltensmuster an den Tag legen. In ihren Seminaren sitzen Jungs gerne mal testosterongesteuert, breitbeinig, selbstbewusst und leicht gelangweilt da. So nach dem Motto: »Erst mal sehen, was die Dozentin zu bieten hat«. Und manche Mädels kommen nach der ersten Seminarsitzung zu ihr und fragen ernsthaft: »Was muss ich tun, damit ich nicht durchfalle?«

Und das ist so ein Sinnbild. Durchfallen. Angst haben. Unsicher sein. Negativ formulieren! Noch immer. Mädels machen sich noch immer so klein, sind detailverliebt, wollen alles richtig machen, und Jungs sehen immer das große Ganze. Die Linie. Haben ihre Karriere im Blick, aber haben vielleicht überhaupt nichts drauf. Machen vor dem CEO eine Präsentation, ohne wirklich Bescheid zu wissen. Können sich aber oft besser verkaufen.

Meine Hochschulfreundin sagt, oft sind die Prüfungsergebnisse der jungen Frauen nachher weitaus besser als die der jungen Männer. Aber bei der Selbsteinschätzung zu Beginn ist das ganz umgekehrt.

Was also tun? Wahrscheinlich jetzt auch nicht ungeschminkt und im Merkel-Gedächtnis-Blazer die Präsentation halten und alle Weiblichkeit verleugnen. Aber vielleicht erst mal auf die eigenen Fähigkeiten vertrauen. Und nicht gleich Angst vorm Durchfallen haben. Sich eher sagen: Ich wuppe das schon. Ich kann das. Denn das ist oft die halbe Miete. Sich ein bisschen das Pokerface, die Coolness von den Jungs abgucken. Und zum Beispiel schon in der Ausbildung, im Studium Gleichgesinnte finden. Sich mit den anderen Mädels verbünden. Gemeinsam lernen, sich vorbereiten und stärken. Ich wünsche mir das so sehr. Man muss nicht, um sich zu verbünden, lästern oder die andere schwächen. Positive Verstärkung ist das neue Verbünden.

Ich bin doch nicht schlechter, wenn eine andere gut ist.

Können nicht alle Mütter diese Haltung und diese Message ihren Töchtern mit auf den Weg geben? Ich habe den tiefen Glauben daran, dass sich etwas ändert. Tut es ja auch schon ein bisschen. Und während starke, einander unterstützende Frauen heranwachsen, stirbt glücklicherweise gleichzeitig die Generation der sabbernden alten Säcke langsam aus, die Sprüche bringen wie: »Sie können ein Dirndl auch ausfüllen«.

Trotzdem sollten wir Frauen uns noch mehr unterstützen, um die Grundlage für ein gerechteres Miteinander zu bilden. DAS ist das Fundament. Für Feminismus. Für Gleichberechtigung. Für Erfolg, Glück und Zufriedenheit bei der Arbeit. Egal in welchem Job. Selbst wenn es nur ums Kopieren geht!

Als ich gefragt wurde, ob ich ein Buch schreiben möchte, übrigens ausnahmsweise mal von einer Frau, einer VerlegerIN in einem Verlag, in dem ausschließlich Frauen arbeiten, da hab ich einfach sofort JA gesagt, ohne groß nachzudenken. Ohne mir über die Konsequenzen Gedanken zu machen. Vielleicht auch, weil ich mich so freute, dass das diesmal alles FRAUEN waren!

Und wenn ich im nächsten Leben Mann wäre, würde ich meiner Linie treu bleiben, alles genauso wieder tun. Einfach machen! Nach vorne gehen. Und alle Frauen, die drum herumstehen, dabei einhaken und mitnehmen!

Mirjas Jobtipps

- Hauptsache: Einfach machen!
- Klar kann ich das!
- Das geht, das klappt schon, das wird.
- Natürlich traue ich mir das zu!
- Ganz ehrlich: Es mag ja sein, dass auf der neuen Stelle im Laufe des komplexen Projekts oder bei der Präsentation vor versammelter Mannschaft etwas schiefgeht. *So what?* Wenn ich es nie ausprobiere, werde ich ja auch nie erfahren, ob es mir Spaß macht!
- Haltet zusammen, Mädels, und unterstützt einander.
- Die eine kann super vor Leuten reden und hat Tipps in Sachen Körpersprache, die nächste beherrscht das neueste Computerprogramm aus dem Effeff, und die dritte hat immer die besten und kreativsten Ideen.
- Teilt euer Wissen und fördert euch gegenseitig!
- Empfehlt Frauen weiter, die ihren Job toll machen!
- Schaut euch was von erfolgreichen Frauen ab!
- Und gönnt der anderen den Erfolg!
- Ich versuche, euch ein gutes Vorbild zu sein: vom Hoppel-Trecker in der nordhessischen Provinz auf die große Bühne und ins Fernsehen – was ich kann, das könnt ihr schon lange!

Zugfahren

Neulich hatte ich einem Termin mit meinem Manager in Frankfurt am Main. Danach standen wir am Flughafen Fernbahnhof und wollten gemeinsam zurückfahren. Ich nach Köln, er nach Essen. Wir freuten uns auf die gemeinsame Fahrt und unseren mittlerweile schon ritualisierten Besuch im Bordbistro, wo wir immer entweder einen Pfefferminztee oder ein Bier trinken. Je nachdem, wie der Termin gelaufen ist.

Wir stiegen in den ICE und ich war sehr aufgeregt, denn einige neue Projekte sollten mein Jahr füllen, welches ohnehin schon voller Termine war.

Ziemlich atemlos und auch bestimmt ein bisschen zu laut sagte ich deshalb beim Einsteigen: »Wie soll ich das nur alles schaffen? Ein Programm und ein Buch schreiben und auf Tour gehen und fürs Fernsehen drehen. Andere schreiben in der Zeit nur ein Buch!«

Der Zugbegleiter, der am Gleis parat stand, lächelte mich an und erwiderte ganz unvermittelt: »Dann heben SIE sich ab! Dann sind SIE was Besonderes!«

Ich war sprachlos. Und das kommt sehr selten vor. Mein Manager sagte nur: »Recht hat der Mann!«

Zu Hause ging mir der Satz des Zugbegleiters noch lange im Kopf herum. Er hallte so richtig in mir nach. Hatte die neue Freundlichkeitsschulung bei den Bahnmitarbeitern eine derart große Wirkung gezeigt? Das war ja der reine Wahnsinn! Nein, dachte ich. Das war keine erlernte Freundlichkeitsfloskel gewesen. Dieser Satz war einfach so aus ihm rausgeplatzt, da hatte er nicht lange nachgedacht. Diesen Kommentar hatte er ganz privat – als Mann – an mich gerichtet, das hatte mit seinem Job nix zu tun. Nicht nur, dass ich es sehr nett und unterstützend fand, was er zu mir sagte, nein, es bestätigte mir wieder, wie Männer die Welt sehen. Wie vielleicht auch er sein Leben sah. Mit – positiver – Männerlogik: Das Leben bietet dir gerade viele Chancen? Ist doch super! Ergreif sie alle!

Er sah zufrieden aus, als er das sagte. Er schien mit sich im Reinen. Wir Frauen denken einfach viel zu schnell, wie soll das alles gehen, während Männer einfach machen. Es sich einfach machen. Beseelt packte ich seinen Ratschlag in schönste Goldfolie und schloss ihn in meinem Herzen ein. In den Werkzeugkasten mit den Männertipps.

Seit 23 Jahren fahre ich regelmäßig mit der Deutschen Bahn. Seit 23 Jahren besitze ich eine BahnCard. Und 23 Jahre lang habe ich Männer und Frauen beim Reisen beobachten können. Meine Bahn-Erlebnisse könnten eine ganze Enzyklopädie füllen. Die Bemerkung des Zugbegleiters gehört mit Sicherheit zu den Top Fünf!

Verhalten sich Männer im Zug denn eigentlich anders als Frauen?

Wie bei Frauen natürlich auch, kommt es immer darauf an, ob der Mann allein, zu zweit, in großer Gruppe, als Paar, nüchtern oder angetrunken reist. In der Hauptsache habe ich in all den Jahren Paare beobachten dürfen, denn die hört man ja immer am lautesten. Also meist die Frau. Schon von weitem kann man ihre Stimme – trotz Kopfhörer – beim Einsteigen lautstark vernehmen: »Herbert, jetzt geh, jetzt geh doch mal vor, da vorne ist unser Platz, jetzt geh halt mal, jetzt setz dich hin, setz dich doch jetzt endlich hin.«

Eine halbe Stunde vor Ankunft dann: »Jetzt steh auf, Herbert, steh auf, schnell jetzt, nimm den Koffer. Herbert. Jetzt nimm den Koffer. Aber das ist doch nicht unser Koffer! Was machst du denn da?«

Noch NIE habe ich auf meinen unzähligen Bahnreisen einen Mann so mit seiner Frau reden hören. Denn Männer wissen: Nützt ja nix!

Bei älteren Paaren verhalten sich zugfahrende Männer meiner Beobachtung nach also etwas sozialverträglicher als Frauen. Die Männer kommen auf jeden Fall definitiv weniger zu Wort. Da lobe ich mir doch die gemischten rüstigen Rentnergruppen, also Frauen und Männer. Die sind ganz unabhängig vom Geschlecht – wie soll ich es formulieren – sagen wir mal: bemerkenswert. Ich nenne sie auch gerne die BEIGE-GANG! Sie sind einfach perfekt vorbereitet. Der Zug fährt in Hamburg-Altona noch nicht ganz los, da wird im engen Sechser-Abteil schon das Picknick ausgepackt. Und das Wort Picknick ist noch untertrieben. Bei dem, was man da alles so zu Gesicht und vor die Nase bekommt, kann jeder mittelgroße Supermarkt einpacken. Da werden halbe Schweinehälften ans Gepäckfach gehängt. Orangensäfte werden mit bloßer Hand gepresst und Butterstücke so groß wie Kinderköpfe aufs Brot geschmiert. Da wird geknistert und gekruschelt, liebevoll in Form geschnittenes Obst drapiert, sodass Edward mit den Scherenhänden noch blasser vor Neid wird, als er ohnehin schon ist. Und dann, wenn sich alle gesetzt haben und es langsam leiser wird, und der arbeitende und zugreisende Teil der Bevölkerung vielleicht gerade anfangen will, den ersten sinnvollen Satz in den Laptop zu tippen, dann warten sie mit dem Höhepunkt auf: DEM GEKOCHTEN EI!

Wenn man das Pellgeräusch hört, gibt es genau zwei Möglichkeiten: abhauen oder ABC-Alarm auslösen! Und selbst wenn man alles versucht, um wegzugucken, damit sie einen auch ja nicht ansprechen, sprechen sie einen an. Auf Hessisch. Damit die weitgehend sinnfreien Dialoge mit vollem Mund noch schlimmer klingen. Und sie beginnen auch noch mit der Bezeichnung der Nahrung, die sie gerade zu sich nehmen. Mit EI! Während einem ein Stückchen davon gerade mitten ins Gesicht fliegt: »Ei, un wo fahre Sie hie?«

»Nach Kassel.«

»Ei, in Kassel gibt's Kassler.«

Der nächste: »Ei, in Berlin gibt's Berliner.«

Wieder einer: »Ei, in Hamburg gibt's Hamburger.«

Und hier gibt's gleich auf die Fresse. Das denke ich natürlich nur, das sage ich nicht. Kein Rentner-Bashing. Respekt vorm Alter. Stattdessen schwatze ich ihnen die Essensreste ab. Die reichten noch für die zweieinhalbstündige Fahrt von Hamburg nach Kassel. Selbstverständlich tuppern sie mir auch noch was für den nächsten Tag ein.

Im Zug gibt es nix, was es nicht gibt. Der Zug ist Deutschland. Und je länger die Fahrt dauert, desto mehr lassen die Menschen ihre Masken fallen, Männlein wie Weiblein. Vor allem auf der Toilette. Kommt man rein und das Waschbecken ist trocken, weiß man: Ah, hier war ein Mann vor mir drin! Dieses Nicht-die-Hände-waschen sollten wir uns definitiv nicht von den Männern abgucken, liebe Damen!

Na ja, was soll's. Dafür kann ich mittlerweile richtig gut im Stehen pinkeln. Wer das nämlich als Frau im ICE bei voller Fahrt schon mal versucht hat, kann sich getrost stolz und wie ein Mann fühlen. Männer! Ihr könnt euren Namen in den Schnee pinkeln? Ha! Kindergarten! Ich kann Haltestellennamen pinkeln! Nur in Hamm ist das schwierig, wenn die Züge getrennt werden. Da müsste man schon Spagat beherrschen.

Ein spezielles Exemplar Mann ist auch der Geschäftsmann, der Business-Sklave, wie ich ihn gern im Stillen nenne. Business-Sklaven erkennt man nicht etwa an der umgebundenen Krawatte, sondern am USB-Stick, der ihnen um den Hals baumelt. Der USB-Stick ist die Fußfessel des Managers. Dazu trägt er natürlich Apple-Kopfhörer, diese weißen Sticks, die wie Wattestäbchen aussehen, die zu weit ins Ohr geschoben wurden. Dabei weiß doch jedes Kind, dass man das nicht tun soll, dann kriegt man sie doch nicht mehr raus.

Der Business-Sklave telefoniert. Und egal, ob mit dem heimischen Büro in Frankfurt oder in der Telefonkonferenz mit Tokio, er spricht stets zu laut. Und es ist immer enorm wichtig. Und immer wird alles mindestens dreimal wiederholt:

»Wir müssen den gesamten Bereich neu aufstellen. Ja, ich habe das auch schon mit London besprochen. Ja, natürlich, Jessica weiß Bescheid. Komplett neu. London ist informiert. Jessica ist selbstverständlich up to date. Wir müssen das ganz neu denken, sag ich dir. *From scratch*, wie ein Start-up, verstehste? Genau. Komplett. Mit London gemeinsam, natürlich, in einem Boot. Ganz klar. Na klar. Jessica ist da dran, ja, das wird, das wird, auf jeden Fall, mein Lieber, du kennst sie ja, die hängt sich da jetzt voll rein, und wenn die das macht, dann ist das *safe*. Jessica fand mein Konzept gleich richtig gut. Sie ist da voll drauf abgefahren.«

Ich bin dann ja oft versucht, den Dialog mitzusprechen. Also immer das sagen, was man nicht hört. Oder zu applaudieren, sobald er aufgelegt hat. Oder eben Rückfragen zu stellen.

So nach dem Motto: »Super haben Sie das gemacht. Echt klasse. Eine Frage hätte ich noch. Wissen Sie, ich bin Headhunterin. Könnten Sie mir wohl die Nummer von Jessica geben? Das scheint ja eine besonders tolle Mitarbeiterin zu sein.«

Vielleicht erwarten die Business-Sklaven das?

Auf jeden Fall habe ich noch nie eine ManagerIN derart laut und exaltiert telefonieren hören. Es sollen eben auch alle mitkriegen, wie erfolgreich ER ist. Wie genial seine Ideen sind. Und wie unersetzlich er ist. Obwohl eigentlich Jessica die Arbeit macht. Er muss ja telefonieren.

Ebenso laut wie die Business-Sklaven telefonieren, lesen sie übrigens auch die FAZ. Die wird so zackig umgeschlagen, dass mir nicht nur mein Ohropax rausfällt, sondern auch ein solcher Wind entsteht, dass ich einen steifen Nacken kriege.

Manchmal ergeben sich mit diesen Herren aber auch wirklich witzige Situationen: Einmal saß ich neben einem Business-Sklaven und schlief. Da klingelte plötzlich sein Handy. Da dieser Klingelton aber identisch mit dem Weckerton meines Smartphones war, kuschelte ich mich, wie ich es zuhause auch immer mache, an ihn und knurrte im Halbschlaf:

»Schatz, noch fünf Minuten, nur fünf Minuten noch ...«

Und am anderen Ende: Seine Frau. Die keifte: »Wer ist da bei dir? Wer nennt dich Schatz?«

Mit einem von diesen Geschäftsleuten hatte ich mal richtig Streit. Gut. Ich habe ihm auch ein ungewohntes Bild geliefert. DAS schien er noch nicht erlebt zu haben, in SEINER ersten Klasse. Denn er hat nicht nur die BahnCard 100 First, nein, ihm gehört der gesamte Zug. Zumindest verhielt er sich so. Aber er hatte eben nicht mit MIR gerechnet. Denn wenn ich etwas bin, dann eine praktische Frau. Und beim Bahnfahren ganz besonders. Wie immer war ich ein bisschen knapp morgens aufgestanden und hatte es nicht mehr geschafft, meine Haare zu föhnen. So saß ich mit nassen Haaren im ICE. Ich wollte mich allerdings auf Tour keinesfalls erkälten. Meine Haare sind nun mal sehr dick, und das Föhnen dauert lange. Und da ich nicht ewig die ICE-Toilette versperren wollte, schloss ich eben meinen 400-Watt-Reiseföhn von 1992 in der ersten Klasse am Platz an. Gut, der Föhn ist alt. Und er ist sehr laut.

Der erwähnte Geschäftsmann rastete aus.

»Das ist doch nicht Ihr Ernst, oder?«

»Sehe ich aus, als würde ich Witze machen?«

»Sie können doch hier nicht einfach so Ihre Haare föhnen?«

»Doch, Sie sehen doch, dass ich das kann. Und jetzt lassen Sie mich bitte weiterföhnen, sonst erzähle ich hier allen gleich lautstark, wie Sie eben in der Nase gepopelt haben. Ich habe es genau beobachtet. Ich weiß, wo der Popel am Ende gelandet ist.«

Ruhe im Karton. Man muss sich nur zu helfen wissen. Ich kenne da nix.

Männer in der Bahn sind schon sehr eigen manchmal. Wenn sie arbeiten, arbeiten sie. Voll und ganz in die Exceltabelle auf dem Laptop vertieft. So ist das wohl, wenn man sich nur auf eine Sache konzentrieren kann! Reisen sie privat, aber allein, gucken sie oft einfach nur. Sie schauen entweder die ganze Fahrt über aus dem Fenster, oder sie gucken die gesamte Fahrt über eine Serie auf ihrem winzigen Handy. In der Bahn sehen definitiv mehr Männer Serien als Frauen.

Ich habe mal einen Mann beobachtet, der hat auf der viereinhalbstündigen Zugfahrt von Köln nach Berlin nur aus dem

Fenster geschaut. Der hat nix gegessen, der war nicht auf Toilette. Der hat keinen Ton gesagt. Ein echter Stoiker. Das war krass. Er sah aus wie eine Statue auf der Documenta. Irgendwann sammelte sich auch eine kleine Gruppe Japaner um ihn und fotografierte ihn.

Und er war offenbar froh, dass keine Frau an seiner Seite saß, die die ganze Zeit fragte: Aber was machst du denn da? Die Antwort wäre garantiert gewesen: Ich möchte hier sitzen. Ich möchte einfach nur hier sitzen. Loriot lässt grüßen.

Frauen sehe ich im Zug eher Bücher lesen. Viele Frauen stricken auch im Zug. Hab aber noch keinen Kerl gesehen, der mit seiner Bohrmaschine da rumhantiert. Oder ein Ikea-Regal aufbaut. Aber das wäre doch mal lustig. So ein Ikea-Übungsaufbau-Abteil. Da sollten dann alle Business-Sklaven mit diesen kleinen glitschigen Drehschlüsseln eingesperrt werden, damit sie mal was Handwerkliches machen. Das würde denen gut tun. Ich würde derweil deren Handys einsammeln. Dann hätten alle anderen mehr Ruhe. Ich leite ja gerne an, helfe, wo ich kann. Die Deutsche Bahn könnte mich einstellen: guten Tag, Mirja Regensburg, Ihre persönliche Fahrgastbetreuerin. Ich käme die Bahn auch glatt günstiger als die zahlreichen Berater, die sie für hohe Honorare beschäftigt. Und ich habe so viel Erfahrung. Mehr geht nicht.

Als ich neulich mal von Köln nach Wien gefahren bin, saß zum Beispiel neben mir eine ältere Dame, die Tasche auf dem Schoß fest umklammert. An ihrer gesamten Körperhaltung konnte man erkennen, sie fährt nur einmal im Jahr, sie ist total angespannt, die Tasche bleibt bis Wien auf dem Schoß. Nach und nach habe ich dann meine Sachen ausgepackt: Nackenhörnchen, dicke Socken, Kuscheldecke, Nasensalbe,

Labello, Kaffeebecher, Teebecher, Wasserflasche, Schreibzeug und natürlich das gesamte Catering. Inklusive gekochtem Ei. Ehrensache.

Da hat sie nicht schlecht geguckt. Gesehen hat sie mich eigentlich nicht mehr, ich war ja hinter dem Berg an Kram verschollen. Also rief sie ins Nichts:

»Sie fahren wohl öfter, was?«

Ich erwiderte: »Ja, und seien sie froh, dass heute nicht Weihnachten ist, dann würde ich jetzt noch meinen zusammenklappbaren Baum auspacken und einen Schneestern ans Fenster sprühen!«

Ich klärte sie auf, dass sie zu wenig trinke, das sei nicht gut, meine Mutter trinke auch immer nichts, dann gebe es aber eine zu große Thrombosegefahr. Sie müsse ein wenig herumlaufen. Ich höre mich noch: »Kommen Sie mal mit.«

Ich hakte sie unter und wir drehten ein kleines Ründchen. Das war wirklich sehr schön. Luise und ich, wir waren mittlerweile per du, wippten mit unseren Zehenspitzen und gingen zwischen den Zugteilen auf und ab. Langsam kehrte wieder Farbe in ihr Gesicht. Die Tasche hielt sie noch immer fest in der Hand. Selbstverständlich. Sie dankte mir, lud mich auf einen Kaffee Crema ohne Crema ein – wie man es von der Deutschen Bahn gewohnt ist – und sagte: »Sie haben ja recht. Vielleicht müsste es doch einen Fahrgastführerschein für die Deutsche Bahn geben.«

Meine Rede. Einsteigen, Aufenthalt, Aussteigen. Man könnte einigen Mitreisenden so viel beibringen. Auch die Suche nach dem Platz, vor allem bei umgekehrter Wagenreihung. Es sei denn, man regelt das gleich via Strafzettel, verteilt von der

Bahnpolizei: Für Laut- und Dauertelefonierer, geräuschvolle Apfelesser und FAZ-Leser. Man könnte natürlich auch durchsagen, dass sowas verboten ist. Aber das wäre doch viel zu repressiv. Mirja, die fröhliche Fahrgastbetreuerin, könnte vieles mit Humor auf dem kleinen Dienstweg lösen.

Gerade männliche Bahnbeschäftigte haben mich im Übrigen schon oft mit ihren lustigen Durchsagen inspiriert. Sie sehen die Probleme der Deutschen Bahn offensichtlich mit größerer Lockerheit als ihre weiblichen Kolleginnen. Meine Lieblingsdurchsage war: »Heute leider ohne Wagen 10, 11, 12 und 14. Ohne Bordbistro. Und ohne Heizung.«

Ich warte immer noch darauf, dass die irgendwann mal sagen: Und ohne Zugführer. Obwohl das ja fast mal der Fall war. Ich war an einem Durchgangsbahnhof in den Zug eingestiegen und wusste nicht, wie herum ich mich setzen sollte. Also fragte ich einen Mitreisenden: »Wissen Sie, in welche Richtung wir fahren?« In breitestem Sächsisch antwortete er:

»Nü, Rischtung Osten.«

»Nein, ich meinte die Fahrtrichtung!«

»Isch glaube, sö rum. Da vorne saß eben einer!«

In dem Augenblick kam ein Schaffner vorbei und sagte:

»Ach, das muss nix heißen!«

Und irgendwann erlebte ich dann die Krönung der Durchsagen. Wir standen am Bahnhof, und es tat sich nichts. Der Schaffner, offenkundig amüsiert, meldete sich: »Wir können leider noch nicht losfahren. Wir haben keinen Zugführer.«

Ich habe kurz überlegt, ob ich nach vorne ins Führerhäuschen gehe. Nach über zwanzig Jahren traue ich mir auch das zu.

Für die Zugbegleiter und Zugbegleiterinnen habe ich generell eher Liebe als Antipathie entwickelt. Denn ich habe mir einfach immer wieder klargemacht im Laufe der Jahre, was die Frauen und Männer da für einen harten Job haben. Was die sich alles anhören müssen! Oft können sie ja einfach nichts für irgendwelche Missstände, und in den seltensten Fällen können sie etwas daran ändern. Meistens geben sie sich große Mühe, und manchmal ist es richtig toll, was sie durchsagen. Schön war auch mal ein Zugchef, der verlauten ließ: »Also wenn Sie noch länger da in der Lichtschranke stehen wollen, kein Problem. Ich hab hier auch einen Tisch und einen Stuhl. Kaffee und Kuchen gibt's auch dazu.«

Es gibt viele, viele schöne Durchsagen, von denen berichtet nur selten jemand. Als wir zum Beispiel einmal über eine Stunde Verspätung hatten, hörten wir Folgendes: »Sehr geehrte Fahrgäste, es gibt jetzt noch die nächsten fünf Minuten Freigetränke!«

Was sich dann vor meinen Augen abspielte, erinnerte an einen Katastrophenfilm von Roland Emmerich. Menschen stolperten, stürzten, quetschten sich aneinander vorbei, Kinder flogen durch die Luft, die Schlange der Menschen und Hunde war länger als der gesamte Zug. Ausnahmezustand. Es gab was umsonst. In Deutschland.

Auch ich stand in der Schlange, nicht weil ich unbedingt ein Getränk im Wert von 2,70 Euro abstauben wollte, sondern, weil ich als Komikerin weiß, in solchen Situationen spielen sich die besten Szenen überhaupt ab. Man hat sofort Material für die nächste Nummer. Und ich wurde belohnt. Gleich zwei Mal. Zwei Leute vor mir stand eine gut gekleidete, adrette Rentnerin: Sie bestellte einen Kaffee, kippte aus einem Einzeldöschen Kondensmilch hinein und rührte in aller Seelenruhe um. Hinter ihr ungefähr 250 Fahrgäste in der Schlange.

Dann legte sie das leere Döschen zu einigen anderen auf die Theke und sagte wortwörtlich: »Ach, jetzt lassen die Leute das alles liegen hier.«

Und legte ihr leeres Döschen selber dazu!

Der Mitarbeiter im Bordbistro erwiderte höflich, aber durchaus süffisant: »Da vorne ist der Mülleimer.«

Sie murmelte: »Ja, ja ...« und ging ihrer Wege.

Aber es kam noch besser. Ich dachte wirklich kurz, ich wäre bei der *Versteckten Kamera*, denn mit zwei solchen Kloppern direkt hintereinander hatte ich nicht gerechnet. Mein Vordermann sagte zum Bordbistro-Mitarbeiter: »Ein Wasser und eine Apfelsaftschorle.«

Der Mitarbeiter sah ihn fragend an und erwiderte: »Es gibt nur ein Freigetränk pro Person.«

Darauf der Fahrgast: »Wir sind zwei.«

Der Mitarbeiter: »Ich sehe nur einen.«

Typ: »Ich bin schizophren.«

Schön war aber auch mal ein Zugchef mit perfekter Peter-Urban-Eurovision-Songcontest-Ansagerstimme: »Sehr geehrte Fahrgäste, wir erreichen nun Frankfurt am Main Hauptbahnhof sieben Minuten zu früh.«

Da war ich platt. Das habe ich nur dieses einzige Mal erlebt in über zwanzig Jahren. Ich war echt sprachlos. Ich hatte fast ein bisschen Angst. Ob wir wohl geblitzt worden waren? Ein richtiges Raunen ging durch den Zug. Menschen applaudierten. Einige rannten nach vorne. Wollten ihn sehen. Den, der das UNMÖGLICHE möglich gemacht hatte. Wollten Selfies mit ihm schießen, um sie auf Instagram unter den Hashtags #ichwardabei, #firsttime, #deutschebahnrules, #deutschebahnforever zu verewigen.

Es gibt allerdings auch die klassischen Durchsagen mit kleinen Versprechern, die wir alle kennen, bei denen man aber auch gut aufpassen muss. Neulich kam die Zugdurchsage in Hannover:

»*Please leave your luggage unattended.*« Englisch sprechende Leser wissen, da steckt ein Fehler drin. Richtig. Es muss heißen: *Please do not leave your luggage unattended.* Aber da hatte ein Kölner gut aufgepasst und kommentierte in breitestem Kölsch: »So nu steige mer alle ma kurz us un halten uns de Hände vors Gesicht!«

Da habe ich sehr gelacht. Und mir wieder gedacht, Männer nehmen diesen Bahnsinn wirklich mehr mit Humor als Frauen. Die meckern definitiv weniger auf den Fahrten. Ausnahme natürlich mein Business-Sklave.

Dafür machen wir Frauen es uns gemütlicher und sind besser ausgestattet. Eben für alle Eventualitäten. Da ergeben dann eben auch mal unsere großen Sackhandtaschen Sinn. In der Bahn kann man alles gebrauchen. Männer haben nix dabei. Umso mehr staunen sie dann, wenn sie sehen, was ich so mitschleppe. Denn nicht nur Luise auf dem Weg nach Wien war platt, als sie mein Gepäck sah, nein, ich habe auch mal drei ältere Herren im Schwabenländle beeindruckt. Sie beobachteten alles, was ich tat. Sie warfen sich vielsagende Blicke zu, als sie mich auspacken sahen und in tiefstem Schwäbisch sagte einer: »Da kennet mer einbacke. Ganz andre Liga.«

Ich, ganz Frau, dachte natürlich, gerade in DER Generation, die meinen mich, wollen mir vielleicht einen Anmachspruch reindrücken. Geschmeichelt, aber auch leicht irritiert, freute ich mich trotzdem ein bisschen, so, wie wenn einem ein Bauarbeiter hinterher pfeift und man denkt: Oh cool, bis man sich umdreht und sieht: Mist, der ist uralt.

Dann aber sagte einer der drei: »Ja, die sin deuer, die koschte über dreihundert Euro!«

Kurz überlegte ich immer noch, ob sie vielleicht mich meinten, wobei ich natürlich mehr als dreihundert Euro nehmen würde, aber nein, sie sprachen über meine Bose-Kopfhörer! Dann kam der Kontrolleur. Und als ich meine BahnCard 100 1. Klasse rausholte, sagte der Dritte: »Ned nur andere Liga. Andere Sportart!«

Ja, Humor wird bei den Männern im Zug oft wirklich sehr groß geschrieben. Bei den Mitreisenden genauso wie bei den Mitarbeitern.

Gut gefiel mir auch der Taxifahrer, der mich mal in Gießen zum Bahnhof bringen sollte und mich angesichts meiner enormen Gepäckberge bei Fahrtantritt fragte: »Zum Personen- oder zum Güterbahnhof?«

Wir mussten die gesamte Fahrt über seinen Witz lachen.

Beim Bahnfahren hilft es, sich von der oft stoischen Gelassenheit der Jungs ein bisschen was abzugucken. Das ist beinahe überlebenswichtig. Und kleine Zwischenfälle mit Humor zu nehmen. Denn Zwischenfälle gibt es regelmäßig. Und Humor macht vieles leichter. Humor lockert auf. Humor kann Probleme lösen. Und davon hat ja die Deutsche Bahn bekanntlich genug.

Wenn ich im nächsten Leben ein Mann wäre, müsste ich auf jeden Fall nicht so oft frieren im ICE und den Schaffner bitten, die Klimaanlage wärmer zu stellen. Ich habe noch nie mitbekommen, dass ein Mann moniert hat, es wäre zu kalt in der Bahn. Männer frieren ja nie. Frauen eigentlich immer.

Dafür aber kann ich mir als Frau im Zug einen Schal stricken, geilstes Essen aus meiner Riesentasche auftischen und im Stehen pinkeln.

Meldet euch bei mir, falls ihr folgende Spezies im Zug trefft. Das sind dann nämlich Leute mit einem Seltenheitswert wie Einhörner: eine Frau, die auf einer vierstündigen Fahrt keinen Ton sagt, nicht aufsteht und die ganze Zeit nur aus dem Fenster stiert; einen Geschäftsmann, der nicht lautstark und wichtigtuerisch telefoniert, sondern still auf seinem Platz sitzt und französische Lyrik liest; eine ältere Frau, Teil eines Paares, die ihren Mann nicht mit ständigen Aufforderungen drangsaliert; oder einen Geschäftsmann, der entspannt bleibt, wenn ich mir in der ersten Klasse am Platz meine blonde Mähne föhne. Und wenn ihr außerdem noch sichere Indizien habt, dass alle, aber auch wirklich alle Männer sich auf der Toilette die Hände gewaschen haben, dann hätten wir gewonnen!

In diesem Sinne: Genießt das Leben in VOLLEN Zügen. Ein bisschen wie ein Mann und ein bisschen wie eine Frau. Dann wird's schön. Altes Bahner-Ehrenwort!

Mirjas Zugfahrtipps

- Seid auf alles gefasst beim Bahnfahren!
- Packt deshalb lieber immer alles ein: eine warme Wolldecke, dicke Socken, Zeitungen, Bücher, Handcreme, Labello, Taschentücher, Hustenbonbons, Nasensalbe, Heftpflaster, Tampons, einen Fächer, Nackenhörnchen, Schokohörnchen, Laptop, Kopfhörer, Handy, Strickzeug, Häkelzeug. Und Ohropax, falls die Frau von Herbert mit dem Koffer wieder da ist.

- Das Bordbistro wird außer Betrieb sein. Garantiert. Also denkt an Butterbrote, Kekse, Äpfel, Chips, eine Wasserflasche und eine große Thermoskanne mit heißem Kaffee oder Tee.
- Den Reiseföhn nicht vergessen!
- Und sei es nur zum Manager-Ärgern!
- Macht euch von vornherein klar: Euer Zug wird Verspätung haben!
- Stellt euch also darauf ein und bleibt cool.
- Kostet die Schicksalsgemeinschaft im Zug voll aus: Lernt eure Mitreisenden kennen, unterstützt sie, helft ihnen!
- Vielleicht macht ihr so den Fahrgastführerschein oder das große Fahrgastdiplom!
- Oder ihr findet sogar den Partner fürs Leben: *Weißt du noch damals, Schatz, die zehn Stunden von Hamburg nach Hannover, wie romantisch das war, im Schneesturm ...*
- Und vergesst vor allem eines nicht: euren Humor!

Zuhause

Marie Kondo ist ja momentan in aller Munde. Beziehungsweise in aller Wohnung. Kondo ist die Aufräumqueen aus Japan, die die KonMari-Methode entwickelt hat. Alle Besitztümer werden auf einem großen Haufen gesammelt. Dabei soll man nicht nach Zimmern, sondern nach Kategorien vorgehen, das heißt von Kleidung über Bücher und Unterlagen bis hin zu Erinnerungsstücken. Beginnen soll man bei der Kleidung. Also holt man zu Beginn sämtliche Klamotten aus dem Schrank. Damit man sieht, was man alles besitzt. Dann fasst man jedes Teil einzeln an, und wenn es kein Glücksgefühl mehr auslöst, kann es weg. Die Kernfrage bei Marie Kondo lautet: *Does it spark joy?*

Marie Kondo hat viele tolle Tipps für das Sortieren und Aufbewahren von Dingen. Ihre Netflix-Serie ist weltweit ein Riesenhit, und ihre Bücher wurden in 27 Sprachen übersetzt. Leider habe ich Kondos Methode – wie von ihr empfohlen – nicht auf meine gesamte Wohnung, sondern nur auf zwei Zimmer angewandt. In den zwei Zimmern, sieht es jetzt sensationell ordentlich aus, und vor allem bleibt es dort auch ordentlich. Die anderen Räume hab ich noch nicht geschafft. Und das ist so sinnbildlich für mich. Ich fange etwas an, führe das stundenlang voller Inbrunst fort, aber leider mache ich es nicht zu Ende. Nun stehen die aussortierten Säcke mit Kleidung in der Küche und haben damit eine neue »Müllecke« erschaffen. Im Grunde eine kleine Verlagerung des Problems. Ein Interieur-Castor-Transport. Ein Kerl hätte die Säcke gleich weggebracht.

Ich aber dachte ganz im Aschenputtel-Sinne: Die Guten ins Töpfchen, die Schlechten ins Kröpfchen. Also sortierte ich meine Kleidung in drei verschiedene Säcke. Einen für »kann weg«, einen für »kann in den Secondhand-Laden« und einen für »kann zu eBay & Co«.

Ergebnis: Seit nunmehr drei Monaten liegen die Säcke in der Wohnung! Absurd! Wenn es überhaupt eine nächste Station für die drei Säcke gibt, heißt die bestimmt: Kofferraum!

Die Männer, die ich bisher in meinem Leben getroffen habe, mochten es vom Einrichtungsstil her eher clean und ordentlich. Lichterketten, Deko und Duftkerzen sind nicht umsonst ein Quell des Streits – aber auch des Humorpotenzials in Beziehungen. Männer sagen dann gerne Sätze, die wir Frauen überhaupt nicht verstehen.

»Wofür denn Duftkerzen? Davon krieg ich Kopfweh!«, gefolgt von: »Warum denn so viele Vasen? Die stauben doch nur zu!«

Wir Frauen mögen Wohnaccessoires & Co. tendenziell lieber, auch das muss mit der Evolution zu tun haben. Höhle schön machen. Ist ja klar. Hätte es damals schon höhle24.de gegeben, wäre ganz schön was los gewesen. Oder zahöhlando.de. Du schreist vor Glück. Zwei Keulen zum Preis von einer!

All die unzähligen Instagram- und Pinterest-Interieur-Seiten werden bevorzugt von uns Frauen frequentiert. Mir inklusive. Ich mag es, mir sowas anzuschauen. Manchmal sogar einfach nur, um zu chillen. Ich kann mich dabei wirklich entspannen.

Einrichtungspornos nenne ich das.

Clean ist also das neue Chic. Und da ich es nicht geschafft habe, mehr als die zwei Zimmer auszumisten, findet der Rest des Ausmistens meiner Wohnung nur noch im Kopf statt. Aber mir ist klar, warum ich da die Aufschieberitis habe. Wenn ich mich wirklich von allem trenne, was mich nicht mehr vollends glücklich macht, dann könnte es passieren, dass ich am Ende in der Wohnung sitze mit nichts als einer Packung Vanilleeis und einer Flasche Gin.

Ob nun aufgeräumt oder unordentlich, ein Zuhause sollte in jedem Fall ein Rückzugsort sein. In dem man sich geborgen fühlt. Sich fallen lassen kann. Ganz man selbst sein kann. Ich habe schon alleine und zu zweit gewohnt. Nie mit Katze. Jeder weiß ja, lebt man mit einer Katze, wird man von selbiger nur geduldet. Man zahlt zwar die Miete, aber im Miet(z)vertrag steht als Hauptmieter: Katze.

Ich habe schon oft darüber nachgedacht, im nächsten Leben statt Mann vielleicht Katze zu sein. Die hat nicht so einen straffen Zeitplan. Die ist schön am Chillen. Und wenn sie eine Hauskatze ist, muss sie nicht mal mehr Mäuse fangen. Kriegt Essen, Streicheleinheiten und pennt. Perfekt.

Ich finde aber, dass manche Männer gerne Katze sein dürften. Nach dem Pippimachen schön alles wegmachen und sich dann putzen. Denn das hassen wir Frauen ja bekanntermaßen. Dass Männer im Stehen pinkeln. Dabei tun wir das selber auf jeder öffentlichen Toilette. Wir schweben. Und nachher sieht es dort schlimmer aus als auf jedem Herrenklo.

Das mit der Toilette ist ja eh so eine Sache. Meldet sich Besuch an, drehe ich gerne noch mal kurz vorher durch und putze noch mal schnell das Klo. Männer putzen das Klo höchstens, wenn der Besuch wieder weg ist. Woher haben wir Frauen das? Dass, wenn Besuch ansteht, noch mal alles schnell »besuchsfertig« gemacht werden muss?

Das ist wie mit der frischen Unterhose, bevor man aus dem Haus geht. Früher hat die Mutter einem das gesagt, falls man mal ins Krankenhaus muss. Das Blöde ist nur, sie fragt mich das heute immer noch, wenn ich auf Tour bin. Vorbereitung ist eben alles!

Ist das nur Erziehung, oder wollen wir als Frau einfach unser schönes Heim aka Höhle präsentieren?

»Bei uns zu Hause kannst du vom Boden essen!«, sagte man früher auch ganz gerne. Aber eigentlich sagt doch keiner zu seinem Besuch: »So, nimm Platz. Heute gibt es Spaghetti Carbonara. Heute mal von der Terracotta-Fliese«.

Ich bin auch jemand, die unangemeldeten Besuch nicht besonders mag. Ich möchte vorbereitet sein. Und da ist ein sauberes Klo das Mindeste. Das ist mir wichtiger, als dass ich noch den Onesie anhabe. Der Onesie. Dieser Ganzkörperjogginganzug, nur ohne Joggen, was ihn allein deshalb schon so sympathisch macht. Er ist ja eher sowas wie die Springform unter den Kleidungsstücken. Ich liebe meine Onesies. Ich habe drei verschiedene davon und trage sie so gern. Allerdings habe ich erst einen einzigen Mann getroffen, der Onesies sexy findet. Zugegeben: Man hat darin ja so gar keine Figur. Ganz im Gegenteil. Man sieht aus wie ein in die Jahre gekommenes Teletubbie. »Oh-oh!«

Das Leben eines Mannes mit dem Wissen und der Erfahrung einer Frau wäre gerade im Bereich Zuhause bestimmt einfacher. Im Onesie gammeln könnte ich dann mit Sicherheit entspannter. Mich plagt nämlich immer das schlechte Gewissen. Was ich eigentlich alles machen müsste. Und das kann mich gedanklich so richtig fesseln.

Eigentlich müsste ich die Küche aufräumen, eigentlich müsste ich an den Schreibtisch, eigentlich müsste ich noch zwei

Maschinen Wäsche waschen. Und da kenne ich wirklich keinen Kerl, der so ist. Wenn die chillen, dann chillen die. Sie gehen eben den direkten Weg. Machen. Ich kann das einfach nicht. Ich sehe immer etwas, das gemacht werden müsste. Und wenn es nur einfaches Aufräumen ist.

Auch an einem Chill-Tag sehe ich Sachen, die *ER* gern übersieht. Und wenn es nur fünf Flaschen sind, die sich da schon wieder angesammelt haben. Fünf Flaschen! Da lacht doch jeder Mann drüber. Männer bringen erst dann das Altglas zum Container, wenn der Berg so hoch ist, dass sie nicht mehr drüber laufen können, um zur Haustür zu gelangen.

Altglas-Challenge nenne ich das. Wird bestimmt irgendwann mal eine anerkannte Sportart bei den olympischen Spielen. Der Grund für all das? Sie sehen es einfach nicht! Wirklich nicht! Mich stören schon die fünf Flaschen. Die müssen bitte so schnell wie möglich in den Container. Gefolgt vom Pfand. Lebt man mit einem Mann zusammen, ist es zwar nicht ganz so schlimm wie in Studenten-WGs, wo ja manchmal Pfandberge solche Dimensionen annehmen, dass ein WG-Bewohner in der Badewanne pennen muss, damit sein Zimmer für die Lagerung der Pfandflaschen genutzt werden kann. Die Miete kann er dann allerdings mit den Einnahmen des Pfands bezahlen. Aber der Mann mit seiner Altglas-Challenge ist schon ganz schön nah dran.

Zuhause. Ein Ort, an dem es nicht nur ordentlich, sondern auch sauber sein sollte. Aber auch von Sauberkeit haben Männer und Frauen ja oft unterschiedliche Vorstellungen. Ich bin jemand, die schon viele Putzfrauen verschlissen hat. Sei es die, die eine echte Kölnerin war, und bei der ich immer das Gefühl hatte, ich sehe ein Zwei-Stunden-Stück aus dem Millowitsch-Theater:

»Ach, Frau Regensburg, mein Mann, isch sahre Ihnen, dat issn Kerl, der hat dat un dat gemacht un meine Schwägerin un dat Enkel un dann sin die un dann haben die ...«

Es war ein Endlosmonolog, egal, um was es ging. Habe ich gesagt: »So, ich geh mal in die Drogerie und hole neue Scheuermilch!«, hat sie unter Garantie geantwortet: »Ach, Scheuermilsch, da bin isch ja janz von abgekommen, dat is nit gut für die Kacheln, mein Mann hat ja 1983 die Kacheln in unserem Bad neu jemacht ...«

Es gab kein Entkommen. Wenn sie klingelte, hab ich unsere Fußmatte, auf der *Willkommen* steht, umgedreht. Hat nix geholfen.

Oder die junge Putzhilfe mit Kind, das sie immer mitbrachte und das mit seinen klebrigen Patschhändchen am Spiegel herumschmierte, sodass sie dann alles wieder wegwischen musste. Und das seine Mami so ablenkte, dass von den drei Fenstern, die nebeneinander lagen, nur zwei geputzt waren, weil sie schlicht eins vergessen hatte. Als ich eines Abends dann jäh eine Kindertupperdose gefüllt mit Möhrchen unter meinem Bett fand, entschied ich: Nein. Auch diese Putzhilfe war keine wirkliche Arbeitsentlastung! Aber vielleicht hätte ich mich auch da wie ein Kerl verhalten und einfach die Wohnung verlassen sollen. Denn beide Reinigungskräfte habe ich beaufsichtigt, regelrecht betreut. In der Zeit hätte ich im Grunde gleich selber putzen können!

Leider bin ich eben eine der Frauen, der keine Putzhilfe gut genug ist. Ich putze selbst gern und gut. Mir fehlt nur echt die Zeit. Dabei mache ich es wirklich gern. Denn ich kann so gut dabei abschalten. Schon als Kind habe ich gern meiner Mutter beim Putzen geholfen. Saubermachen hat was Befriedigendes.

Weil man unmittelbar ein Ergebnis sieht. Meine Mutter hatte hohe Ansprüche an sich und mich. Das prägte mich. Putzen war definitiv im Elternhaus Frauensache, ob Omi oder Mami. Heute hat sich das geändert. Papa hilft mit. Oder wie Mami sagt: »Ich hab ihn mir gut erzogen.«

Um zu Hause dem Streitthema »Putzen« zu entfliehen, pflegen viele Paare Arbeitsteilung, manche haben eine Reinigungskraft, bei vielen macht es noch ganz altmodisch nur die Frau. Die meisten Männer die ich kenne, kümmern sich gern um die großen Sachen. Flächen. Böden. Alles, was man kärchern kann. Ich mache gern die kleinen Sachen. Bad, Staubwischen. Ich kenne auch Männer, die unheimlich gerne Fenster putzen. Und das sogar sehr gut. Wenn sie es tun, grenzt es schon fast an Akrobatik und ist im besten Fall oberkörperfrei. Und loben muss man sie danach unbedingt. Ganz viel loben.

»Ja, ich sehe es ja. Keine Streifen. Hast du toll gemacht. Streifenfrei. Darf ich dich Meister Proper nennen, Schatz?«

Ich hatte sogar mal einen Fensterputzer engagiert. Angelo hieß er. Mal davon abgesehen, dass er leider überhaupt nicht aussah wie ein Angelo oder zumindest wie der Mann aus der Coca-Cola-Werbung, sondern eher wie ein neapolitanischer Pizzabäcker, war auch er ununterbrochen am Erzählen:

»Ja un da bin isch die Straße runter und dann sacht der zu mir, hömma …« Logische Schlussfolgerung: »Putzt Ihre Mutter auch?«

Wie soll man das also handhaben, zu Hause: Putzfrau? Putzmann? Über die Fehlbarkeiten des anderen hinwegsehen? Das schaffen die Männer auf jeden Fall besser als die Frauen. Alles selbst machen? Oder doch lieber Arbeitsteilung? Was ist das Beste?

Und vor allem streitfreieste?

Denn das was SIE sieht, sieht ER nicht unbedingt.

»Auf den Schränken sauber machen? Wozu? Wer guckt denn dahin? Gewürzregale aussortieren und putzen? Warum? Lebensmittelmotten? Ach, wo denn? Das war bestimmt nur ein Nachtfalter. Motten sind doch auch Lebewesen!«

Übrigens: Wenn man Lebensmittelmotten hat, soll man ja alle Ritzen der Küchenmöbel, nachdem man alles mit Essigwasser ausgewaschen hat, heiß föhnen. Als ich die mal als Mitbewohner hatte, habe ich mich natürlich leicht reingesteigert. Ich habe acht Stunden lang geföhnt. Die Motteneier waren geschmolzen. Die Küchenzeile allerdings auch.

Vielleicht helfen gegen die Haushaltsblindheit, wie ich die Krankheit beim Mann ganz gerne nenne, laminierte Kurzbefehle.

Ich kenne tatsächlich ein Paar, bei dem *sie* überall in der Wohnung laminierte Kurzbefehle angeklebt hat. Die sehen aus wie diese Buchstabenkühlschrankmagneten, mit denen man Sätze bilden kann. Und hätte *SIE* nicht vergessen, die wieder einzusammeln, bevor der Besuch kommt, wäre das gar nicht rausgekommen. Als ich »Klo putzen« las, habe ich mir noch nicht viel dabei gedacht, als ich zu Gast war, ich fand es nur konsequent und hinterließ die Toilette ganz sauber. Frei nach dem Raststätten-Motto: »Hinterlassen Sie diesen Ort so, wie Sie ihn vorfinden möchten.«

Skeptisch wurde ich dann allerdings bei »Pfand mitnehmen«. Aber gut, ich nahm die sechs Bierflaschen aus dem Sixpack, die ich zur Party mitgebracht hatte, halt einfach wieder mit! Ich glaube, sie hatte die laminierten Kurzbefehle extra dran gelassen, damit die Party nicht eskalierte.

Vielleicht hilft beim Thema Sauberkeit im Zuhause auch ein Staubsaugerroboter. Ich habe mir jetzt so einen zugelegt. Robbi, wie ich ihn liebevoll nenne. Und Robbi ist echt der Hammer. Der fährt völlig irre und ohne für mich erkennbares System durch die Wohnung. Am liebsten fährt er ins Schlafzimmer. Und in die Küche. Ums Bad macht er einen großen Bogen. Da gibt es für mich nur eine einzige Schlussfolgerung: Der muss von einem Mann programmiert worden sein!

Beim Thema Zuhause wäre ich wirklich von Herzen gern manchmal ein Mann. Nicht nur, dass ich über vieles hinwegsehen könnte oder es mir einfach egal wäre. Nein. Ich hätte vermutlich sogar handwerkliches Geschick. Wenn ich nämlich einen Nagel in die Wand haue, ist der unter Garantie schief drin. Oder mein Daumen ist blau. Oder beides. Hänge ich vier Bilder nebeneinander, fällt die Linie, in der sie hängen sollten, schief nach unten ab. Trotz Wasserwaage.

Als ich einmal alleine in eine Wohnung gezogen bin, dachte ich auch so, als Mann hättest du es jetzt unter Umständen leichter. Denn ehrlich gesagt, hat nix geklappt. Das fing schon bei der Senderprogrammierung meines Smart-TV an. Ich habe es einfach nicht hingekriegt. Ich lese allerdings wie viele Frauen die Bedienungsanleitung nicht richtig durch. Ich überfliege sie, denke, es wird schon irgendwie gehen, mache es dann einfach ohne Plan und drücke irgendwann entnervt auf alle Knöpfe der Fernbedienung gleichzeitig, so dass sich das System aufhängt und nichts funktioniert. Am Ende hatte ich nicht nur keine Sender, nein, auch das WLAN ging nicht mehr, und ich meine aus der Ferne Nachbarn rufen gehört zu haben: »Ey, hat da einer das Internet gelöscht?«

Fürs Lampenaufhängen und Bettzusammenbauen hatte ich mir dann allerdings im Internet auf myhammer.de Hilfe bestellt. Gerd, ein stämmiger Mann Mitte fünfzig, war sehr nett und schaffte es, dass ich kein mulmiges Gefühl hatte, als wir zusammen mein Bett aufbauten.

Dabei war der Matratzenkauf bereits grenzwertig gewesen. Nur vier Straßen entfernt befand sich ein Matratzenladen, also kaufte ich die Matratze *to go* und nahm einen Rollwagen mit, auf der ich sie mitsamt Lattenrost nach Hause rollte. Das gestaltete sich aber überaus schwierig, weil die Bürgersteige voller Bürger waren und der Rollwagen einen leichten Rechtsdrall hatte. Irgendwann kam ich schwitzend, justierend und mehr als angestrengt an einer Baustelle vorbei, und ein Bauarbeiter rief den legendären Satz:

»Na, Liebschen, wird die heute noch eingeweiht?«

Gerd hingegen war konzentriert und schraubte und werkelte, nur sah er mich immer wieder so intensiv an, dass ich zwischendurch dachte, ich hätte mich vielleicht im Internet verklickt und mit My Hammer sei was anderes gemeint. Aber irgendwann löste er das Rätsel auf.

»Mirja ... Mirja ... Kennen Sie eigentlich diese Komikerin?«

Ich war mir ganz sicher, dass er – wie die meisten – wohl meine Kollegin Mirja Boes meinte: »Ach, Mirja Boes meinen Sie? Nee, die kenne ich nicht persönlich!«

»Nee, die Regensburg. Mirja Regensburg!«

»Äh, das bin ich!«

»Nee, das kann nicht sein. Die sieht doch ganz anders aus.«

»Doch, ich bin das!«

»Nee ...«

Ich ging zu meinem Schreibtisch und zog eine Autogrammkarte heraus:

»Meinen Sie die?«

»Ja, genau die meine ich.«
»Das bin ich!«
»Aber die sieht ja ganz anders aus!«
»Ich bin nicht geschminkt!«
»Oh!«

Lange Pause. Dass Männer da immer so überrascht sind. Vielleicht, weil die eben nur ein Gesicht haben, wir uns aber mindestens fünf verschiedene schminken können.

»Darf ich Sie trotzdem mal drücken?«
»Gerne. Wenn es nicht auf der Matratze ist!«

Wir lachten sehr. Lachen kann die peinlichsten Momente ausheben.

Alles in allem war ich einfach froh, dass Gerd mir so gut geholfen hatte. Ich habe nicht nur kein handwerkliches Geschick, nein, ich finde das geht sogar in den Minusbereich. Ich muss aber auch zu meiner Verteidigung sagen, ich kann noch nicht mal das Plastikspielzeug aus dem Überraschungsei zusammenbauen.

Einmal habe ich versucht, einen einfachen Schreibtisch einer großen schwedischen Möbelmarktkette aufzustellen. So einen ganz filigranen. Ich habe dafür sieben Stunden gebraucht. Ich werde schon müde, wenn ich nur beginne, so eine Anleitung zu lesen. Ich habe nämlich auch überhaupt kein räumliches Vorstellungsvermögen. Was mal für viel Gelächter in unserem Innenhof gesorgt hat. Ich hatte mir im Baumarkt eine Balkonumrandung aus plastikähnlichem Material gekauft. Daran befestigt waren kleine Ösen und ein sehr langes Seil, mit dem man das Ganze am Geländer anbringen sollte. Eine Anleitung war nicht dabei, was mich enorm freute, sonst wäre ich ja nur wieder müde geworden. Also legte ich los und versuchte die fünf Meter Umrandung anzubringen. Leider verhedderte ich mich aber so sehr in dem langen Seil, dass es von weitem so ausgesehen haben muss, als wollte ich Gummitwist spielen. Doch dafür fehlte ja die zweite Person. Die hätte ich gern gehabt, denn ich bekam es einfach nicht hin. Waldorf und Statler, so nenne ich liebevoll das ältere Ehepaar schräg rechts im Hof, lachten sich kaputt. Die beiden sitzen jeden Tag auf ihrem Balkon nebeneinander in ihrer Erste-Reihe-Loge und beobachten das Geschehen. Es ist ihr Reallife-Netflix. Jeden Tag geht eine neue Folge los, und ich bot ihnen diesmal eine besonders spannende und lustige Episode. Nach stundenlangem Hin- und Hergeschiebe, Drücken, Halten und zahlreichen Anbringversuchen, sah ich schließlich aus, als wäre ich in ein Einkaufsnetz geflogen. Nicht das Balkongeländer, sondern ich steckte in der Umrandung drin.

Seitdem stehe ich öfter draußen und arbeite als mobiler Balkon auf 450-Euro-Basis.

Tja, die lieben Nachbarn. Die gehören eben auch immer zu einem Zuhause dazu. Im Laufe meines Lebens hatte ich eine illustre Mischung an Nachbarschaftsverhältnissen. Was mich aber als Frau immer ausgezeichnet hat, und ich denke, da kann ich für den Großteil unseres Geschlechts sprechen, ich war schon immer gut im *Connecten*. Ich hatte immer ein gutes Verhältnis zu meinen Nachbarn. Ausnahmslos. Aus einer Nachbarschaft entwickelte sich die Freundin fürs Leben, aus einer anderen sogar eine Partnerschaft und aus vielen weiteren eine gute freundschaftliche Bekanntschaft. In unserem jetzigen Mietshaus gibt es eine sensationelle Vermieterin, die gleichzeitig gemeinsam mit ihrem Mann meine Nachbarin ist und die mich immer wieder mit Kulinarischem verwöhnt. Wenn ich nur kurz klingele und was fragen möchte, kann ich sicher sein, dass ich mit mindestens zehn Tupperdosen ihre Wohnung verlasse.

»Ich hab Eierlikörkuchen gebacken!«

»Aber ich muss abnehmen!«

»Ja, aber wenn Sie ihn essen, esse ich ihn nicht!«

Geile Frauenlogik. Käme kein Kerl drauf.

Unsere Hausgemeinschaft hat auch eine sehr drollige WhatsApp-Gruppe. Da hilft jeder jedem, wenn mal was ist. Vor allem in wirklichen Notfallsituationen an Sonntagabenden.

»Kann mir jemand eine Tomate leihen?«

Tomate leihen. Natürlich. Das ist genauso wie der berühmte Brennholzverleih. Ich muss nicht erwähnen, dass diese Gruppe eine Frau gegründet hat. Frauen sind einfach praktisch veranlagt.

Zuhause, das sind aber nicht nur die Nachbarn, sondern das ist auch die Region, in der wir leben. Mit ihrer ganz eigenen Mentalität. Drei sehr verschiedene davon durfte ich in meinem Leben bereits kennenlernen. Mehr als die Hälfte meines Lebens wohne ich nun schon nicht mehr in meiner Heimat. In Nordhessen. Mit seinen besonderen, eigenartigen Menschen und deren ganz spezieller Mentalität, die man nicht gleich versteht. Der Nordhesse freut sich mehr nach innen, er ist im Grunde das Gegenteil des Rheinländers. Sein Lieblingssatz lautet: »Es is au als was«, was wörtlich übersetzt heißt: »Immer ist irgendetwas.« Man könnte es vergleichen mit dem norddeutschen »Watt mutt, dat mutt« oder dem rheinländischen »Et kütt, wie et kütt«. Doch während der norddeutsche Satz einen wortkargen und gleichzeitig tatkräftigen

Protestantismus bezeugt, ist die Kölner Variante so richtig schön katholisch-sinnlich-gottergeben. Und der Nordhesse? Fühlt sich bedrängt. Gestört. Belästigt.

»Es is au als was.« Lernt man den Nordhessen allerdings näher kennen, weiß man, dass sein »Gemecker« gar nicht so ernst zu nehmen ist. Generell ist er auch kein so ernster Zeitgenosse, sein Humor ist einzigartig, trocken, fast schon britisch.

Mein Lieblingsbeispiel für diesen Humor ist eine Begründung eines Kasselers, warum er Bayern-München-Fan sei. Ich meine, Kassel und Bayern München, finde den Fehler! Auf meine Frage, warum er denn um alles in der Welt FC-Bayern-Fan geworden sei, antwortete er nur kurz und trocken: »Ich hab keine Zeit für Sorgen!«

Darauf muss man erstmal kommen. Es is au als was.

Meine Zeit in Norddeutschland hat mich ebenfalls sehr stark geprägt. Geredet wird im Norden nur das Nötigste. Verbindlichkeit ist ein hohes Gut, und Freundschaften halten ein Leben lang. Obwohl ich nun schon so lange in Köln lebe und den Rheinländer mehr als in mein Herz geschlossen habe, fehlt mir das Norddeutsche doch manchmal.

Gelassen, ruhig und elegant ist der Norddeutsche. Hatte ich in Hamburg eine Wohnungsbesichtigung, um ein neues Zuhause zu finden, wurde mit dem Makler nur das Nötigste gesprochen: »Ja, das ist die Wohnung. Und das ist der Preis.«

Da lief meine erste Wohnungsbesichtigung in Köln völlig anders ab. Der Makler, ganz Rheinländer, mit Nickelbrille und einem riesigen Schnurrbart, auf dem man drei Kölschgläser hätte abstellen können, die langen grauen Haare locker zum

Zopf gebunden, sah aus wie eine Mischung aus Jean Pütz und Horst Lichter. Manchmal frage ich mich, ob diese waschechten Rheinländer irgendwo geklont werden. Als ich ihn bei der Wohnungsbesichtigung auf die Flecken an den Wänden und an der Decke ansprach, antwortete er in breitestem Kölsch: »Ja, der Mann der hier vorher drin gewohnt hat, der war Erfinder. Der hat immer experimentiert mit Chemikalien und so'n Zeug.«

»Ach, dann sind die Flecken die Reste von den Versuchen?«

»Nä, dat sin die Reste von dem Erfinder!«

Natürlich hat er selbst am meisten über seinen Witz gelacht. Und das schon, während er den Witz machte.

Ich liebe das Rheinland. Immer locker, immer frech und immer ein bisschen positiv bekloppt.

Während der Norddeutsche bei schlechtem Wetter sagt: Es gibt kein schlechtes Wetter, es gibt nur schlechte Kleidung, sagt der Rheinländer: Och, besser, als gar kein Wetter. Die Rheinländer sehen meistens alles sehr positiv. Als ich am Anfang in Köln noch keine Waschmaschine hatte, bin ich in einen Waschsalon gegangen, und die Frau neben mir legte gerade die Socken zusammen, die frisch aus dem Trockner kamen. Eine fehlte und sie sagte: »Och, isch han ne Socke gefunden!«

Ich mag das. Sehr.

Genauso wie das Gefühl und Leben nach dem Motto »Komm ich heut nicht, komm ich morgen!«, was den Rheinländer so ausmacht und was ich immer als kleines Norditalien empfinde.

Ich habe mal eine kaputte Jeans in die Änderungsschneiderei gebracht und sie dort aber völlig vergessen. Erst ein paar

Jahre später fiel mir wieder ein, dass die dort noch immer weilte. Der Abholzettel war natürlich noch in meinem Portemonnaie, da bin ich wie jede andere Frau auch. Zwischen den zwanzig Sanifair-Bons, mit deren Einlösung ich mir bald eine Bockwurst mit Senf an einer malerischen Raststätte im Sauerland werde gönnen können.

Ich bin also mit dem Zettelchen zu der Änderungsschneiderei gelaufen und war, ehrlich gesagt, auch erstmal froh, dass die überhaupt noch existierte. Ich entschuldigte mich fürs verspätete Abholen, doch der Schneider sagte nur in breitestem Kölsch:

»Dat mäht do nix, Mädschen«, und verschwand in seinem Lager. Nach wenigen Minuten kam er zurück und sagte:

»Ist fast fertisch, könnense morje abholen!«

Das ist das Rheinland. Das ist die Lockerheit. Dieses Komm-ich-heut-nicht-komm-ich-morgen-Gefühl muss ein Mann erfunden haben.

Ich mag aber Köln nicht nur wegen seiner lockeren Menschen, sondern wegen seiner Weltoffenheit. Bei mir im Stadtteil wird Integration gelebt. Da befindet sich der Hipster-Unverpackt-Laden neben dem Falafelmann. Und alle kommen klar. Und als ich extra mittels Google-Übersetzer einstudiert habe, wie man auf Arabisch einen Falafelteller bestellt (»tubiq falafil min fadalika!«), erwiderte der arabischstämmige Falafelverkäufer:

»Sischer, Liebschen, dat mach isch dir sofort fertisch!«

»Woher kommen Sie?«, fragte ich ihn.

»Aus Köln«, erwiderte er. »Ich bin in Köln geboren. Ich bin Kölner.«

Thema erledigt. Es kann so einfach sein.

Und eine Straßenecke weiter findet man zwei Mal die Woche den Reibekuchenverkäufer mit seinem Reibekuchenwägelchen. Neulich sagte der eine Reibekuchenverkäufer, der gerade kassierte: »Wir sind Reibekuchenverkäufer.«

Der andere, der am Braten war, erwiderte: »Du bist Reibekuchenverkäufer. Ich bin Reibekuchendesigner.«

Typisch Rheinland.

»Die schmecken super, eure Reibekuchen«, entgegnete ich.

»Das Rezept stammt von unserer Mutter! Frauen sind einfach die Besten!«

Wäre ich also im nächsten Leben ein Mann, könnte ich wahrscheinlich Balkonumrandungen selbst anbringen. Warum musste man sich damals in der Grundschule eigentlich zwischen Handarbeiten und Werken entscheiden? Ich hätte in meinem Leben schon öfter mal bohren können müssen und andere handwerkliche Tätigkeiten verrichten. Häkeln oder stricken dagegen habe ich bislang noch nicht gebraucht. Dafür gibt's im Übrigen auch Kurse in jedem Wollgeschäft um die Ecke. Ich habe aber leider bisher noch von keinem Sonntagnachmittagskurs *Bohren und Dübeln* bei Kaffee und Plätzchen im Baumarkt gehört.

Wäre ich ein Mann, würde ich außerdem zu Hause vieles »übersehen« und nur das besitzen, was ich vielleicht wirklich brauche.

Ich könnte leichter entspannen, weil ich, sobald ich das Bad verließe, ja vergessen würde, dass ich das dringend putzen müsste. So könnte ich mich auch viel besser auf meine Netflix-Serie konzentrieren. Wäre ich nicht Mirja, sondern Mario, so hätte ich auch in meiner freien Zeit wirklich frei. Ich müsste ja nicht putzen. Denn ich würde den Dreck erst dann wahrnehmen, wenn man ihn abkratzen könnte. Also läge ich die meiste Zeit tiefenentspannt mit Kopfhörern auf der vollgekrümelten Couch, in der fünften Folge der dritten Staffel meiner Serie versunken. Statt auf der Leiter beim Fensterputzen meinen Hals zu riskieren, hätte ich Zeit, mit meinen Freunden um die Häuser zu ziehen. Gut, das müsste ich dann auch öfter tun, weil kein Lichtstrahl mehr durch meine Fenster dringen würde und der muffige Geruch aus dem Badezimmer auf Dauer auch nicht wirklich erquicklich wäre. Aber ich wäre ja auch ein Mann. Männer haben zum Glück nicht ganz so feine Nasen wie Frauen.

Wahrscheinlich, Mädels – wichtige Info – liegt die Wahrheit irgendwo in der Mitte: Die Welt geht nämlich nicht unter, wenn man das Bad mal nicht putzt. Aber es würde natürlich etwas fehlen im nächsten Leben als Mann. Die Frau, die das alles so gemütlich und behaglich macht. Den Jungs die Höhle verschönert. Denn auch wenn wir es manchmal übertreiben mit unserem Dekowahn und es gut ist, wenn wir da öfter mal ausgebremst werden: Was wäre ein jedes Zuhause, was wären all die Häuser und Wohnungen auf dieser Welt ohne eine Frau?

Na ja. Ehrlich gesagt, Wohnungen mit Staub auf den Schränken, Toiletten mit Tröpfchen-auf-dem-Boden-Kunst und einer Pfand-und-Altglasinstallation, die man zur nächsten Documenta anmelden kann!

Ein Vorschlag zur Güte: Wenn IHR beim nächsten Mal die Schuhe auszieht beim Reinkommen, dann bringen WIR auch die Pfandflaschen weg.

Vielleicht nicht heute. Aber bestimmt morgen!

Mirjas Tipps für Zuhause

- Wenn ihr Klamotten aussortiert, lasst euch helfen. Denn die beste Freundin ist einfach viel gnadenloser mit dem schwarzen Rock, der schon immer zu eng war und den ihr seit fünf Jahren nicht mehr tragt – weg damit!
- Und gebt die ausgemisteten Sachen anschließend wirklich weg. Es reicht ja, wenn sich in meiner Küche die Müllsäcke stapeln!
- Macht nicht alles selbst im Haushalt. Sonst werdet ihr noch wahnsinnig. Holt euch bezahlte Hilfe.
- Oder, noch besser, spannt eure Männer ein. Männer können sehr gut das Bad putzen. Und das Klo. Sogar die Fenster.
- Vorausgesetzt, ihr lasst sie machen.
- Geht Kaffee trinken, während der Mann oder die Putzhilfe putzen.
- Bleibt länger weg, macht einen ausgedehnten Spaziergang. Vielleicht entsorgt er dann sogar das Altglas!
- Und lernt ruhig, wie man eine Bohrmaschine bedient. Womöglich könnt ihr es mir ja – also Mirja – anschließend beibringen.
- Und falls ihr jemals eine Balkonumrandung anbringen wollt, fragt eine Freundin. Zu zweit kann man wenigstens lachen, wenn es schiefgeht. Denn da kann ich leider nicht helfen, das habe ich bereits bewiesen.

Beziehung & Sex

Die meisten von uns werden in ihrem bisherigen Leben schon einmal eine Liebesbeziehung gehabt haben. Und sie werden vermutlich auch schon einmal Single gewesen sein. Single ist ein merkwürdiges Wort. Die Bezeichnung »alleine sein« allerdings auch. Man ist ja nicht zwangsläufig allein, nur weil man Single ist.

Beide Seiten der Medaille kenne ich und beiden Seiten kann ich gleich viel Positives wie Negatives abgewinnen. Geborgenheit UND Freiheit. Nur die wenigsten kriegen das innerhalb einer Beziehung gleichzeitig hin.

Generell kenne ich persönlich nur sehr wenige »gute« Paare, wenn man das so sagen kann. Gute Paare sind für mich Pärchen, bei denen jeder noch wirklich er selbst ist, sein Ding macht, bei denen es gemeinsame und eigene Ziele im Leben gibt.

Aber jeder ist eben da, wo er ist.

Bei manchen Paaren fragt man sich, warum die noch zusammen sind, und bei manchen Paaren weiß man, warum die noch zusammen sind.

Nun passen ja Mann und Frau angeblich sowieso nicht zusammen und bieten in ihrem Sein unzählige Vorlagen für Geschichten und Gags. Auch das Horoskop will uns oft erklären, wer denn nun genau zu wem passt. Dabei zeigen Statistiken, dass gerade die Beziehungen lange halten, in denen zwei Menschen einander finden, die aus einem ähnlichen sozialen Gefüge stammen und eine ähnliche Bildung haben. Das scheint mir auch stimmiger zu sein als Küchenastrologie.

Ich wäre schon manchmal gern in meinem Leben ein Mann gewesen, gerade, was das Thema Beziehungen anbelangt. Nicht nur, dass ich dann von meiner Partnerin unter anderem in beruflichen Belangen vielleicht mehr Unterstützung erfahren hätte, nein, auch von der Gesellschaft.

Denn machen wir uns nix vor, auch im Jahre 2019 ist es doch immer noch so: Wer backt den Kuchen für die Kita? Die Frau. Von wem wird noch immer eher erwartet, sich in den ersten Jahren ums Kind zu kümmern und dafür beruflich zurückzustecken? Von der Frau! Wer soll am Wochenende lieber mal zu Hause bei der Familie sein? Die Frau.

Ob ein Chirurg im Krankenhaus auch so oft gefragt wird, warum er am Wochenende arbeiten muss, wie ich das gefragt werde – von Männern und Frauen? Aber da tragen wir Unterhaltungskünstlerinnen eben noch immer ein schweres Kreuz. Ich glaube aber an die Zukunft!

Neulich hat eine Freundin zu mir gesagt:

»Weißt du, Mirja, du brauchst gar keinen Mann. Du bist der Mann!«

Klar, die Zeiten haben sich geändert, heute braucht frau keinen Versorger mehr. Wir verdienen unser eigenes Geld. Leider aber noch immer weniger als der Mann. Frauen sind heute selbstständig und emanzipiert. Und doch kämpfen sie noch immer für Gleichberechtigung. Doch wenn ich sehe, was sich zwischen der Generation meiner Mutter und meiner getan hat, freue ich mich, anstatt nur das Negative zu sehen. Es ist nicht wenig!

Aber wer spielt welche Rolle in einer Beziehung? Wenn man zusammenlebt?

Der Mann ist nicht unbedingt mehr allein der klassische Versorger in einer Beziehung. Der Krieger, der mit dem erlegten

Tier über der Schulter nach Hause kommt. Obwohl, manchmal sehen wir sie noch. Diese aussterbende Spezies. Sonntagmorgens in der Früh im Stadtbild. Die müden Krieger. Wie sie von der Bäckerei nach Hause gehen. Mit kleinen Äuglein und gebücktem Gang. Müde und erschöpft. Weil sie uns ein Croissant geschossen haben.

Doch genauso wenig wie nur noch der Mann jagen geht, macht ausschließlich die Frau die Höhle schön. Die Klischees verwischen sich. Wovon eines aber für immer bestehen bleiben wird: Dass die Herren der Schöpfung definitiv weniger Buchstaben verbrauchen als die Frauen. Auch in hundert Jahren wird das noch so sein. Emanzipation hin oder her. Vermutlich ist es wirklich so, dass die Jungs auf der Jagd einfach die Klappe halten mussten, sonst hätten sie das Mammut verjagt. Kurze, knappe Sätze, konzentrierte Informationen. Die Drei-Wort-Regel wie beispielsweise: »Mammut dort vorne!«

Die Frauen waren damals in der Höhle, und nachdem sie die hübsch gemacht und Kind und Kegel versorgt hatten, blieb immer noch genug Zeit zum Plausch. Das ist bis heute so. Die meisten Frauen reden und reden und reden.

Und ich finde: Oft unüberlegt und vor allem viel zu viel.

Ich kann auch viel reden, keine Frage, vor allem beruflich, aber ich brauche auch meine Auszeiten, in denen ich gerne wie ein müder Krieger schweige.

Das ist meiner Ansicht nach ein erster wichtiger Punkt beim Thema Beziehung. Und in dieser Hinsicht kann man sich vom Mann gut was abschauen: einfach ab und zu mal schweigen können. Noch besser ist: gemeinsam schweigen können. Das kann ich mit meinen Freundinnen und Freunden. Das kann ich in einer Partnerschaft. Aber es wurde mal von einer

Bekannten – nein, keiner engen Freundin, denn die quatschen nicht nonstop, sonst wären es gar nicht meine Freundinnen – völlig entsetzt angeprangert.

Wir befanden uns auf einer Autofahrt zu einer Wanderung, die wir zu viert, also zwei Paare, unternehmen wollten. Wir saßen vorne. Das andere Paar hinten.

Sie von hinten: »Habt ihr euch gestritten?«

Ich von vorne: »Nein. Wie kommst du denn darauf?«

»Weil ihr nicht miteinander redet!«

»Also, erstmal fahren wir ja erst seit fünf Minuten mit dem Auto. Und außerdem schweigen wir gerne miteinander. Das ist eigentlich ein gutes Zeichen.«

Sie verstand überhaupt nicht, was ich meinte. Auf der Wanderung ging ich dann die meiste Zeit mit den Jungs. Denn ich genieße lieber mit wenigen Worten die Wanderung, als mit vielen Worten die schöne Landschaft zu verpassen. Allerdings hatte sie, ganz Frau, den größten Proviantrucksack dabei, den ich jemals gesehen habe. Das war beeindruckend: Würstchen, Tomaten, Brot und Cracker, Süßes, Kekse, Getränke. Sogar eine ganze Klopapierrolle. Ich käme im Traum nicht drauf, das alles mitzunehmen zu einer Wanderung. Da bin ich schon ein bisschen Mann. Nur das Nötigste. Generell eher schmales Gepäck.

Aber das mit der Klopapierrolle, das inspirierte mich. Ich weiß noch genau, wie ich auf dem Handy gegoogelt habe: »Knebel aus Klopapier basteln«.

Das Schweigen. Das finde ich sehr wichtig. Das Sich-blind-Verstehen, obwohl ja in jedem dritten Beziehungsratgeber steht, es wäre eine Illusion, dass Mann und Frau sich blind verstehen, da sie doch nun mal so unterschiedlich ticken.

Denn: Gedankenlesen können sie nun mal nicht. Die Jungs. Sonst könnte man ihnen ja auch keinen Orgasmus vorspielen. Das merken sie ja nicht. Liegt aber auch vielleicht daran, dass kein Kerl auf die Idee käme, das selbst zu tun. Aber das geht ja auch gar nicht so gut. Hihi!

Es ist eben bei uns Damen alles etwas vielschichtiger. Da haben und machen es sich die Jungs doch einfacher. Im wahrsten Sinne des Wortes. Auch da.

Mit weitgehend großem Selbstbewusstsein denkt eigentlich so gut wie jeder Mann, er wäre eine Granate im Bett. Und er meint, er wüsste über sich und seinen Körper Bescheid. Weil es viel einfacher ist. Habt ihr schon mal nen Typen gesehen, der beim Sex den Bauch einzieht oder sich anscheinend während des Aktes da wirklich noch einen Kopf drum macht? Frauen können das. Während der Kerl vielleicht noch seine Wampe im Weg hat, dann aber einen Gag bringt und sagt: »Ja, war teuer« oder »alles Samenstränge«, ist es der Frau peinlich. Sagt doch keine Frau: »Guck mal, ich hab Rieseneierstöcke. Kann ich drauf laufen!«

Nein, wir Frauen schaffen es sogar, uns wegen dieses Themas beim Sex zu verkrampfen. Und vor allem davor: Wir machen und tun, optimieren uns, wollen, dass es eine unvergessliche Nacht wird, pressen uns fürs Date in figurformende Unterwäsche, rennen beim Ankommen zu Hause erstmal ins Bad. Ja, Jungs, wenn ihr schon immer mal wissen wolltet, was wir da eigentlich machen, wenn wir sagen: »Du, ich mach mich nur kurz frisch!« – wir schichten um. Denn wir wollen ja nicht, dass euch, nachdem ihr versucht habt, uns dieses Gummiganzkörperkondom auszuziehen, ein Auge fehlt. Ich hatte mal zwei dieser figurformenden Teile übereinander an. Ich sah aus wie

Flip aus Biene Maja. Ja, ich konnte hüpfen. Bekam allerdings auch keine Luft mehr.

Ich habe eine Freundin, die, wenn sich was Neues mit jemandem anbahnt, die ersten vier Dates so alte Omma-Schlüpper anzieht, und die genau eben NICHT wechselt, wenn sie sich frisch macht. Sie lässt die schön an. Damit auch ja nichts läuft. Denn zu früh im Dating-Prozess Sex zu haben ist ja oft gar nicht so gut. Da haben die spießigen Amerikaner mit ihrer Drei-Dates-Regel schon auch ein Stück weit recht.

Ich kann mir übrigens beim besten Willen nicht vorstellen, dass ein Kerl zu den ersten drei Dates einen hübschen String mit Suspensorium anzieht, damit auch ja nichts läuft. Da käme der im Traum nicht drauf.

Und apropos frisch machen, das müssten wir gar nicht, weil wir eh immer mega gut einbalsamiert sind im Vorfeld. Wohingegen ein Kerl, wenn er einen leichten Schweißgeruch bei sich feststellt, doch eher ganz stolz zu sich selber sagt:

»Och, das geht schon noch. Außerdem ist das sexy. Das riecht nach Arbeit!«

Mittlerweile, da ich älter werde, stelle ich fest, dass ich einfach keine Lust mehr habe, darauf zu achten, ob das Höschen immer zum BH passt. Machen die Jungs auch nicht. Ach, Mist, die haben ja gar keinen BH.

Wobei manche einen bräuchten.

Das mit dem Sex verändert sich doch sowieso nach ein paar Jahren. Nach den aufregenden Anfängen. In jeder Beziehung ist das so.

Denn nach der Verliebtheitsphase kommt die Gewohnheitsphase, dann (hoffentlich) die Wiederentdeckungsphase und dann – wenn man gemeinsam alt werden möchte – die Älterwerdenphase.

Aber wie macht man es denn nun richtig? Als Mann und als Frau? Tausende von Beziehungsratgebern stapeln sich in den Buchhandlungen. Im Internet gibt es Blogs und Coaches en masse. Tipps und Tricks. Eine der absurdesten Sachen, die ich mal gelesen habe, waren Vorlagen, welche Guten-Morgen-SMS ich ihm als Frau schicken soll, damit er schön bei der Stange bleibt. Das stand da so. Bei der Stange bleiben. Das habe ich mir nicht ausgedacht. Hier ein kleiner Auszug:

»Guten Morgen, Baby, ich hoffe dein Tag ist genauso schön wie du!«

»Guten Morgen, heißer Mann! Ich wollte dich nur kurz vorwarnen: Wenn du heute Abend nach Hause kommst, werde ich nackt im Bett auf dich warten.«

»Weißt du, wen ich hasse? Den Erfinder des Weckers. Weißt du, wen ich liebe? Dich!«

»Ich hätte es nie für möglich gehalten, aber ich habe heute Nacht sogar dein Schnarchen vermisst. Jetzt steht es fest: Ich mag einfach alles an dir!«

»Guten Morgen! Sag Bescheid, wenn du jemanden suchst, mit dem du Mist bauen kannst. Ich hätte da schon ein paar Ideen, die sehr unartig sind!«

Jetzt mal ehrlich. Ich weiß nicht, wie es euch geht. Aber jeder Mann, den ich kenne, würde denken, ich hätte entweder über Nacht den Verstand verloren, bedrohlich hohes Fieber oder beim Zahnarzt nach dem Abdruck für die Beißschiene die Reste des Materials runtergeschluckt. Wie bescheuert ist das denn bitte? Das findet doch kein Kerl gut. Oder etwa doch?

Und das Schlimmste: Diesen sinn-, hirn- und herzfreien Bullshit hat eine Frau geschrieben! O Mann! Mädels, so wird das nix.

Hier sind meine Alternativvorschläge:

»Guten Morgen, Liebster! Ich versuche heute Abend pünktlich zu Hause zu sein, damit wir noch das Spiel gemeinsam sehen können. Ich bringe ein Sixpack mit und werde nicht sprechen.«

»Guten Morgen, Schatz. Ich habe heute die Kinder zu meinen Eltern gebracht. Ich werde dir auch einen Blasen- und Nierentee machen.«

»Guten Morgen, Liebster. Wie romantisch: Wir haben heute Nacht zweistimmig gepupst! Das ist wahre Liebe.«

Dabei liegen Liebe und Pups so nah beieinander. Glaubt man gar nicht. Ist aber so. Liebe ist wie ein Pups. Wenn du sie forcierst, wird sie möglicherweise Kacke. Wenn du sie zurückhältst, tut sie weh.

Ob mit oder ohne Pups, mir persönlich sollte man auf jeden Fall morgens besser gar nicht begegnen. Ich bin ein ausgemachter Morgenmuffel. Ich fühle mich morgens einfach vom Leben gestört. Mir sind Menschen suspekt, die morgens aufwachen, gute Laune haben oder noch schlimmer: ohne Punkt und Komma reden.

Wenn mir morgens ein Mann sagt: »Ich will, dass du mich liebst«, antworte ich: »Ich liebe morgens niemanden.« Ich habe morgens direkt nach dem Aufwachen mit Körperkontakt so meine Schwierigkeiten, und aus mir plumpsen dann Sätze wie: »Kannst du morgens nicht auf die Liebesbisse verzichten?«

»Wieso? Das dürfen die Milben doch auch!«

Es heißt ja auch immer, dass Rituale so wichtig seien im Beziehungsleben. Man muss nur eben gut aufpassen, dass sie nicht auch gleichzeitig der »Downer« sind. Es gibt Studien darüber, dass gerade das beliebte Löffelchen-Einschlafen der Killer sein kann, weil es gleich aufs Kuscheln hinausläuft. Aber in der 69er-Stellung einschlafen wäre ja auch irgendwie komisch, oder? Vor allem, wenn er Schweißfüße hat. Also doch lieber getrennte Schlafzimmer? Für viele DAS Geheimnis schlechthin. Ich habe das noch nie ausprobiert, aber finde die Idee eigentlich ganz spannend. Vielleicht erhält das die erotische Spannung länger? Bleibt es dann aufregender, wenn man sich nachts besuchen kommt? Ich glaub ja eher, ich würde mich so erschrecken, wenn der dann plötzlich nackt vor der Bettkante stünde, dass ich ihm mit der Nachttischlampe eins überziehen würde.

Der eine schnarcht, der andere nicht. Ich kenne ein Paar, da hat er so ein Gerät nachts wegen des Schnarchens, und sie sagt, das Gerät sei lauter als sein Schnarchen. Und ich kenne Paare, bei denen sie so doll schnarcht, dass er nur noch mit Ohropax schlafen kann. Gut, wenn dann der Einbrecher kommt, wird ER den nicht hören, dann muss SIE den erlegen. Zur Not einfach das Schnarchgerät nehmen und dem Verbrecher eins übern Kopp hauen.

Sind denn zwei Menschen überhaupt dazu gemacht, gemeinsam in einem Bett zu liegen? Ich bin mir da immer gar nicht so ganz sicher. Und die Wissenschaft stützt meine These. Der eine ist ruhig, der andere strampelt rum. Der Kampf um die Decke? Studien zeigen ganz klar auf, dass man alleine auf jeden Fall geruhsamer schläft.

Du liebst deinen Partner, aber der andere macht eben auch Sachen, die unsexy sind. Und ich finde da Männer nicht schlimmer als Frauen. Beide haben ihre Unliebsamkeiten. Sabbern tun sie beispielsweise beide. Und dann wacht man auf. Es ist nass. Es ist kalt. Und man macht die Sabberprobe. Ist es mein Sabber oder sein Sabber? Wenn ich dann so am Schlafen bin und so richtig doll müde bin, dreh ich mich nur um, wenn es nicht meiner ist. Zur Heuschnupfenzeit ist es bei mir richtig schlimm. Da kann ich in der Lache das Seepferdchen machen.

Und seit Neuestem ist noch ein Problem, das das Problem verstärkt, hinzugekommen: Ich habe jetzt eine Beißschiene. Viele Komiker können ja Prominente nachmachen. Ich kann jetzt Inge Meysel nachmachen. »Gude Nacht, Schatsch«.

Problematisch im Beziehungsalltag finde ich ja auch das Thema Klotür auflassen. Absoluter Killer. Es gibt Paare, da macht ER sein Käckerchen und SIE putzt sich nebendran die Zähne.

Ist mir ein Rätsel, wie die noch Sex haben können. Also Nähe und Distanz. Die Mischung macht's. Das scheint das Geheimnis zu sein.

Nach vielen Jahren in einer Beziehung erlebt man als Paar manchmal Dialoge, die einige Jahre zuvor noch einen völlig anderen Kontext dargestellt hätten.

Ich lag einmal sehr müde spät abends mit dem Herzensmann im Urlaub im Hotelzimmer auf dem Bett. Unschlüssig, ob wir nun doch noch die flirrende Touristenstadt entdecken und essen gehen oder einfach drin bleiben sollten, weil wir so abgekämpft waren vom Tag, sagte er laut gähnend: »Also, du musst dich jetzt entscheiden. Entweder ich hab in drei Minuten meine Sachen an oder in einer Minute meine Sachen aus.«

Wir mussten beide so lachen, begriffen wir doch sofort die Doppeldeutigkeit dieses wunderbaren Satzes. Aber so ist es eben. Nach Jahren ist es nicht mehr wie am Anfang. Und lieber so ein Dialog als der, den wir Frauen alle kennen und dessen

Ende wir fürchten. Und den JEDER Mann hasst: »Schatz? Woran denkst du?«

»An nichts.«

An nichts! Nichts denken. Ich hab mein Leben lang gedacht, die Jungs lügen. Und denken an eine andere Frau. Gerade in jüngeren Jahren. Aber nun scheint es wissenschaftlich erwiesen. Die können das wirklich! Neulich hab ich das mal probiert und habe einfach mal an nix gedacht, also so an wirklich gar nix.

Aber dann hab ich gemerkt, dass ich ja an nix denke, also hab ich doch an was gedacht. An nix eben!

Doch die Wissenschaftler sind sich sicher: Die haben bei den Jungs die Hirnströme gemessen. Da ist zwar ein Tunnel. Aber am Ende ist da kein Licht. Da ist nichts.

Allerdings sind wir Frauen ja keinen Deut besser. Unser »Ich denk an nichts« ist das »JA«. Wenn Frauen »JA« sagen, hat das mindestens 15 verschiedene Bedeutungen! Und es heißt immer, Frauen wüssten genau, was sie wollen. Ich sage: JA! Das stimmt. Wir wissen, was wir wollen. Bloß nicht, zu welchem Zeitpunkt.

Hauptsache, wir sagen, wenn wir mit einem Mann zusammenleben, niemals zu ihm: »Du musst!«. Das ist der Todessatz. Da schaltet er ab. Da hört er in seinem Ohr nur noch ein Rauschen. Das ist bei Männern schon in den Werkseinstellungen vorinstalliert. Da fährt das System von ganz alleine runter.

Ich sag es euch, Mädels. Weniger »müssen« müssen. Das ist die Lösung. Das haben die Hersteller des bekannten Prostata-Medikaments schon lange erkannt.

In den Werkseinstellungen des Mannes außerdem vorinstalliert und selten veränderbar durch Software: Sprechzeiten.

Meiner Erfahrung nach gibt es überhaupt keine Sprechzeiten beim Mann.

Es sind Sprechminuten.

Ich weiß, Mädels. Es ist hart. Zeit ist kostbar. Vor allem wenn sie so schnell verfliegt. Wenn man noch ganz am Anfang ist. Wenn der Mann noch voller Schmetterlinge im Bauch flötet: »Liebste, die Zeit ist so schnell mit dir vergangen. Das kam mir so kurz vor. Warum bist du nicht Zahnärztin geworden?«

Bei mir machen die Leute zwar auch den Mund auf. Aber nur zum Lachen.

Anfänge sind wunderschön, und wir wollen sie am liebsten festhalten. Aber Beziehung ist Arbeit. Keine Frage. Über die Unterschiede zwischen Mann und Frau sind schon viele Geschichten erzählt, viele Witze gemacht worden.

Fürs Zusammenleben oder den Sex gibt es sicherlich nicht das eine Geheimrezept. Aber neulich dachte ich, ich hätte vielleicht den Schlüssel zum Heiligen Gral entdeckt. Da kamen nämlich auf Deutschlandradio die Nachrichten in einfacher Sprache, so, wie sie es dort nennen. Da sagen sie dann sowas wie: »Das erklärte die Bundeskanzlerin Angela Merkel in einer Podiumsdiskussion. Angela Merkel ist die Bundeskanzlerin der Bundesrepublik Deutschland. Deutschland ist ein Teil von Europa. Europa ist ein Teil der Welt.«

Und da kam ich auf die Idee. Einfach mal öfter mit dem Mann in einfacher Sprache sprechen: »Das sage ich. Ich bin deine Frau. In unserer Küche. Unsere Küche ist ein Teil unserer Wohnung. Dort steht eine Spülmaschine. Die funktioniert sogar. Man muss sie nur einräumen.«

Ergibt das vielleicht Sinn? Probiert es mal aus!

Ich kenne Männer, die im Haushalt mithelfen, aber auch solche, die gar nichts tun. Was auch daran liegen mag, dass man sie aus dem Haushalt einfach weggemeckert hat. Wenn man nämlich zu viel meckert, dass ER alles falsch oder gar nichts macht, macht er irgendwann ja wirklich nichts mehr.

Es gibt allerdings auch das Exemplar des hinterherfeudelnden Mannes: Den Küchennerd. Der jedes kleine Tröpfchen gleich aufwischen und möglichst alles am besten unter Plastiktischdecken verbergen möchte. Hilfe! Ähnlich schlimm ist höchstens noch der Spülmaschinenumsortierer. Ich höre von sehr vielen Frauen, dass es da im Grunde nur zwei Sorten Männer gibt. Die, die Geschirr und Besteck oben drauf stellen und warten, bis der Spülmaschinenengel kommt und sich alles in Luft auflöst. Oder eben die Alles-Umsortierer: Wir Frauen haben schon alles eingeräumt, zur Not auch mit Gewalt. Der Tabs ist drin, und dann kommt er. Sortiert alles noch mal fein säuberlich um. Spielt Spülmaschinentetris. Sortiert teilweise sogar nach Farbe. Und auf die Frage »Warum machst du das?«, kommt die einfache Antwort:

»Dann dreht sich's besser!«

Aha. »Warst du drin?«

Neulich habe ich zufällig in einer Boutique einen Pärchendialog mitbekommen, bei dem ich wieder dachte: Die Erwartung der Frau trifft nicht immer die Worte des Mannes. Sie hatte ein enges gestreiftes Nichts anprobiert, es war so eine Art Strandkleid, bei dem man aber mehr vom Bikini sehen würde als vom Kleid selbst. Sie stand unschlüssig vor der Kabine, drehte sich hin und her und sah ihren Liebsten mit großen Augen an.

»Und? Was sagste?«

»Muss 'n bisschen heißer sein, um das tragen zu können.«

»Ich oder das Wetter?«

Zugegeben, er hatte ein bisschen genuschelt. Aber wir hören auch immer das, was wir hören wollen, stimmt's, Mädels? Das »t« im Wort »muss« fehlte. Aber sie schien es gehört zu haben. Grammatikalisch lag er doch komplett richtig. Und sie wurde trotzdem total sauer. Fing nach allen Regeln der Kunst an, sich mit ihm zu streiten. In der klassischen Frauen-Streitkultur-Reihenfolge: erst das Gegenteil behaupten. Dann alles abstreiten. Dann das Thema wechseln.

Ich flüchtete aus der Boutique und dachte nur: Alles, was er jetzt noch sagen kann oder wird, ist eh falsch. Für ihn *loose-loose*. Auch wenn er die Klappe hält.

Ich meine, sehen wir die Situation mit vertauschten Rollen vor uns? Er probiert eine viel zu knappe Minishorts an und sie sagt: Naja, im Urlaub am Strand geht die vielleicht ... Und er bricht sofort einen höllischen Streit vom Zaun, *wie, die geht vielleicht*? Er hat doch zwei Kilo abgenommen, weiß sie das nicht mehr, hat neulich extra nur ein Feierabendbier getrunken, und sie sagt doch immer, er soll sich netter anziehen, und jetzt versucht er es, und es ist wieder nicht recht, und warum sagt sie denn jetzt gar nichts, und warum guckt sie so komisch und überhaupt, nie sieht sie, dass er ...

Merkt ihr selber, ne? Ist nicht so realistisch, dass die Kerle das machen. Und irgendwie merkt man daran auch, wie überdreht diese Streiterei ist.

Aber letztlich lieben wir unsere Männer doch ja genauso, wie sie sind. Auch wenn wir manchmal denken: Den könnt ich an die Wand klatschen!

Daher kommt das nämlich mit dem Frosch. Aus dem Märchen. Weil wir insgeheim hoffen, dass doch noch ein Prinz draus wird. Das passiert aber nicht. Er ist genau der, den wir am Anfang gut fanden, Mädels. Und den wir genauso lassen sollten. Wir wollen doch nicht so enden wie die Japaner, oder? Mit einer Animation zu Hause als Partner? Einige gestresste Manager haben das jetzt. Da ist dann so eine junge Frau auf dem Bildschirm, die dem nette Sachen sagt, wenn der nach Hause kommt. Und die können jetzt sogar heiraten. Ernsthaft. Haben die dann eigentlich auch eine andere Steuerklasse?

Ich weiß nicht, ob ich die beste Ratgeberin in Sachen Beziehung bin. Aber ich bin auf jeden Fall jemand, der darüber viele lustige Anekdoten erzählen kann. Sicher gibt es einiges, was wir uns auch im Thema Beziehungen beim Mann abgucken können. Auch hier hilft: Weniger erwarten.

Weniger Vorwürfe wären auch eine Idee. Ich empfehle statt Vor-wurf Rück-zug. Wenn Frauen sich in Konfliktsituationen vielleicht öfter zurückziehen und auch mal ein paar Buchstaben sparen würden, was ich natürlich nicht gleichsetzen will mit totschweigen, wenn sie aber Angelegenheiten bisweilen aussitzen würden, so löste sich mit Sicherheit die Hälfte aller Probleme in Luft auf.

Es ist der Albtraum für jeden Mann: Das Beziehungsgespräch. Manchmal ist es schlicht besser, nicht alles zu zerreden. Es mal gut sein lassen. Entspannen. Den anderen sein lassen, so, wie er ist.

Im nächsten Leben Mann? Klar, ich fänd es schon auch mal cool zu wissen, wie das nun morgens genau ist.

Mit der Latte.

Macchiato.

Oder ich werde im nächsten Leben schlicht und ergreifend Pandabär. Endlich zu den Augenringen stehen. Und das

Allerbeste: Pandas können eine Schwangerschaft vortäuschen. Damit sie von den anderen Pandas mehr zu essen bekommen.

Ich denke, die Entscheidung ist klar.

Mirjas Beziehungstipps

- Sucht nicht nur Nähe in der Beziehung. Praktiziert auch Distanz. Die hält frisch!
- Ihr seid euch nicht sicher, ob er der Richtige ist? Zieht Ommas Schlüpper an: Wenn er sich davon nicht abschrecken lässt, stehen die Chancen gut!
- Schweigt ab und zu. Das kann Wunder wirken.
- Ansonsten: Nutzt die Sprechminuten!
- Oder probiert es mit einfacher Sprache!
- Tretet vorgefertigte SMS-Vorlagen in die Tonne – sowas braucht echt kein Mensch!
- Erinnert ihn stattdessen per SMS an die letzte lustige Situation, die ihr gemeinsam erlebt habt. Das zaubert euch beiden ein Lächeln ins Gesicht.
- Was auch immer Männer im Haushalt tun – lasst sie! Und wenn es Spülmaschinentetris ist!
- Meckert ihn nicht weg – ihr braucht ihn ja noch!
- Lobt ihn. Das mag er!
- Falls ihr euch streitet – holt tief Luft, zieht euch zurück und sortiert euch erstmal neu.
- Küsst euren Frosch! Denn Prinzen gibt es nur im Märchen.

Hobbys

Habt ihr ein Hobby? Und wenn ja, welches? Die Definition des Begriffs Hobby finde ich sehr interessant. Wikipedia sagt: Ein Hobby ist eine Freizeitbeschäftigung, die der Ausübende freiwillig und regelmäßig betreibt, die dem eigenen Vergnügen oder der Entspannung dient und zum eigenen Selbstbild beiträgt, also einen Teil seiner Identität darstellt. Das Wort »Hobby« ist vom englischen *hobby horse* abgeleitet, das mit »Steckenpferd« in beiden Bedeutungen – Kinderspielzeug und Freizeitbeschäftigung – übersetzt wird. Das hölzerne Steckenpferd trägt seinen Reiter nirgendwohin, weil es in den Händen gehalten wird, entsprechend erwirtschaftet das Hobby kein Einkommen und ist kein Beruf.

Ich verstehe. Aber was, wenn man sein Hobby zum Beruf gemacht hat? Oder eben einfach nur seiner Bestimmung folgt? Ich habe seit zwanzig Jahren weder ein richtiges Hobby noch einen richtigen Beruf. Aber was ist schon richtig!

Ich bewundere es, wenn mir meine Nachbarin Hella erzählt, wie sie jede Woche zum Pilates, zum Fitness oder in die Kletterhalle geht. Anerkennend stehe ich dann immer da und frage mich, warum das bei mir nicht so ist. Jetzt mal abgesehen davon, dass das ja alles Sport ist. Ich habe einfach keine Hobbys. Nicht ein einziges. Was vielleicht auch daran liegt, dass ich meinen Beruf nicht als Arbeit empfinde, von dem ich doch auch mal abschalten und in eine andere Welt eintauchen soll. Mein Beruf IST einfach mein Steckenpferd. Und obwohl ich selbiges in der Hand halte, verdiene ich damit meinen Lebensunterhalt. Mein ganzes Leben dreht sich um Comedy und

Unterhaltung. Passiert etwas Lustiges oder Interessantes, schreibe ich es gleich auf. Ich bin immer irgendwie *on*. Schaffe auf irgendeine Art etwas Kreatives. Ist man künstlerisch oder schöpferisch tätig, so kann man das nur bedingt an- und ausschalten.

Als ich früher mehr Zeit zur Verfügung hatte, habe ich gerne mal gebacken. Das Backen habe ich aber auch nicht als Hobby empfunden. Backen ist toll, da kann man gut bei entspannen und zunehmen. Es soll ja Leute geben, die alles Gebackene verschenken, aber das bringe ich dann irgendwie nicht übers Herz. Wenn ich mir vorstelle, ich hätte einen richtig geilen Käsekuchen gebacken und würde den dann weggeben?! Nee!

Das ist vergleichbar mit einem richtig hübschen und frisch geduschten nackten Kerl im Laken. Den gibt man doch auch nicht weg.

Ich habe auch mal versucht zu stricken, weil das eine meiner Freundinnen mit großer Passion macht. Die strickt und strickt und strickt. Sie ist allerdings nicht ganz so besessen, wie diese *Urban Knitters*, die in Großstädten alles umstricken, was nicht niet- und nagelfest ist. Da werden Zaun- und Laternenpfähle verschönert sowie Fahrräder oder Blumenkästen. Was im Übrigen sehr schön aussieht. Ich mag das. Meine Freundin Franka strickt richtig komplizierte Sachen. Aufwendige Norwegerpullis zum Beispiel. Ich habe auch schon einen bekommen. Ein echter Hingucker und schöner als jeder Selbstgekaufte. Vor einem halben Jahr motivierte sie mich: »Mirja. Versuch es doch mal mit Stricken. Das tut dir gut.«

Also habe ich angefangen, einen ganz einfachen Schal zu stricken. Ich schreibe bewusst: angefangen. Ich habe ungefähr die Hälfte geschafft. Er liegt jetzt am Fußende meiner Couch und wartet auf sein Ende. Im positiven Sinne. Nun steht aber die warme Jahreszeit vor der Tür. Ich denke, er bleibt da einfach liegen. Gegen kalte Füße ist er ja ganz gut. Und die habe ich das ganze Jahr über.

Malen wollte ich auch mal. Die nackten Keilrahmen inklusive des restlichen Equipments haben bereits drei Umzüge mitgemacht. Das Preisschild ist noch dran. In D-Mark.

Meine Freundinnen haben alle Hobbys. Und oft fühle ich mich komisch deswegen. Was stimmt mit mir nicht? Ich muss doch ein Hobby haben! Muss ich?

Haben Frauen eigentlich die gleichen Hobbys wie Männer? Gibt es Parallelen? Und wie gehen sie damit um? Wenn ich mir die Männer so anschaue, die ich kenne, muss ich sagen, ganz ohne Hobby, so wie ich, war eigentlich nur mein Opa. Mein Opa war ja Landwirt, hat – wie ich – sein Hobby zum Beruf gemacht. Er war immer draußen. Auf dem Feld, bei den Tieren oder im Wald. Wenn er chillte, dann saß er einfach nur da. Am liebsten, wenn es dunkel wurde. Opi saß am Fenster in seinem Sessel und machte sein »Dämmerstündchen«, wie er das nannte. Dämmerstündchen. Wie schön! Fotografen nennen diese Zeit des Tages ja auch die blaue Stunde.

Er saß einfach nur da, ließ den Tag Revue passieren und sagte nichts. Bestimmt eine Stunde lang.

Das ist das einzige Hobby, an das ich mich bei meinem Opa erinnern kann. Abends sah er noch etwas fern mit Omi zusammen, die strickte. Auch sie war vom Strickvirus infiziert. Sie strickte am liebsten Socken. Massen an Socken. Jeder dritte Nordhesse besitzt mit Sicherheit ein Paar Socken von meiner Oma!

Ich habe noch immer unzählige Paare von ihr. Einige gut geschont und nur selten getragen. So kann ich ihrer immer gedenken voller Stolz und Liebe.

Aber Opa. Er machte einfach nix. Nüschte. Niente. Beobachte ich heutige Rentner, sind die, was ihre Hobbys anbelangt, schon etwas breiter aufgestellt: Kreuzworträtsel, Sudoku, Spiele am iPad.

Bei meinen Eltern ist Mama die, die drinnen die Rätsel löst, während Papa draußen die Bienen rettet. Er baut Insektenhotels. Obwohl, »Hotels« ist noch untertrieben. Es sind eher ganze Hotelketten. Hochhäuser. Er ist der Donald Trump der Insektenhotels. Was das Hotelmogul-Sein anbelangt, nicht die Politik. Es sind mehrstöckige, groß angelegte Hochhäuser, in denen mittlerweile so viel los ist, dass an einigen Tagen in der Hochsaison die Katze meiner Eltern, *Smiezi*, an der Rezeption das Einchecken übernimmt und die »Zimmer« saubermacht. Denn jedes Insekt, was auszieht, bringt ja seinen Dreck wieder aus dem Zimmer raus. Der liegt dann vor der Tür und muss nur weggekehrt werden. Das macht Smiezi locker mit einer Tatze. Und immer wenn ich das sehe, denke ich: Eigentlich ein gutes Hotelsystem. Das sollten die menschlichen Gäste beim Verlassen ihrer Zimmer auch gleich mal selber machen. Wie praktisch das wäre!

Papa also ist Typ Freizeitbeschäftigung, »immer draußen«. Seine besten Kumpels heißen Aufsitzrasenmäher und Unimog. Er liebt seinen Unimog und hat sich damit einen großen Wunsch erfüllt. Ich finde das sehr süß.

Soll ja auch Männer geben, die sich beim Hobby eher für ein Motorrad entscheiden. Einen kenne ich, der kauft sich nach jeder

Trennung ein Motorrad. Er nennt sein Hobby »Krisenbewältigung«. Er hat aber jetzt eine zusätzliche Garage anmieten müssen. Es läuft halt mit den Zweirädern besser als mit den Zweibeinern.

Papa fährt mit dem Unimog gerne in den Wald und holt Holz. Bei diesen Tätigkeiten draußen kann er gut abschalten. Das ist sein Chillen! Er liest auch, hört Musik. Oder laminiert. Mein Vater liebt es, Dinge einzulaminieren. Ich weiß nicht, woher diese Leidenschaft kommt, finde das aber ganz putzig und vor allem bewundernswert praktisch.

Beispielsweise kauft er riesige Kisten mit Keksen und laminiert kleine Snack-Päckchen ein. Dadurch isst er dann nicht die ganze Kiste auf einmal, so wie ich das machen würde.

Er laminiert auch kleine Portionen Wurst, Käse oder Fleisch. Ich habe ein bisschen Angst, dass eines Tages aus Versehen auch die Katze mit einlaminiert wird. Hoffen wir das Beste für *Smiezi*.

Doch draußen sind sie wirklich alle gerne. Die Jungs.

Da können sie rumwuseln, und wenn sie erst einmal draußen sind, kommen sie auch so schnell nicht wieder rein. Ich habe einmal eine Situation mitbekommen, die ganz gut aufzeigt, wie sehr Männer da in ihrem Element sein können. Freunde von mir haben einen Riesengarten mit Hunderten wild gewachsener Pflanzen, Beeren, Obstbäumen und eigentlich allem, was das Gärtnerherz begehrt. Der Mann meiner Freundin ist gefühlt immer in diesem Garten. Es gibt nur wenige Ausnahmen: Hagel, Schnee oder Sturm. Selbst bei Dunkelheit habe ich ihn schon mit Grubenlampe dort buddeln sehen.

Nun war ich also zu Besuch, und es sollte der Zeitplan organisiert werden. Sie rief ihm also aus der Wohnung zu:

»Sag mal, wann willst du essen?«

Interessante Formulierung, dachte ich ganz still vor mich hin. *Du*, nicht *wir*. Er wiederum ließ sich erst einmal Zeit mit seiner Antwort. Nach einigen Minuten kam dann die offenbar wohlüberlegte Replik: »In drei Stunden?«

»Das ist viel zu lang hin.«

»Ich muss aber noch zum Gartencenter.«

»Dann fahr doch nach dem Essen zum Gartencenter.«

»In zwei Stunden?«

»Das ist viel zu lang hin. Wir essen JETZT!«

Ergo: Er macht sein Ding, sie will, dass es so läuft, wie sie es sich vorgestellt hat. Erwartet hat. Und sie versteht nicht, warum er sein Hobby über alles stellt. Sogar über das Essen!

Es ist aber ganz einfach. Er ist im Moment. Bei sich. Bei seinem Steckenpferd, welches er fest in beiden Händen hält. Im *Flow!*

Sie sagte zu mir: »Mirja, ich versteh das nicht. Immer ist ihm sein Garten wichtiger. Er verwächst mit dem Garten. Manchmal kann man ihn gar nicht mehr finden, weil er seinen Bäumen und Büschen immer ähnlicher wird. Neulich dachte ich, er hätte eine Vogelscheuche zur Abwehr dort aufgestellt, bis ich begriff, dass er es selbst ist. Es vergehen manchmal Tage und Wochen, in denen ich ihn gar nicht zu Gesicht bekomme. Heute Morgen habe ich mich total erschreckt, dass er jetzt Vollbart trägt. Denn das letzte Mal, als ich ihn gesehen hatte, da war er noch glatt rasiert! Verstehst du?«

»Ja, na klar verstehe ich dich, aber lass ihn doch machen! Es bedeutet doch nicht, dass er dich nicht liebt.«

Ich wollte ihr helfen, überlegte, was ich sagen sollte.

»Weißt du, im Grunde genommen gibt es nur zwei Möglichkeiten: Wenn du einen Partner mit interessanten Hobbys haben möchtest, dann solltest du dich damit abfinden, dass er auch in der Beziehung sehr viel Zeit in seine Interessen investiert und die nicht oder nur ganz wenig für dich zurückfährt. Wenn du aber einen 24/7 Partner haben willst, dann muss das jemand sein, der außerhalb der Arbeitszeit höchstens mal etwas Sport oder so macht und sich für kein Thema so richtig interessiert.«

Meine Freundin erwiderte nur knapp: »Nee, dann wäre der mir definitiv zu langweilig!«

Und genau da sind wir bei einem wichtigen Punkt. Der Mann soll spannend sein, er soll sein Ding machen, aber möglichst immer verfügbar sein. Zumindest, wenn WIR das wollen! Haha!

Ich weiß von jemandem, der Wein selbst keltert und manchmal so lange in seinem Weinkeller bleibt, bis der Wein fertig ist. Selbstverständlich hat er viel von den Jahrgangsweinen probiert. Und sich generell da unten gemütlich eingerichtet.

Manche Männer haben ja in ihren Höhlen – da sind wir wieder bei meiner Evolutionstheorie – halbe Schrankwände aufgebaut, ganze Heimkinos mit neuesten Dolby-Surround-Anlagen, Getränke- und Essenvorräten eingerichtet, damit sie bis an ihr Lebensende dort unten bleiben könnten. Manche würden das sicher gerne wirklich tun und haben bereits schriftliche Pläne angefertigt, wie sie sich einen Tunnel graben könnten, um über den Keller zu entfliehen.

Vor der Terror machenden Frau.

Und wenn sich auch manche Frau wünscht, er solle da unten versauern, so sehnt sie ihn doch nach einigen Stunden wieder zurück. Zumindest zum Spülmaschineausräumen.

Es kann natürlich auch sein, dass uns sein Hobby so richtig schön auf die Nerven geht. Zum Beispiel beim Thema Fußball. Das höre ich so oft von anderen Frauen. Und damit meine ich nicht das Bolzen mit seinen Kumpels auf der Wiese, sondern das Fußballgucken. Ich kenne viele Frauen, die darunter leiden, vor allem, wenn ihre Männer fanatische Fußballfans sind. Sportschau ist dabei noch harmlos. Aber auch da. Wenn er die guckt. Guckt er die. Mit ihm währenddessen reden? Keine Chance. Keine Reaktion. Auch nicht in lustig. Wenn er schreit: »Los mach ihn rein«, und sie schreit: »Machst du doch auch nicht, wenn ich es sage!«

Keine Reaktion.

In geilsten Dessous neben den Fernseher stellen? Sieht er nicht.

Höchstens noch heiße Pizza und kaltes Bier ins Blickfeld platzieren. Das nimmt er zwar auch nur unbewusst wahr. Greift wie automatisiert danach, ohne seinen Blick von der Mattscheibe zu wenden. Aber immerhin.

Zu Auswärtsspielen fahren. Auch hart. Was da für Kohle draufgeht. Und die Wochenenden sind im Eimer. Richtig krass hat es mal eine Freundin von mir getroffen, die sich so auf die gemeinsame Hochzeitsreise nach Südfrankreich freute und total aus dem Häuschen war, aber dann kam vor Ort der Supergau: *Seine* Mannschaft war zu genau der gleichen Zeit dort im Trainingslager. Was für ein Zufall! Also stand er den ganzen Tag am Zaun und lag nicht neben ihr an der Côte Azur. Sie brannte anschließend mit Pierre, dem Barkeeper, durch.

Männer sind, was ihre Hobbys anbelangt, oft auch einfach extremer. Wenn sie etwas tun, dann voller Passion.

Sei es der Mann, der bis nach Venedig fährt, um seine Ella auf dem Markusplatz zu treffen. Ella ist seine Liebste. Höchstprämierte Brieftaube.

Oder der Extrem-Angler, der so lang angelt, bis ER den dicksten Hecht erwischt und den Angelwettbewerb gewonnen hat. Im Grunde geht es bei den Jungs beim Thema Hobby immer entweder um Wettbewerb, also wer ist stärker, wer schafft mehr, wer kann gewinnen, oder um Rückzug.

Nicht nur, um Ruhe zu haben, sondern leider ja auch oft, um gemeinsamen Aufgaben häuslicher Art oder gar Konflikten aus dem Weg zu gehen. Männer neigen nicht wie Frauen dazu, ihr Hobby als Luxus zu betrachten.

Frauen fehlt es da meiner Meinung nach wirklich an der entsprechenden stoischen Haltung.

Sie widmen sich erst dann ihrem Hobby, wenn sie meinen, dass sämtliche ihrer Pflichten erledigt sind und auch keines der Familienmitglieder zu kurz gekommen ist. Es liegt auf der Hand, dass Frauen deshalb vergleichsweise wenig Zeit für ihr Hobby haben. Sie nehmen sich dafür einfach weniger Zeit.

In Extremfällen müssen sie sich geradezu ein, zwei Stunden in der Woche für ihr Hobby freischaufeln. Und das kriegen die Jungs einfach besser hin. Wenn die abends von der Arbeit kommen, dann fühlen sie sich automatisch berechtigt, sich ihrem Hobby zuzuwenden. Man(n) braucht schließlich einen Ausgleich zum anstrengenden Berufsalltag! Also wird ferngesehen, läuft die Playstation heiß, oder es wird gebastelt und geschraubt. Sport steht auch ganz oben auf der Liste. Alleine oder in der Gemeinschaft!

Jungs gehen slacklinen, wandern, angeln. Außerdem sind sie – auf dem Land häufiger als in der Stadt – gern in einem

Verein. Wer was auf sich hält, ist von Buxtehude bis Bayrisch Zell in der Freiwilligen Feuerwehr.

Gemeinschaft und Gruppe, natürlich mit einer kleinen Prise Feieraspekt, werden großgeschrieben. Bei mir unten im Hof gibt es zwei Jungs, die gerne an ihren Autos rumschrauben, aber noch lieber grillen. Und als ich sie mal Ostern da unten Fleisch brutzeln sah, dachte ich, haben die ihren Freundinnen zu Hause erzählt, dass sie grillen oder Ölwechsel machen?

Und will der Mann heutzutage seinem Solohobby frönen, bedeutet das, alleine joggen zu gehen, zu schwimmen oder vor Sonnenaufgang aufzustehen und zu fotografieren.

Außerdem gibt es natürlich noch den von vielen Frauen gefürchteten HOBBYKELLER! Jeder halbwegs klar denkende Mensch weiß: Genau dort will er doch einfach nur seine Ruhe haben. Und dieses strikte Durchziehen, dieses »einfach Machen« des Mannes, wie ich es ja gern nenne, wird den Frauen dann oft zu viel. Für eine gewisse Weile wird es toleriert, doch dann kommt es zum Eklat. Denn wer sich ständig vernachlässigt fühlt, der fühlt sich irgendwann nicht mehr geachtet und geliebt. Dann hat das Hobby eine Krise ausgelöst. Und das soll das Steckenpferd büßen!

Psychologen raten ja, man solle Absprachen treffen oder ein gemeinsames Hobby pflegen! Gemeinsam? Genau DAS wollte der Mann doch umgehen! Haha!

Aber wie wäre es denn vielleicht erstmal, wenn wir es den Männern gleichtäten? Viele Frauen fragen und beschweren sich, was er alles macht, aber was machen WIR? DA ist der Lerneffekt – darum will ich Mann sein! Da können wir uns doch eine Menge abschauen. Wir könnten uns doch genauso unseren

Hobbys widmen und mal nicht alles dem Familiengefüge unterordnen! Ob dann alles den Bach runterginge? Haus, Heim, Hof?

Ich glaub das ja nicht. Einen Versuch wäre es zumindest mal wert. Und wir haben ja abwechslungsreiche und meist in Gemeinschaft stattfindende Hobbys, die kreativer nicht sein könnten. Eine meiner Nachbarinnen geht beispielsweise in so überteuerte Blumenbind-Kurse, bei denen es am Ende für das horrende Geld eine billige Blumenvase gratis dazu gibt und der bunte, wild gebundene Strauß genauso aussieht, wie ihn auf dem Land jeder einfach so von seiner Dorf-Blumenwiese runterpflücken kann.

Viele Frauen gehen in Handarbeitsgruppen, besuchen Töpferkurse oder trommeln sich frei. Vielleicht sogar auf der vorher getöpferten Blumenvase.

Frauen basteln, mit oder ohne ihre Kinder. Sie treffen sich zu Tupperware- oder Sexspielzeug-Partys. Jede Frau, die an so einer Party-Runde schon einmal teilhaben durfte, weiß, dass dort in der Hauptsache Prosecco getrunken und getratscht wird. Das Fachsimpeln darüber, wie man mit Tupperwarezeug einfriert oder mit Sexspielzeug auftaut, ist eher Nebensache. Ich kann jeden Mann verstehen, der da gern mal Mäuschen spielen würde! Ihr verpasst was!

Frauen gehen auch sehr gern in den Literaturkreis. Oder zum Frauenstammtisch.

Allerdings wird man den Satz »Ich hab meinen Kumpels für heute Abend abgesagt« seltener hören als »Ich treffe mich jetzt doch nicht mit Pia.«

Denn: Wir Frauen sagen so etwas viel eher ab, um doch lieber Quality-Time mit dem Partner zu haben. Oder um uns um die Familie zu kümmern. Wir ordnen unsere privaten Vergnügungen und Hobbys immer allem unter. Jungs sagen höchstens ab wegen einer Männergrippe. Sie ziehen ihre Hobbys viel eher durch. Es hat was Selbstverständliches.

Einmal habe ich mit einem Comedy-Kollegen eine Show gespielt und werde nie vergessen, wie er total panisch nach seinem Auftritt direkt von der Bühne zu seinem Handy rannte und sagte: »Puh, das wird knapp, ich muss doch noch die Kühe füttern!«

Ich dachte: Ach, DER hat einen Bauernhof?

Krasse Technik mittlerweile, früher musste der Bauer noch selbst in den Stall gehen und die Tiere füttern, jetzt geht das schon alles automatisch mit dem Futter per WLAN und App.

Fast.

Das mit der App stimmte zwar. Aber es war ein Spiel! Auf dem Handy. Er bewirtschaftete eine Online-Farm. Verkaufte Land, pflügte und säte und fütterte eben auch seine Tiere! Sowas gibt es mit Bauernhöfen, aber auch mit Städten, die man bauen kann und vielem mehr. Interessant war für mich vor allem dabei, zu beobachten, wie existenziell das für ihn war. Als ginge es um Leben und Tod!

Letztens traf ich ihn nach langer Zeit wieder und habe ihn das erste Mal weinen sehen, das war echt krass. Ich durfte einen besonderen und intimen Moment mit ihm teilen. Die Geburt seines ersten ... Kälbchens.

Können wir uns eine solche Hingabe an die eigene Freizeitbeschäftigung eigentlich auch bei einer Frau vorstellen? Würde eine Frau weinen wegen eines digitalen Kälbchens? Wohl eher nicht.

Aber vielleicht sollten wir uns für die entsprechende Frau nur ein anderes Hobby ausdenken: Tangotanzen, Kleidernähen oder Tauchen. Wenn sie die Zeit hätte – oder sich die Zeit nähme, liebe Mädels – dann wären eine Milonga bis nachts um zwei, ein Kleiderrausch an der Nähmaschine oder ein Wochenende mit dem Tauchkurs durchaus gut denkbar.

Auch deshalb: Egal, ob es die Online-Farm, der Hobbykeller, der Garten, das Motorrad oder der Stammtisch mit den Kumpels ist, wir sollten den Männern ihre Freizeitbeschäftigung lassen! Es bedeutet nicht, dass sie uns nicht lieben. Oder sich um nichts kümmern. Sie machen das einfach nur voll und ganz. Und genau das ist es, was wir uns von ihnen abgucken können: diese Hingabe, dieses Im-Moment-Sein.

Wir rennen in zig Yoga- und Pilates-Kurse, um uns dann da hinzuatmen, wo Jungs einfach auch hinkommen, wenn sie einem Eisenbahnwaggon beim Kreisen zuschauen.

Das Kräftemessen, was bei Jungs auch oft im Vordergrund steht, beim Angeln, wer hat den größeren Hecht, wer das tollere Motorrad, das finde ich jetzt nicht so inspirierend. Den generellen Wettbewerbsgedanken. Das brauche ich nicht.

Aber das Stoische. Das Abschaltenkönnen. Das würde ich auch gern besser können.

Deshalb: Die beste Medizin ist sicher, darüber zu reden, wenn es in der Partnerschaft bei Thema Hobby Differenzen gibt.

Anzusprechen, wenn zu viel Zeit dafür draufgeht und anderes in der Familie dafür untergeht. Dann ist es schon gut, das zu klären, vielleicht dann doch auch gemeinsame Hobbys zu finden.

Solange es nicht der sonntägliche Tchibo-Schaufensterbummel in Partner-TCM-Jacke ist!

Und auch gemeinsam eine Serie zu gucken ist kein gemeinsames Hobby. Zumal sowieso während der Staffel irgendwann immer einer von beiden mogelt und heimlich schon Folgen vorguckt. Ich meine eher sowas wie gemeinsames Radfahren, Wandern und Co. Das schwitzt, äh, schweißt zusammen.

Als ich dem Mann von meinem befreundeten Paar im Garten zugeschaut habe, war ich fast ein bisschen neidisch. Weil ich sah, wie er in seinem Hobby aufging. Alles um sich herum vergaß. Er ordnete ihm sogar das Essen unter.

DAS könnte mir nie passieren, dachte ich.

Wenn ich also im nächsten Leben Mann wäre, welches Hobby hätte ich wohl? Ich denke, es wäre ebenfalls der Garten. Ich würde pflanzen, werkeln, graben, Insektenhotels bauen und an der frischen Luft sein. Da wäre sogar ein bisschen Sport inklusive! Und wenn es dämmrig werden würde, säße ich auf der Bank im Garten und würde dort so vor mich hinsitzen. Wie damals mein Opa einfach nur chillaxen. Und an nichts denken. Bei Einbruch der Dunkelheit würde ich dann kochen. Denn das ist das am meisten gewünschte Hobby von Frauen bei Männern. Sagt zumindest elitepartner.de.

Auf Platz eins der meist gewünschten Hobbys von Männern bei den Frauen ist übrigens Fitness.

Und deswegen bin ich genau richtig.

Im nächsten Leben. Als Mann.

Mirjas Hobbytipps

- Sucht euch ein Hobby – ihr müsst auf keinen Fall so hobbylos sein wie ich!
- Am besten so eine richtig zeitintensive Freizeitbeschäftigung wie Segelfliegen, Vögel beobachten, Schildkrötenzucht oder Turniertanz!
- Und dann bleibt dabei, lasst nicht locker, bevor ihr nicht den ersten Segelflug absolviert, den Großen Brachvogel gesichtet, den Zuchterfolg bei den Schildkröten errungen oder das goldene Tanzabzeichen bekommen habt!
- Denn spätestens jetzt wird euer Liebster sich öfter gemeinsame Abende oder Unternehmungen mit euch wünschen.
- Denn ihr seid ja immer unterwegs, in der Luft, an der Vogelstation, bei den Schildkröten oder auf dem Parkett.
- Und so spannend ist sein Hobbykeller dann auch wieder nicht.
- Fußball läuft ja nicht jeden Tag im Fernsehen.
- Dafür läuft bald wieder mehr zu zweit? Wetten?

Öffentlichkeit

Heute habe ich gelacht. Und geweint. War wütend. Und fassungslos. Und das alles innerhalb von nur zwei Minuten. Wegen eines Mannes.

Aber nicht aus Liebe. Sondern im Straßenverkehr. Ich fuhr in meinem Stadtteil in Köln mit meinem alten, klapprigen Damenrad entgegen der Einbahnstraße zum Einkaufen. Das darf man. Das steht so auf dem Verkehrsschild. Die Straße hat alle paar Meter so kleine Hubbel, damit die Autos langsam fahren.

Da kam mir ein sehr großer, schwerer schwarzer SUV entgegen, der nicht nur viel zu schnell fuhr, nein auch noch viel zu weit links, so dass ich rechts, ihm entgegenkommend, keinen Platz mehr hatte. Auf den Gehweg ausweichen konnte ich nicht, denn da ging eine Mutter mit Kinderwagen. Der SUV wich keinen Millimeter zur Seite, sodass wir beide voreinander zum Stehen kamen. Showdown! Er, Typ Macho mit Goldkettchen und Frauchen an der Seite, rief sehr laut und unfreundlich: »Ey, Alte, was machst du?«

Diese Anrede ging natürlich schon mal gar nicht.

Warum duzt der mich, dachte ich.

»Ich darf hier fahren.«

»Darfst du nicht!«

»Doch, Fahrräder dürfen entgegen der Fahrtrichtung fahren. Und Sie sind kein Stück zur Seite!«

Selbstverständlich blieb ich beim höflichen »Sie«, auch in Stresssituationen verlässt mich meine gute Erziehung nie.

»Warum sollte ich?«, blaffte er und fuhr fort: »Wer ist stärker von uns beiden? Ich und mein Auto oder du und dein Fahrrad? Bring dich gefälligst woanders um!«

Sprach's und fuhr davon. Ich hörte noch sein Frauchen im Wegfahren dümmlich lachen, dann war er mit aufjaulendem Motor davongebraust. Er hatte ihr mit der Geschwindigkeit und dem Spruch sicher zweifach imponieren wollen! Fassungslos sah ich ihm hinterher, konnte ich doch nicht glauben, was gerade geschehen war. Und welchen Dialog ich führen durfte.

»Bring dich gefälligst woanders um«, hallte es noch lange in mir nach. Gefolgt vom fast noch Schlimmeren: »Wer ist stärker von uns beiden?«

Ich war so richtig wütend. Vor allem, weil mir in solchen Situationen – mir als Bühnenprofi – die richtig coolen Sätze immer erst hinterher einfallen.

Es heißt »mein Auto und ich, der Esel nennt sich selbst zuerst«, hätte ich ihm am liebsten hinterhergeschrien. Aber das hätte er sowieso nicht verstanden. Ich hätte auch einfach nur einmal kräftig husten können. Er wäre bestimmt aus seinem SUV rausgefallen. Er war ein sehr kleiner Mann. In dem Riesenschlachtschiff sah er aus wie ein Zwerg.

Als ich mich ein bisschen beruhigt hatte, überlegte ich, ob ich jemals eine ähnliche Situation mit einer Frau erlebt habe.

Nein. Habe ich nicht. Hat das etwas zu bedeuten?

Wenn ich so generell an den Straßenverkehr denke, ja, okay ... oft können Frauen nicht einparken. Das kann ich auch nicht besonders gut.

Vor ein paar Tagen hab ich mir selber eine Riesenbeule ins Auto gefahren. Weil mein Parktalent nicht das größte ist. Aber die Umstände waren auch nicht die besten.

Zu Hause arbeitete meine Putzfrau, die mich alle 14 Tage unterstützt. Ich wollte ihr nicht im Weg sein, also nahm ich mir in dieser Zeit andere Besorgungen vor. Ich hatte noch so viel Altglas. Über meinen neu erworbenen Tiefgaragenstellplatz freute ich mich sehr. Hatte ich doch lang darauf warten müssen, so etwas ist in der Kölner City heiß begehrt. An Tag eins mit Tiefgaragenstellplatz stellte ich allerdings fest: Der war eng! Sehr eng. Beim Altglaswegbringen fiel mir dann ein, ich könnte ja noch einkaufen, also ab zum Supermarkt. Ich parkte allerdings auf der Straße und nicht auf dem Supermarktparkplatz und bekam gleich auch noch ein Knöllchen. Warum kommt der Politessenmann eigentlich immer genau dann? Das Wort Politessenmann hab ich übrigens erfunden. Ist es nämlich ein Mann, wäre ja die korrekte Bezeichnung Hilfspolizist oder Politeur. Bei Politeur denke ich aber eher an einen, der eine Eiche-Rustikal-Schrankwand wieder schön macht.

Beim Wort Politessenmann hingegen kann ich beide Geschlechter in einem Ausdruck benennen. Ich mag sowas!

Das ist meine Art Feminismus 2.0.

Nach meinem Einkauf inklusive Strafzettel fuhr ich also heim. In die ultraenge Tiefgarage. Nach gefühlten 84 Lenkradumdrehungen, ich war mittlerweile klitschnass geschwitzt, die Scheiben beschlagen, ich meine, auf dem Armaturenbrett Kresse wachsen gesehen zu haben, stand ich nun endlich auf meinem Platz.

Nur hatte ich leider den Betonpfeiler dabei etwas gestreift.

Wirklich doof, dass das Auto nur hinten piept. Vorne ist eine Kamera, auf der man den seitlichen Pfeiler leider nicht sah. Also jedenfalls habe ICH den nicht gesehen.

»Schrab-Schrab.«

Das war auf jeden Fall der teuerste Wohnungsputz, den ich mir jemals geleistet habe.

Davon mal abgesehen, machen sich Männer bei sowas eigentlich auch so verrückt? Beim Einparken, meine ich. Ich war jedenfalls danach derart panisch, dass ich an dem Abend sogar noch eine Einpark-Nachhilfestunde mit meiner Vermieterin in der Tiefgarage hatte. Sie winkte, rief, gestikulierte, wies ein, machte und tat, bis sie beinahe verzweifelte.

Irgendwann stand das Auto gut und ich war zufrieden. Nur leider auf zwei Parkplätzen gleichzeitig.

Meine Vermieterin sagte lakonisch: »Frau Regensburg, auf zwei Parkplätzen gleichzeitig zu stehen, hat nichts mit Multitasking zu tun!«

Wir mussten beide so lachen. Aber am Ende stand mein Auto genau da, wo es hin sollte.

Sie hatte es gut eingeparkt.

Aber ich kann jetzt ja nicht jedes Mal, wenn ich einparken will, meine Vermieterin holen, damit sie mir hilft! Eigentlich bin ich gar nicht schlecht im Einparken. Doch wenn einmal der Wurm drin ist, verlässt uns Frauen ja bekanntlich schnell der Mut. Ich konnte wirklich sekündlich merken, wie mich selbiger verließ und es immer weiter bergab ging. In dieser Hinsicht fehlt mir mit Sicherheit das Einfach-machen-Gen der Herren, da bräuchte ich es so dringend.

Jeder Kerl wäre da mühelos reingekommen, hätte sich einfach nicht so einen Kopp gemacht. Konzentriert auf die eine Aufgabe, hätte er wahrscheinlich mit wenigen Lenkbewegungen das Ziel erreicht. Doch ich ... ich war schlimmer als jedes Klischee.

Dafür bin ich immerhin keine Mittelspurfahrerin. Denn da muss ich leider sagen: Sorry, Frauen, aber auf der Mittelspur fahren meistens Frauen. Die, die Vor- und Zurückschiebfunktion des Fahrersitzes bis aufs Äußerste ausgereizt haben. Auf VOR. Und dann wundern sie sich, wenn die Scheibe beschlägt. Das kommt vom eigenen Atem, Ladys.

Frauen fahren ja generell etwas unsicherer. Wenn ich allerdings von einem sehr schnellen Auto von hinten angedrängelt und im schlimmsten Falle noch von rechts überholt werde, ist das in 99 Prozent der Fälle ein Mann. Manche fahren sogar noch Schlangenlinien über die Mittelspur und gefährden nicht nur sich, sondern auch alle anderen. Ich finde das furchtbar. Ich halte mich immer an den Sicherheitsabstand, den mir mein Auto sogar vorgibt und werde trotzdem bedrängt. Ich bin eine absolute Befürworterin eines Tempolimits auf Deutschlands Autobahnen. Ich fände das wirklich klasse. Seit ich einmal in Amerika Auto gefahren bin, habe ich daran Gefallen gefunden. Es würde so viele Probleme lösen.

Der defensive Fahrstil ist wirklich mal etwas, das wir uns von den Amerikanern abgucken können. Mich hat in Amerika mal, natürlich ein Mann, mit einem Mercedes Cabrio in einem solchen Affentempo rechts überholt, dass ich dachte: Nee, DER fährt jetzt nicht wie ein Amerikaner. Das Einzige, was er mit einem Amerikaner gemeinsam hatte, war die Sturmfrisur von Donald Trump. Ach, nee, doch noch was: dessen Dummheit.

Auf jeden Fall kann man gerade beim Autofahren jeden Tag sehr gut beobachten, wie sich Männer und Frauen in der Öffentlichkeit verhalten.

Aber zurück zu den Herren der Schöpfung. Unseren Alleskönnern. Unseren Selbstverständlichen! So archaisch, wie mein kleiner Mann mit großem SUV drauf war, verhalten sich Männer oft in der Öffentlichkeit.

Nicht nur mit ihrem Auto, sondern auch gern mal mit ihrem Körper.

Wie im öffentlichen Schwimmbad, wo ER sich am Beckenrand derart breitarmig fläzt, dass SIE kaum Chancen hat, sich abzustoßen während ihrer regelmäßigen Kraulbahnen. Sein ganzer Körper strahlt aus: »Das ist mein Becken. Das ist mein Schwimmbad. Das ist im Übrigen auch mein Wasser.«

Vielleicht pinkeln statistisch gesehen auch deshalb mehr Männer als Frauen ins Schwimmwasser. Um auch da ihr Revier zu markieren.

Wo ich das gelesen habe? Das habe ich leider vergessen.

Kleiner Scherz.

Manspreading eben. Nicht nur mit den Armen.

Man sieht es immer wieder. Neulich erst in der U-Bahn dachte ich wieder: Och. Muss ich das sehen? In seiner ganzen Pracht saß er da, breitbeiniger ging es fast gar nicht. Nicht nur, dass die Frau neben ihm so überhaupt gar keinen Platz mehr hatte und kaum noch atmen konnte, nein, ich konnte und musste mir auch das betrachten, was sich unter seiner viel zu engen Jeanshose abzeichnete.

Mir kam in den Sinn: Ah, jetzt weiß ich, was ich mir zum Abendbrot mache. Eier in Senfsoße!

Aber muss es denn sein, dass man sich dermaßen breit macht?

Auch hier hilft die Gegenprobe: Stellen wir uns beispielsweise Susanne vor, Mitte vierzig, weibliche Formen. Susanne hat eine große Oberweite, einen prächtigen, von einem dünnen Sommerkleid nur notdürftig bedeckten Busen. Würde Susanne während des Berufsverkehrs mit stolz geschwellter Brust und so breitbeinig und raumgreifend im voll besetzten Linienbus stehen, dass der bebrillte und schüchterne Gymnasiast gar nicht anders kann, als mit ihr in Körperkontakt zu kommen, wenn er an ihr vorbei will?

Na? Eben. Eher nicht.

Aber vielleicht wäre das ja mal ein gutes *Role Model* für jüngere Frauen. Mal im Ernst, was könnte uns Frauen helfen, unseren Platz im öffentlichen Raum mit größerer Selbstverständlichkeit einzunehmen? Klar kann ich über meine Körpersprache Kraft, Stärke und Angstfreiheit ausdrücken. Das lernt man ja auch in jedem Selbstverteidigungskurs. Und den zu besuchen, hilft bestimmt schon mal. Aber noch immer *tunen* sich Entscheider-Frauen, so will ich sie mal nennen, optisch eher runter, anstatt sich stärker, schöner und letztlich kraftvoller zu machen!

Sie versuchen sich ein bisschen dem Manne äußerlich anzugleichen. Sei es Angela Merkel aus der älteren Politikerinnen-Generation oder Manuela Schwesig aus der jüngeren. Sexy, Beine, Ausschnitt und Co. gehen da nur in sehr begrenztem Maße. Bei Angie fast undenkbar. Oder sind die Knöpfe auf Angies Blazern letztlich auch nur sowas wie Eier?

Darf Angie eigentlich auch mal ihre weichere Seite zeigen? Sicher nur bei einem und der wird dann hoffentlich nicht SAUER. Ein einziges Mal hab ich Angela Merkel ein bisschen weicher gesehen, bei der Vertragsunterzeichnung über die deutsch-französische Zusammenarbeit in Aachen, da hat ihr der Monsieur Macron so süß über den Rücken gestreichelt. Da hatte sogar ich zu Hause am Fernseher Gänsehaut.

Gut, er steht ja auch auf Ältere.

Aber sie, wie sie sich gefreut hat. Das war echt niedlich. Und wenn sie dann so lächelt, mit ihren Riesengrübchen. Dann sieht sie aus wie fünfzehn!

Als sie allerdings einmal Dekolleté gezeigt hat, ganz Frau, bei den Festspielen in Bayreuth, im Übrigen das einzige Mal, an das ich mich erinnern kann, da ging das Gebashe gleich los! Frau Merkel hat ja Busen! Dass einer ihrer männlichen Kollegen gleich so einen auf den Deckel kriegt, da muss schon viel passieren. Da muss schon einer wie Putin halbnackt auf dem Pferd durch die Taiga reiten, damit das eine Meldung wert ist. Aber Angela Merkel war einfach nur mal ganz normal ... eine Frau! Eine Frau, die sich schön anzieht, wenn sie ausgeht. *So what?*

Oder wenn ich mir die Coaching- und Speakerwelt anschaue. Da sind immer noch viele Männer unterwegs, die uns sektenartig »Tschakka« zurufen, wir sollen doch ja »Gedanken tanken«, und wenn wir nur etwas richtig wollen, dann kriegen wir das auch. Und sie schreien uns dabei so doll an, dass ich Angst kriege und denke, der hat die Grundausbildung fürs Coaching anscheinend bei der Bundeswehr gemacht.

Frauen sehe ich in dieser Coaching- und Speakerwelt seltener. Sie sind vor allem auch leiser, beispielsweise in den TED Talks. Erfolgsautorinnen wie Elisabeth Gilbert, die *Eat Pray Love* geschrieben hat, sprechen herzzerreißend, emotional und ohne laut zu sein, von Erfolgswegen, Zufriedenheit und Glück.

Mich berührt das viel mehr.

Muss es denn eigentlich auch im übertragenen Sinne immer so viel Manspreading sein? Männer machen sich breit. Frauen gehen zu oft noch höflich aus dem Weg.

Viele Feministinnen reden sich seit Jahren den Mund darüber fusselig, dass es doch auch anders gehen sollte. Und die werden dann auch noch, wie beispielsweise die Spiegel-Kolumnistin Margarete Stokowski, angegriffen, so nach dem Motto, sie müsse doch nur mal wieder richtig flachgelegt werden und überhaupt solle sie doch auch bitte mal zum Friseur. Wenn ich das lese, frage ich mich, wo ist eigentlich die Arbeit hin, die Feministinnen seit Jahrzehnten geleistet haben? Irgendwie ist das alles noch nicht rund.

Vielleicht aber auch, weil der wahre Feminismus gerade in Teilen zu einer Art Pop-Feminismus verkommt. Er ist zur Zeit einfach auch ein bisschen en vogue, gerade in der jüngeren Generation. Aber nicht alle wissen, wovon sie da überhaupt reden. Ihr müsst das auch leben, Mädels, und nicht nur T-Shirts tragen, auf denen steht *The Future is Female*. Denn wenn diese Shirts dann von einer Billig-Modekette stammen, und für einen Hungerlohn von jungen Mädchen in Bangladesch genäht wurden, hat das mit Feminismus nichts zu tun. Bei sowas kriege ich die Krise.

Vielleicht kriegen ja auch viele die Krise, wenn sie meine Thesen lesen, die ich in diesem Buch aufzeige, und die auch für das Thema Öffentlichkeit gilt: An einigem sind wir Frauen noch immer selbst schuld. Solange es zum Beispiel auf Instagram und YouTube solche Influencerinnen gibt, wie es sie gibt, bleibt echt noch viel zu tun. Da gibt es so viele Frauen, die Millionen Follower haben, weil sie ihr Make-up, ihre Wohnungen oder nur ihren Körper herzeigen und nonstop darüber und NUR darüber reden. Und das wird angeschaut. Von Männern und von Frauen. Nur mal so zum Vergleich: Greenpeace Deutschland hat auf Instagram 151.000 Follower, das berühmteste deutsche Fitnessmodel jedoch 1,5 Millionen. Da packste dich an den Kopp, würde meine Oma sagen.

Als ich die fünfzehnjährige Tochter meiner Lieblingsnachbarin mal gefragt habe, was sie werden möchte, hat sie ernsthaft geantwortet: »YouTuberin!« Da habe ich fast geweint. Nicht nur, dass sie den ganzen Tag YouTube-Videos schaut, nein, jetzt liest sie sogar eine Biografie eines berühmten YouTubers, den ich natürlich gar nicht kannte. Der ist Anfang zwanzig und hat schon eine Biografie. Ich habe sie gefragt, was drin steht, und sie sagte, na, wie der Erfolg kam und dann die Drogenexzesse. Und der Absturz. Immerhin liest sie.

Dagegen ist *Germany's-Next-Topmodel*-Gucken ja fast noch harmlos. Was die Nachbartochter natürlich auch tut. Ich hab ja schon versucht einzugreifen. Erfolglos. Ich hab Witze für sie gemacht. Ihr gesagt, dass ich mich da angemeldet habe und die das jetzt umbenannt haben.

In *Germany's Next Topmoppel*.

Und dass Heidi zu mir gesagt hat: »Tut mir leid, Mirja, diese Woche habe ich leider keine Fototapete für dich!«

Ich habe ihr gesagt, dass Heidi in Wirklichkeit keine Frau ist. Sondern ein Avatar. Dass sie sich nur hautfarben schminkt. Unten drunter ist sie blau. Dass sie immer nur von Mädchen spricht und nicht von Frauen. Dass sie im Tokio Hotel schläft. Mit Kinderbetreuung.

Doch leider brachte ich die Nachbartochter nicht so richtig zum Lachen. Davon mal ganz abgesehen, ist es mir natürlich komplett egal, ob Heidi einen viel jüngeren Mann hat oder nicht. Aber in den Medien ist das noch immer ein Riesenthema, wenn eine Frau einen Jüngeren hat. Komisch eigentlich. Umgekehrt hört man das nie! Nach wie vor scheint es für einen älteren Mann völlig in Ordnung zu sein, eine sehr junge, hübsche Freundin zu haben. Er gilt als gesellschaftsfähig, wenn nicht gar als toller, erfolgreicher Hecht mit einer Frau an seiner Seite, die seine Tochter sein könnte. Das ist doch bescheuert.

Dornröschen hat das übrigens schon ganz früh kapiert. Die war da die Allererste. Ja, die hat hundert Jahre gepennt. Dann war sie doch in jedem Fall älter als der Prinz.

Sylvie Meis hatte ja vor kurzem auch einen sehr viel jüngeren Mann. Das stand gleich bei allen Regenbogenblättern auf der Titelseite. Es schien also eine sehr wichtige Nachricht gewesen zu sein! Viel fragwürdiger, als dass sie einen Jüngeren hat, finde ich ja: Warum zur Hölle hat sie sich so stark liften lassen? Es sieht beinahe aus wie eine leichte Gesichtslähmung. Bei ihr ist alles von unten nach oben hochgezogen. Sie hat schon fast einen Bart. Schlimm.

Es ist eben generell nicht gut, wenn eine äußerliche Veränderung zu stark ist. Ich muss da immer an diese TV-Sendung »Extrem schön« denken, die es mal gab. Da wurden Männer und Frauen einer Komplettsanierung unterzogen und waren kaum noch wiederzuerkennen nach Wochen der Operationen, Zahnimplantate und Umstylings. Und dann kam am Ende immer der Moment, in dem die Frau durch den Nebel ging, und auf der anderen Seite stand ihr Mann. Und der heulte. Wie ein Schlosshund heulte der. Aber nicht, weil sie jetzt so schön war, sondern weil er sich entweder dachte: »Die seh ich nie wieder!« Oder: »So, nun muss ich auch ran!«

Fernsehen ist schon irre. Auch, was die Werbung anbelangt. Welche weiblichen Rollenvorbilder sollen da junge Mädchen sehen? Womit werden sie in dieser wichtigen Lebensphase beeinflusst?

Zum Beispiel damit, dass es im Jahr 2019 Überraschungseier für Jungs UND Mädchen zu kaufen gibt. In den – Achtung, wie innovativ! – blauen Ü-Eiern befindet sich etwas zum Zusammenbauen und in den rosafarbenen eine Art Fee oder Barbie.

Schauen wir Fernsehwerbung, sehen wir nichts als Lügen. Ein weiteres Beispiel: Helene Fischer isst Butter. Als ich das das erste Mal gesehen habe, dachte ich, das wäre eine neue Folge der Comedy-Sendung *Switch*!

Oder nehmen wir Keira Kneightley, die Schauspielerin aus *Fluch der Karibik*, die für Chanel wirbt. Nicht nur, dass sie abgemagert ist, nein, sie hat auch noch ständig den Mund auf. Manche finden das erotisch. Ich glaube, sie hat einfach nur Hunger.

Man sieht im Übrigen in der Werbung nie eine etwas molligere Frau. Das eine Beispiel mit der Körperlotion-Kampagne, in der man kräftigere Frauen gezeigt hat, hat sich genauso wenig durchgesetzt, wie die Aktion der Brigitte, die mal eine Zeit lang mit »normalen« Models gearbeitet hat. Schade. Zum Glück gibt es die Zeitschrift Barbara. Von Barbara Schöneberger. Eine der wirklich wenigen normalen Frauen in der Öffentlichkeit.

Sie, die in den Medien sehr präsent ist, scheint sich keiner Schönheitsoperation unterzogen zu haben und hat auch nicht Kleidergröße 34. Aber selbst Barbara, die zur Topliga gehört, wird auf Instagram angefeindet, wenn sie mal Sport macht und ein paar Kilos verliert. Von FRAUEN. Da kann man die unglaublichsten Kommentare lesen von »Das sieht wirklich nicht mehr gut aus« bis zu »Jetzt sieht sie am Hals aus wie ein altes Huhn«. Und das sind noch nicht die schlimmsten Kommentare.

Und als die Schauspielerin Christine Neubauer anfing, so intensiv Sport zu treiben, dass sie zugegebenermaßen sehr viel Muskeln ansetzte, habe ich mal gelesen, wie jemand unter eines ihrer Fitnessfotos gepostet hat: »Viel zu dünn und total durchtrainierte Oberarme?! Das sieht aus, als hätte sie ein Glas Mini-Wini-Würstchen verschluckt!«

Ja. Das posten Frauen. Bei der Sängerin Ireen Sheer hat mal jemand auf Instagram kommentiert: »Die hat so riesige Nasenlöcher, da kannste einen Pkw unterstellen! Sieht aus wie ein Carport.«

Frauen können sehr böse sein. Die größte Kritikerin der Frau? Die Frau! Und wie Frau es auch macht, es scheint verkehrt. Operieren, nicht operieren, Sport, kein Sport. Ganz zu schweigen vom Älterwerden in der Öffentlichkeit.

Frauen, die im Fernsehen erfolgreiche Sendungen moderiert haben und jetzt älter werden, werden durch Jüngere ersetzt, obwohl sie mit ihren Sendungen Fernsehgeschichte geschrieben haben. Leider gibt es keine Erhebung darüber, ob mehr Redakteure oder Redakteurinnen für derlei Entscheidungen verantwortlich sind. Aber diese Entscheidungen gibt es. Immer wieder. Das ist so traurig. Ich finde es nicht schlimm, wenn Frauen Falten haben. Auch nicht im Fernsehen. Männer haben doch auch Falten.

Man denke nur an das hängende Auge des Tagesthemenmoderators Claus Kleber. Würde eine Frau im deutschen Fernsehen mit so einem Auge moderieren dürfen? Garantiert nicht. Aber das wäre doch auch eine Form von Gleichberechtigung. Da fängt sie doch schon an.

Caren Miosga hat zwar was mit dem Auge. Aber das sieht man nur, wenn man ganz genau hinschaut. Bei ihr geht ein Auge immer langsamer zu als das andere. Und weil sie so große Augen hat, sieht das ein bisschen aus wie bei einer kaputten Puppe. Sehr niedlich. Hoffentlich darf sie im Fernsehen alt werden. Ich wünsche es ihr von Herzen.

Geht es eigentlich nur mir so, dass ich mich immer frage, was Nachrichtensprecher und Nachrichtensprecherinnen einander am Ende des *heute journal* oder der *Tagesthemen* sagen, wenn der Abspann läuft und das Mikro aus ist? Ich hoffe immer auf den einen Tag, an dem der Tontechniker aus Versehen das Mikro anlässt. Und dann hören wir von Ingo Zamperoni: »Ich muss noch zu Rewe. Brauchst du was?«

Oder Pinar Atalay sagt zu Ingo: »Boah, bin ich froh, wenn ich gleich aus den Stützstrümpfen raus bin!«

Das Fernsehen. Es stirbt schon fast aus. Weil viele nur noch streamen. Aber manche Sendungen boomen immer noch, zum Beispiel der RTL-Frauentausch.

Wie sähe diese merkwürdige Sendung eigentlich aus, wenn sie Männertausch hieße? Würden die Männer einander auch so kritisieren und fertigmachen, wie es die Frauen tun? Ich glaube ja nicht. Ich glaube, jeder Kerl würde sagen: »Ey, was ne geile Hütte. Ich bleib hier.«

Was wir auf jeden Fall brauchen, sind starke Frauenvorbilder im Fernsehen! In sämtlichen Medien. In der Öffentlichkeit. Es gibt sie ja. Und hey: Manchmal werden sie sogar gezeigt!

Wie beispielsweise in einer Dokumentation, die ich neulich auf einem der dritten Programme gesehen habe. Da ging es um das Thema Besamung in der Landwirtschaft. Wusstet ihr, dass es da richtige Sperma-Dealer gibt, die von Hof zu Hof fahren und das wertvolle Gut verkaufen?!

Eigentlich ist das ja eine sehr ernste Sache.

Aber ich bin zu Hause fast von der Couch gefallen vor Lachen. Es sollte also die Besamung bei einem Schwein vonstatten gehen. Doch es klappte und klappte nicht. Es waren lauter Männer, die sich darum bemühten: besagter Dealer, Landwirte und Besamer. Man tat und machte, aber das Schwein weigerte sich einfach. Es wollte nicht mitmachen. Eine Frau stand dabei.

Sie war die Landwirtin des Hofes. Sie sah sich das eine Weile an, dann stülpte sie sich einen langen Gummihandschuh über und steckte schnell bis zur Schulter im Schwein.

Das fanden die Männer natürlich gar nicht gut. Denn sie wollten das ja unbedingt selbst hinbekommen. Mit der Besamung. Bei dem Thema ist jeder Mann empfindlich. Also standen sie alle drum herum, zogen eine Flunsch und verschränkten die Arme vorm Körper. Dass nun eine Frau hier das Zepter übernehmen sollte, passte ihnen sichtlich nicht.

Aber bei der Landwirtin klappte es auf Anhieb. Gleich beim ersten Versuch. Sie, ganz Frau, verzog keine Miene, blieb cool und brachte auch keinen Kommentar, wie genial sie sei. Das würde eine Frau an dieser Stelle niemals tun. Das übernahm stattdessen einer der Herren für sie. Es fiel ihm schwer, doch bemühte er sich sehr um Anerkennung im Tonfall, als er sagte: »Tja. Da muss man auch ein Händchen für haben.«

Das war der Moment, in dem ich vom Sofa fiel vor Lachen. Manchmal sind Männer wirklich sehr lustig.

Wenn ich an all die TV-Formate wie *Schwiegertochter gesucht*, *Germany's Next Topmodel*, *Frauentausch* oder gar *Bachelor* denke, bei denen Frauen sich gegenseitig die Augen ausstechen, weil nur eine den Alpha-Mann haben darf, dann fühle ich mich zurückversetzt in die Steinzeit. Dann sehe ich, dass es nur um Vergleich geht. Was wir aber brauchen, ist genau das Gegenteil: Wir sollten einander unterstützen als Frauen, um dann stärker zu sein. Gemeinsam sind wir stark. So einfach ist es. Vergleich ist das Problem!

Früher gab es nur die eine Klassenschöne, mit der man sich verglich, bei mir war es Pia mit den rosa Turnschuhen. Vielleicht noch mit ein paar Popstars aus der *Bravo*, wenn man heranwuchs. Heute: überall Vergleiche.

Doch neulich bin ich im Ruhrpott mit dem Bus gefahren und habe eine kleine Gruppe junger Mädchen beobachtet, die sehr gut miteinander umgingen. Da gab es kein Gezicke, kein Ausschließen, keine fiesen Vergleiche. Auffällig war vor allem die sprachliche Direktheit. Ich dachte: Vielleicht hat nirgendwo ein Mädchen so gute Chancen, keine Tussi zu werden wie im Ruhrpott. Denn die Eigenschaften, die Frauen im allgemeinen zugesprochen werden, also Missgunst, Zickerei oder Stutenbissigkeit, sind dort noch unbrauchbarer als woanders. Im Ruhrpott ist auch für Damenhaftigkeit einfach kein Raum.

Das Motto im Ruhrgebiet lautet: »Watt sollze groß drumrumreden, sach doch einfach, wie et iss!«

Ich frage mich echt, ob im Ruhrpott Sendungen, die den Vergleich derartig nähren wie Bachelor, GNTM und Co., wohl eine niedrigere Einschaltquote haben als im Rest der Republik. Denn ich höre, wie eine potenzielle Zuschauerin aus Gelsenkirchen sagt:

»Wie die da am Rumstöckeln sind, da packsse dich doch anne Bierne!«

Ich versuche auf jeden Fall, allen gängigen Klischees über Frauen zu widersprechen – außer beim Einparken. Ich versuche, so gut ich kann, ein starkes, selbstbestimmtes, kraftvolles Vorbild für alle Frauen zu sein. Für meine Nachbartochter, meine Familie, sämtliche Bekannten, Freunde und natürlich für alle meine Zuschauer in meiner Show. Stichwort Muffinjeans. Mir ist es wichtig, zu mir selbst zu stehen. Natürlich zu sein. Normal. Denn normal ist das neue hip!

Was ich auf jeden Fall gerne machen würde: im nächsten Leben *GNTM* moderieren. Aber bei mir hieße es nicht *Germany's Next Topmodel*, sondern *Germany's Next Topmädel*. Da müssten die Frauen (nicht Mädchen) einander den ganzen

Tag Komplimente machen und sich gegenseitig unterstützen. Die größte Wochen-Challenge der Sendung bestünde darin, dass die Frauen ihrem eigenen Spiegelbild sagen, wie schön sie sind und dass sie genau richtig sind, wie sie sind. Es wäre eine Sendung für mehr Selbstbewusstsein. Mehr Selbstverständlichkeit. Mehr Gleichberechtigung.

Im nächsten Leben Mann? In der Öffentlichkeit?

Lasst es mich so sagen: Lieber mehr Manspreading für alle!

Mirjas Tipps für Frauen in der Öffentlichkeit

- Nehmt Raum ein. Ob in der U-Bahn, im öffentlichen Schwimmbad oder im Parlament. Lasst euch sehen und hören!
- Macht euch mal so richtig breit!
- Und vor allem: Lasst euch den Raum nicht von den Männern nehmen!
- Zieht euch – wenn ihr mögt – weiblich an, auch wenn ihr in der Öffentlichkeit steht. Es sieht schön aus!
- Lobt andere Frauen, wenn ihr sie toll findet!
- Schätzt die Leistungen anderer Frauen wert, und sagt das öffentlich!
- Helft einander, unterstützt andere Frauen!
- Beschäftigt, beauftragt und bezahlt Frauen!
- Überlegt euch, welchen Fernsehsendungen oder Influencerinnen im Netz ihr zu mehr Aufmerksamkeit verhelfen wollt – und welchen nicht!
- Und: Seid jüngeren Frauen ein Vorbild in Sachen Selbstbewusstsein!

Älterwerden

»Man wird nicht alt, weil man eine gewisse Anzahl Jahre gelebt hat. Man wird alt, wenn man seine Ideale aufgibt. Jahre zeichnen zwar die Haut – Ideale aufgeben aber zeichnet die Seele.«

So sagt es Marc Aurel.

Darüber musste ich heute Morgen nachdenken. Nachdem ich eine Weile gebraucht hatte, um wieder hochzukommen vom Boden. Hinunter ging es gut. Ich hatte mich gebückt und wollte eine runtergefallene Blüte meiner schönen pinkfarbenen Orchidee aufheben. Dabei machte ich ein sehr lautes stöhnendes Geräusch. Und klang wie eine alte Frau.

Da ich nicht allein in der Wohnung war, überlegte ich, wie ich die Situation dem Herzensmann gegenüber am besten überspielen sollte, ohne dass es peinlich wird. Die zündende Idee kam sofort: Ich überspiele das Stöhnen mit einer Information: »Aaaaaaahhhhhh, hier ist die Jogginghose!«

Doch dann wüsste er, dass ich lüge. Die Jogginghose und ich. Das sind zwei getrennte Welten. Vielleicht sollte ich ein weiteres kurzes unterdrücktes Stöhnen von mir geben und sagen, ich müsse dringend auf die Toilette. Aber das ist noch unattraktiver als das Stöhnen. Also entschied ich mich für die dritte Idee: den guten alten Blues. Ich sang aus voller Kehle: »Aaaaaaaahhhhhhh Baby, gonna hurt me so ... aaaaaaaahhhhhh Baby ...«

Langsam kam ich wieder hoch. Mit lilarotem Kopf. Der Herzensmann stand vor mir und war irritiert: »Warum singst du auf einmal morgens um zehn Uhr Blues, während du eine

Blüte aufhebst? Mit mir redest du Morgenmuffel nicht, aber Blues singen. Püh! Du wirst komisch im Alter.«

Oh nein! Der Plan war nicht aufgegangen. So war es ja fast noch schlimmer. »Du wirst komisch im Alter.« Das hatte gesessen. Es lag zwar eine deutliche Ironie in seinem Satz, sicher war er nicht ganz ernst gemeint, dennoch ließ er mich innehalten.

War ich denn nun offiziell alt? Mit 44 Jahren? Ich fühle mich doch gar nicht wie 44! Ich sehe doch gar nicht aus wie 44! Glaube ich zumindest. Wissen kann ich das ja gar nicht genau.

Denn jeder von uns geht doch zum Klassentreffen und sagt hinterher den gleichen Satz, wenn er nach Hause kommt: »Du, die sahen alle total alt aus!«

44 Jahre. So ziehe ich mich auch nicht an, finde ich. Und mein Lifestyle ist auch zehn Jahre jünger. Ich lebe in der Großstadt, in einem der angesagtesten Viertel Kölns. Da ist vierzig sowieso das neue dreißig. Hier bringen Väter mit Vollbärten auf Longboards ihre Kleinen in die Kita, sind Ende vierzig und tragen Kleidung, als wären sie Mitte zwanzig. Und manchmal weiß man ja wirklich nicht mehr: Ist es jetzt der Papa oder der Opa vom kleinen Richard? Die Menschen vor ein oder zwei Generationen sahen auf jeden Fall älter aus in dem Alter. Und manchmal sehen die Menschen auf dem Land viel älter aus als die in der Stadt. Dabei ist die Luft dort viel besser und die Antioxidantien, die ich mir extra mit Hilfe meines teuren Serums ins Gesicht schmieren muss, liegen bereits gratis in der Luft.

Und doch merke ich jetzt: Klar. Ich befinde mich jetzt in meiner zweiten Lebenshälfte. Einiges geht bergauf. Einiges geht bergab. Vor allem einiges an meinem Körper, das sich hängen lässt. Während ich vor zehn Jahren noch essen konnte wie ein Scheunendrescher, ohne zuzunehmen, setzt nun jeder Fressflash mit Pizza, Chips und Bier sofort an meinem Bauch an. Und bin ich mal etwas überdreht und crazy, fragt mich keiner mehr, ob ich Ecstasy genommen habe. Jeder weiß, in diesem Alter kann es nur noch eine Schilddrüsenüberfunktion sein!

Sollte ich aber doch mal feiern gewesen sein, habe ich immer richtig lange was davon. Drei Tage lang Kater und Augenringe.

Aber: Jetzt, in der Lebensmitte mag ich mich. Ich weiß, wer ich bin, was ich kann und was ich nicht kann. Und vor allem: was ich will. Das weiß ich sehr zu schätzen. Und ich glaube, das geht Männern genauso wie Frauen.

Doch werden Männer anders alt als Frauen? Gehen sie damit anders um? Denken wir an die Dreifaltigkeit des Mannes in seiner Midlife-Crisis: Motorrad, jüngere Frau und zu enges Camp-David-Polohemd mit hochgestelltem Kragen.

Wenn ich hingegen Frauen so beobachte, habe ich das Gefühl, dass sie ihren Blick mit zunehmendem Alter eher nach innen richten als nach außen. Der Übergang von der Brigitte zur Apothekenrundschau ist schleichend. Aber er ist da.

Ich hatte neulich mit meiner Zahnärztin so einen schönen Dialog dazu. Sie sagte:

»Wenn ich mit dreißig gewusst hätte, dass ich mit 21 perfekt war. Ich sah super aus. Dann hätte ich wenigstens ein paar Jahre Freude an mir gehabt. Jetzt bin ich 43 und sage: Das bin ich! Mit Muffinjeans und Co. Ich nehm nur noch den, der mich so nimmt wie ich bin. Ich bin den ganzen Selbstoptimierungsscheiß so leid. Die spinnen doch alle. Sylvie Meis, zum Beispiel. Klar, hat die eine gute Figur. Die steht aber auch den ganzen Tag im Fitnessstudio. Ich steh den ganzen Tag in der Praxis. Ich bin Zahnärztin. Ich habe einen richtigen Beruf.«

Sie hatte sich so richtig in Rage geredet und wir mussten beide lachen. Als ich mich am Ausgang von ihr verabschiedete, fielen mir Flyer ins Auge, die dort auslagen. Sie trugen den vielsagenden Titel: »Implantate fürs Leben«. Darauf abgebildet war ein älteres Ehepaar. Ich hielt ihn ihr hin und wiederholte den Titel: »Implantate fürs Leben!« Wieder schütteten wir uns aus vor Lachen. Eine der Zahnarzthelferinnen sah uns ratlos an.

Ich klärte sie auf: »Na ja, das kann man so und so verstehen. Implantate fürs Leben! Lebenspartner sind auch irgendwie Implantate fürs Leben. Sie sind zunächst recht verlässlich, bis sie sich, wenn's ganz blöd läuft und wenn man sich ordentlich festgebissen hat, aufgrund von Verschleiß verabschieden!«

Die Ärztin und ich lachten erneut beherzt. Ganz hat die Zahnarzthelferin unseren Humor nicht nachvollziehen können. Sie war aber auch mindestens zwanzig Jahre jünger. Das finde ich so toll am Älterwerden. Der Humor wird immer besser. Die Selbstironie. Die Lockerheit. Ich weiß noch, wie lustig meine Oma im Alter war. Sie hatte immer gute Sprüche auf Lager. Und vor allem auch schöne Weisheiten, wie den Satz, der sich mir eingeprägt hat: »Wird sich usswiesen!«

Das ist nordhessischer Dialekt und heißt: Es wird sich zeigen. Abwarten und Tee trinken. Ein Ausdruck der Ruhe und Abgeklärtheit, die man im Alter kriegt. Auch das »erstmal drüber schlafen« hab ich früher nie ganz verstanden. Heute weiß ich, es funktioniert tatsächlich. Wenn ich mich über etwas ganz doll aufrege oder mich sorge, schlafe ich mittlerweile erstmal eine Nacht drüber.

Älter werden hat viele verschiedene Gesichter: Sport machen, graue Haare färben oder auch Haarimplantate einpflanzen lassen. Erst neulich sagte ein Freund zu mir: »Mensch, Mirja, all das, was mir oben aufm Kopp fehlt, wächst mir jetzt aus der Nase raus. Ich werde von der Natur gemobbt!«

Ich erwiderte: »Na ja, dafür kannst du jetzt den Sonnenschutz im Gesicht etwas großflächiger auftragen.«

Er lachte leider nicht. Männer sind da aber auch empfindlich, wenn es ums Älterwerden geht. Schlimmer als Frauen. Früher hätte ich gesagt: Oh ja, in jedem Fall will ich im nächsten Leben Mann werden. Beim Thema Älterwerden. Als alternder Mann hatte man es bisher schon leichter. Aber zum Glück verändert sich das gerade ein wenig.

Man kann es wirklich nicht mehr ganz so pauschalisieren, wie Frauen und wie Männer älter werden und wer es nun besser macht. Aber grundsätzlich kann man schon sagen: Männer gehen auch hier den direkteren Weg. Machen einfach. Sind vielleicht ein bisschen spontaner und auch wissbegieriger.

Ich habe einmal eine schöne Situation erlebt, die das ganz gut aufzeigt. Ich war auf Tour mit meinem Tourbegleiter, und wir hatten am Folgetag nur eine kurze Weiterreise, also verblieben wir in der Kleinstadt der Vorabendshow noch bis zum Nachmittag. Dort fiel mir ein Laden auf, der so gar nicht ins Stadtbild passte. Coole Wohnaccessoires und eigentlich ein ausgesprochener Hipster-Laden, den ich eher in Hamburg-Ottensen verortet hätte als in der niedersächsischen Provinz. Natürlich kamen wir sofort mit dem Inhaber ins Gespräch. Es stellte sich heraus, dass er (leicht angegraut, jugendliche Erscheinung, hippe Klamotten) mit seiner Frau und dem gerade geborenen Kind raus aus der Großstadt ins Ruhigere, Grünere hatte ziehen wollen. Zurück dorthin, wo er aufgewachsen war. Er berichtete uns, dass die wilden Jahre nun vorbei seien und man »gesettled« leben wolle. Wir unterhielten uns angeregt, und ich fragte ihn, wo man denn hier einen richtig guten Kaffee bekommt. Er empfahl das Café um die Ecke. Und kam direkt mit! Er schloss den Laden ab, seine Augen groß und hungrig und noch immer total wissbegierig, denn offenbar waren wir seine Chance, aus dem eher tristen Kleinstadtalltag zu entfliehen, er heftete sich quasi an unsere Fersen und sagte den magischen Satz, der ja eigentlich meiner ist zum Thema Männer: »Einfach mal machen. Einfach mal den Laden abschließen. Verrückt sein.«

Ich schaute mir das Schauspiel sehr amüsiert an, und wir folgten ihm in das Café. Auch dort waren sowohl der Besitzer als auch der Laden optisch eher der Großstadt zuzuordnen. Ein Longboard lehnte am Tresen. Paul Kalkbrenner spielte gedämpft aus den Boxen.

»Lass mich raten«, sagte ich zum tätowierten, mega-cool angezogenen Typen hinterm Tresen, »du bist auch zurückgekommen?«

»Ja«, entgegnete er, »ich war ja lange in Berlin. Prenzlauer Berg. Aber ich wollte irgendwann zurück!«

Im Laufe des Nachmittags versammelten sich weitere Althipster in und um das Café, die diesem Städtchen optisch einfach nicht entsprachen. Mir kam die Szenerie vor wie ein Filmset. Das war wirklich lustig zu beobachten, wie diese aus dem Stadtbild herausfallenden Männer mit ihren kleinen Kindern auf dem Arm nach der Arbeit vorbeikamen, aber irgendwie auch ein bisschen so aussahen, als hätten sie ein hartes Wochenende im Berliner Club Berghain hinter sich und imaginäres Koks klebte noch an ihren Nasenrändern.

Selten habe ich in Augenpaaren so viel Hunger nach Action und gleichzeitig Sehnsucht nach Ruhe gesehen. Ich sah eine Diskrepanz. Konnte das Gefühl aber mehr als nachvollziehen. Gerade ich als Kind vom Land. Das in der Großstadt lebt. Aber ein bisschen musste ich eben auch in mich hineinschmunzeln. Denn ich kann mich nicht erinnern, dass ich so eine Begegnung schon mal mit einer Frau gehabt hätte.

Dieses Brennen, dieser Blick, dieses »Ich mache das jetzt einfach«. Das war irgendwie schon sehr typisch Mann. Typisch Mann, der eben auch nicht jünger wird.

Man sehnt sich nach Ruhe. Sauberer Luft. Manchmal auch nur nach Einfachheit. Hat aber dabei so ein Flirren in den Augen!

Ich bin da eher unentschlossen. Ich genieße die Vorzüge der Großstadt sehr. Manchmal träume ich von einem kleinen Ferienhaus in der Eifel, wenn es mich nach Natur und guter Luft gelüstet. Aber das klassische Zur-Ruhe-kommen-Gen habe ich wohl nicht. Dabei sagt man ja wirklich den meisten Landkindern nach, die in der Idylle aufgewachsen sind, dass sie irgendwann zurück aufs Land gehen. Aber mir genügen da (noch) die Besuche bei meinen Eltern.

Den eigenen Eltern beim Älterwerden zuzuschauen, heißt ja auch, sich mit dem Thema Älterwerden ganz generell auseinanderzusetzen. Nicht nur, dass sich Situationen manchmal anfangen umzudrehen, so dass die Eltern das Kind werden und man selbst die Eltern, nein, man lebt auch viel mehr in Sorge als noch vor Jahren. Ich muss zugeben, wenn ich meine Eltern mal telefonisch nicht erreiche, mache ich mir sofort Sorgen. Und da meine Phantasie grenzenlos ist, habe ich auch schon die schlimmsten Szenarien vor mir gesehen, dabei war es dann letztlich meistens nur so, dass einer das Handy zu Hause gelassen und der andere es mal wieder nicht aufgeladen hatte.

Meine Mutter hat manchmal drei Tage ihr Handy überhaupt nicht an. Und das feiert sie. Sie ist digital von nichts abhängig. Sie googelt nicht. Wenn sie was wissen will, fragt sie den Papa. Und wenn der es nicht weiß, dann gibt es das nicht. Thema erledigt. Der digitale Fortschritt ist weitgehend an meine Mutter vorübergegangen. Sie sagte mal zu mir: »Weißt du, Mirja, dafür bin ich einfach zu alt. Ich möchte mich gar nicht mehr damit auseinandersetzen und belasten.«

Es gibt eben Rentner, die mit siebzig Jahren noch Computerkurse besuchen und solche, die sagen, nö, da bin ich raus. Manchmal beneide ich Mama für ihre analoge Coolness. Und diese analoge Coolness bringt mich auch oft zum Lachen, weil Mama dann so kleine Digital-native-Klopper raushaut.

Wenn ich sage: »Ach, ich hab überhaupt keinen Empfang grad!«, erwidert sie: »Vielleicht musst du es mal aufladen?«

Aber immerhin hat sie jetzt WATCHAPP!-Familiengruppen-Zwang.

WatchApp. So sagt sie. Und der Rest der Familie hat Spaß! Jeder, der eine Mutter in dem Alter hat, weiß, wenn du mit ihr schreibst, steht oben mindestens 15 Minuten lang: »Mama schreibt«. Dann weiß ich, jetzt kann ich noch baden und Pediküre machen. Und wenn ich zurückkomme steht da eh nur: »Hallo, Maus.«

Es kam mal vor, dass ich mit meinem Papa schrieb, und es ging so ein paar Mal hin und her, und irgendwann merkte ich aber: Hä, das kann der eigentlich überhaupt nicht wissen, also fragte ich ganz aufgeregt: »Papa, woher weißt du das?«

Da kam zurück: »Ich bin Mama!«

Also, ich weiß ja nicht, wie es euch geht, aber wir in unserer Generation würden doch niemals ans Handy unseres Partners gehen!

Offiziell.

Das ganze Digitale ist und bleibt meiner Mutter ein Mysterium. Meine Mutter beherrscht auch die Antwort-Funktion bei WhatsApp nicht. Als ich sie zum Beispiel mal fragte, ob es ihr gut gehe, kam als Antwort: »Die Katze hat heute noch nichts gefressen!«

Oder mitten im Dialog schreibt sie plötzlich alles groß: »PAPA TUT ALLES ERDENKLICHE, UM SEINE ERKÄLTUNG LOSZUWERDEN!«

Ja, ist ja gut. Schrei mich bitte nicht so an. Einmal hat sie mich auch per WatchApp gefragt:

»Kind, schläfst du auch genug?«

»Nein, Mama, wie denn? Ich warte seit Stunden auf deine Antwort!«

Schön war auch mal, als ich sie in helle Aufregung versetzte, weil ich ihr schrieb: »Ich habe dir online gerade eine Siamkatze bestellt, die kommt morgen. Bitte Paket annehmen.«

Es war die Autokorrektur für Simkarte.

Aus Mirja macht die Autokorrektur übrigens Murks. Manchmal ist der ganze digitale Kram eben auch Murks.

Oder, als ich meiner Mutter Snapchat erklärt habe. Beim Erklären werde ich ja nicht müde, weil ich immer denke: Vielleicht kann sie das ganze Wissen zumindest bei ihren Kreuzworträtseln benutzen, wenn sie schon nicht digital ist.

»Mama, bei Snapchat kann man sein Foto so verändern, dass man zum Beispiel so aussieht wie ein Schweinchen.«

Meine Mutter erwiderte nur trocken: »Das schafft der Putin auch ohne!«

Oder die ganze Instagram-Welt. Das war auch lustig:

»Ist dieses Instagram so wie früher Telegramm, nur per Mail?«

»Nee, Mama, dann ist es ja eine Mail. Bei Instagram, da gibt es Influencer.«

»Was ist mit denen? Haben die alle Grippe? Influenza?«

»Ja, stimmt irgendwie. Die haben auf jeden Fall alle einen schlimmen Virus. Den Selbstdarstellungsvirus.«

»Also, ist es das, was die Oma früher mit dem Kissen im Fenster gemacht hat – Leute beobachten?«

Ja, dachte ich, das hat sie mal wieder alles schön zusammengefasst.

Mama hat am Ende halt doch immer recht. Und recht haben kann ja bei älteren Menschen gerne auch mal zu Altersstarrsinn führen. Zum Glück kann ich das bei meinen Eltern nicht beobachten. Ganz im Gegenteil. Sie werden im Alter immer dankbarer und demütiger. Und humorvoller. Das möchte ich mir abgucken. Und irgendwie ist es auch immer ein bisschen lustig, mit ihnen unterwegs zu sein.

Wir waren mal gemeinsam bei Burger King. Für meine Eltern war es das erste Mal. Nachdem wir geparkt hatten, lief meine Mutter schnurstracks zu einem der Tische und machte es sich gemütlich. Ich dachte, ich sage mal nichts und mache schön mit. Nach einer Weile rief meine Mutter: »Hallo? Haaaaalllooooo!«

Fragend sah sie mich an.

»Warum kommt denn hier keiner?«

»Mama, hier kommt keiner. Du musst zum Tresen gehen.«

Meine Mutter: »Heinz. Geh du mal. Ich halte solange den Tisch frei!«

Den Tisch freihalten ... innerlich hatte ich mich schon abgerollt vor Lachen, ließ mir aber nichts anmerken, wollte ich doch das Schauspiel noch eine Weile genießen. Ich ging mit meinem Vater zusammen zum Tresen.

»Ihre Bestellung, bitte?«

Mein Vater: »Ja, was haben Sie denn so?«

Die Mitarbeiterin öffnete den Mund. Sie war sprachlos. Ein bisschen sah sie aus wie Dori in *Findet Nemo*.

Mein Vater ganz cool: »Stellen Sie mir doch einfach mal was zusammen.«

Der hilflose Blick der Fachkraft: unbezahlbar. Ich meine auf ihren Lippen HILFE gelesen zu haben. Aber mein Vater wäre nicht mein Vater, wenn er nicht noch einen drauflegen würde: »Und ich hätte auch gern einen Schoppen!« So nennt der Nordhesse sein Bier.

Jetzt veränderte sich der Blick der Mitarbeiterin in Richtung absoluter Fassungslosigkeit: »Sie möchten hier shoppen?«

»Ja, einer reicht erstmal!«

Ich ging dazwischen: »Papa, hier gibt's keinen Schoppen. Hier gibt es nur Cola, Fanta, Wasser, Apfelsaftschorle.«

Meine Eltern bekamen dann schließlich das Kindermenü. Und Papa spielt noch heute gerne mit dem Spielzeughubschrauber.

Ich glaube, man kann in jeder Zeile, in der ich meine Eltern erwähne, lesen, wie sehr ich sie liebe. Und doch ist da die Angst. Wie lange leben sie noch? Da ich so weit weg wohne, frage ich mich: Müsste ich nicht öfter vor Ort sein? Was mache ich, wenn sie wirklich pflegebedürftig werden? Früher hat man die älteren Familienmitglieder, gerade auf dem Land, wenn es nur irgendwie ging, zu Hause gepflegt. Nicht ins Altersheim abgeschoben.

Meine Mutter hat meine Oma gepflegt, die letzten Tage ihres Lebens mit ihr verbracht und zu mir gesagt: »Wir waren uns so nahe am Ende. Und hatten so tolle Gespräche.«

In meinem Freundeskreis sind wir alle in einem ähnlichen Alter, alle so um die vierzig, und wir reden zunehmend darüber, was aus unseren Eltern werden soll, wenn sie wirklich alt sind. Alle machen wir die gleiche Erfahrung: Die Eltern selbst wollen am allerwenigsten darüber reden, was aus ihnen werden soll.

Also heißt es geduldig sein, auf den richtigen Moment warten, um all die Gespräche zu führen, ob nun Altersheim, externe Pflegehilfe oder eben auch von heute auf morgen planen. Und bis dahin so viel Zeit, wie es nur geht, gemeinsam mit ihnen zu verbringen. Ich verschenke auch schon seit Jahren nur noch gemeinsame Aktivitäten, also Zeit, an meine Eltern.

Sie sagen selbst, dass sie nichts Materielles mehr brauchen.

Man wird genügsamer im Alter. Es werden einem andere Dinge wichtig. Ich persönlich denke sehr wenig übers Älterwerden nach.

Doch neulich sagte eine Freundin zu mir: »Ja, lange kannste das aber auch nicht mehr machen!«

Und ich dachte so: Hä? Was meint die?

Sagt das auch jemand zu Atze Schröder? Wie lang ist denn der bitte schon auf Tour? Oder zu Jürgen von der Lippe? Wieso wird mir als Frau, von einer Frau wohlgemerkt, gesagt, ich sei langsam »zu alt«, das sei zu belastend für mich oder Ähnliches ...

Ich werde immer arbeiten. Sei es als Komikerin, Schauspielerin, Buchautorin, Autorin für andere, Regisseurin, Produzentin oder Unternehmerin allgemein. All das bin ich. Damit kann ich doch alt werden? Ich habe kein klassisches Renteneintrittsalter!

Da sind wir dann wohl wieder beim Mann-Frau-Gefälle. Da verfestigt sich erneut mein Eindruck, dass ein Mann eher in Würde altern darf als eine Frau. Zumindest in den klassischen Rollenbildern. Ich meine, denken wir doch mal an diese ganzen alten Fernsehstars wie Rudi Carrell, Hans-Joachim Kulenkampff oder Wim Thoelke, da sah man doch zum Schluss vor der Kamera alte Männer. Und, hat es irgendjemanden gestört? Nein! Ganz im Gegenteil, die wurden doch vergöttert! TV-Legende heißt sowas dann. Und warum soll das für Frauen auf der Bühne bitteschön anders sein?

Gut, im Gegenzug muss sich ein Mann dafür manchmal mit den kleinen blauen Pillen rumschlagen, oder er muss auf der Autobahn öfter raus als eine frischgebackene Mutti mit Milcheinschuss. Männer haben es schon schwer. Ich verstehe das. Auf einmal müssen sie erkennen: Wir haben hier ein Ersatzteillager am Start.

Frauen müssen sich schon ab Eintritt ihrer Menstruation damit auseinandersetzen, dass sie phasenweise nur eingeschränkt einsatzfähig sind. Wir fühlen uns beschissen und schmeißen trotzdem den Haushalt, managen die Kinder und unseren Job. Und haben dazu ja noch den Druck, möglichst perfekt auszusehen.

Ich kenne übrigens so gut wie keine Frau, die ihre grauen Haare zeigt. Die werden gefärbt. Beim Mann findet man das sexy und nennt es dann den George-Clooney-Look. Erst wenn beide dann richtig alt sind, dürften sie sich voll und ganz ihren Rentnerfarben hingeben. Allem voran dem Rentner-Beige.

Dieser toten Farbe. Beige. Oder auch *Kitt,* wie manche Boutique-Verkäuferin sagt. *Kitt.* Das macht es auch nicht besser. Fensterkitt soll man ja auch nicht im Fensterrahmen sehen. Du sollst unsichtbar werden als alter Mensch. Warum machen das so viele Rentner? Und tauchen dann gern gleich im Doppelpack unsichtbar auf? Ich habe mal auf der Straße gehört, wie zwei ältere Damen ganz in beige auf der Parkbank saßen und ein komplett in schwarz angezogener junger Mann mit zugegeben vielen Piercings, aber dennoch einfach nur schwarz angezogen, vorbei ging. Da sagte Kit(ty) Nummer 1 zu Kit(ty) Nummer 2: »Was machen die eigentlich mal, wenn die Trauer tragen?«

Tja – nicht immer hat man es mit fröhlichen Rentnern zu tun.

Neulich hatte ich einen Dialog in der Bäckerei mit einer älteren Dame, der gehörig daneben ging. Wir standen beide vor der Auslage und sahen uns die süßen Schweinereien durch die Vitrinenscheibe an. Sie sprach zu mir, zumindest dachte ich das, oder vielleicht sprach sie auch einfach nur, wie Menschen in dem Alter das ja manchmal gerne machen, in den Raum hinein: »Ach, das sieht ja lecker aus!«

Die Verkäuferin reagierte freundlich: »Quarkstuten«.

Ich mischte mich fröhlich ein: »Ach, das hab ich eben auch gedacht, sehr lecker«.

Sie sagte: »Ja, mal was anderes.«

Ich entgegnete: »Aber das geht nicht, ich bin auf Diät.«

»Ja, das muss ich ja nicht mehr. 65.«

»Ja, in dem Alter ist das ja dann auch irgendwie egal!«

»Nee! 65 Kilo!«

Den fassungslosen Blick der Dame werde ich in meinem Leben nicht mehr vergessen. Die Bäckereifachverkäuferin hatte noch zaghaft gekichert, aber die Dame fand meinen Spruch überhaupt nicht witzig und nahm ihn offensichtlich persönlich. Völlig frustriert verließ ich die Bäckerei. MIT Quarkstuten.

So möchte ich nicht werden im Alter. Ich möchte meinen Humor behalten! Ich möchte fröhlich, dankbar, vital, geistig und körperlich fit sein. Dabei habe ich jetzt schon Unfall-Alzheimer. Ja. Ich habe manchmal blaue Flecken und weiß überhaupt nicht, woher die kommen. Es ist schon passiert, dass ich beim Frauenarzt mit den nun mal in dieser Situation nicht zu vermeidenden nackten Beinen auf dem Stuhl saß, der Arzt kritisch auf meine blauen Flecken an den Beinen schaute und fragte: »Haben Sie zu Hause Probleme?«

Ich werde halt doch auch älter. Ich nehme auf Reisen mein eigenes Kopfkissen mit. Vor 25 Jahren habe ich auf Kopfkissen aus zusammengerollten Sweatshirtjacken schlafen können. Und auf Isomatten. Heute unvorstellbar. Heute ist es mir egal, ob es ein Fünf-Sterne-Hotel ist oder das Gasthaus zur Grünen Tanne. Ich schlafe überall gleich schlecht. Ich will zu Hause schlafen. Die Prioritäten verschieben sich, wenn man älter wird. Das habe ich auch neulich gemerkt, als ich mein Portemonnaie aussortieren wollte, damit es nicht mehr so dick ist und ich vor der Wahl stand: Douglas-Kundenkarte oder Apotheken-Kundenkarte weg?

Oder wenn ich, um auf eine Homepage zu gelangen, im Internet diese Sicherheitstests machen muss. Dann merke ich auch, dass ich älter werde. Denn seit neuestem fallen die mir schwer! Wie viele Brücken sehen Sie? Die Bilder sind immer so unfassbar schlecht und so krass pixelig. Ich dreh da immer so ein bisschen durch: Das da hinten, das könnte doch ne Brücke sein? Oder nicht? Oder doch? Und ich komme inzwischen nicht mehr beim ersten Durchgang durch!

Ich werde alt.

Fehlt nur noch, dass die Brücke anfängt, mich zu siezen und mir über die Straße helfen will. Ach, das tut sie ja schon! Humor ist die Lösung. Humor ist das Beste, das Allerbeste, was einem passieren kann beim Älterwerden! Wenn ich im nächsten Leben ein Mann wäre, dann hätte das durchaus Vorteile.

Ich hätte zum Beispiel keine »Eieruhr«. Ich könnte mit 65 Jahren noch ein Kind kriegen. Wie Peter Maffay. Und das Kind fragt dann: »Mama. Ist das Ötzi? Nein. Das ist dein Vater.«

Ich würde voller Freude jede Woche zum Seniorenstammtisch im örtlichen Gasthaus gehen und weder Blasen- und Nierentee noch Klosterfrau Melissengeist trinken. Denn da gibt es ganz rentnergerecht einen Schnaps mit passendem Namen!

Ich habe mal in einem sehr guten Restaurant gesessen und gehört, wie ein älterer Mann zu einer älteren Dame am Nachbartisch folgenden Satz gesagt hat: »Ich kann Ihre alte Pflaume bis hierher riechen!«

Ich weiß nicht, wann genau ich das letzte Mal so laut und so lange lachen musste. Ich hatte keine wasserfeste Wimperntusche an dem Tag drauf. Ich war komplett abgeschminkt, als ich das Restaurant verließ.

»Ich kann Ihre alte Pflaume bis hierher riechen!«

Zum Glück hatte ich an dem Tag als Vorbereitung aufs Älterwerden schon mal eine Inkontinenzeinlage im Schlüpper. Ich wollte einfach einmal den Satz sagen, den alle Jugendlichen sagen: »Läuft bei mir!«

Wir werden alt. Vermutlich alle. So viel steht fest. Frauen wie Männer. Wir werden damit umgehen müssen. Denn das gehört nun mal zum Leben dazu. Schauen wir Mädels uns bei den Jungs wie immer das Beste ab.

Und wenn es nur der Humor ist. Der einer alten Pflaume.

Mirjas Tipps zum Älterwerden:

- Wehrt euch nicht gegen das Älterwerden – es passiert sowieso!
- Jung sterben ist keine wirkliche Alternative!
- Nehmt das Älterwerden mit Humor, denn der, das kann ich euch versprechen, wird immer besser im Alter!
- Lasst euch nicht einreden, ihr wärt für irgendetwas zu alt!
- Schaut euch an, was man älteren Männern noch so alles zutraut – das könnt ihr ganz genauso!
- Tut mir den Gefallen, und verzichtet auf Klamotten in Rentnerbeige – bleibt sichtbar, fröhlich und farbenfroh!
- Genießt die Lebenserfahrung, die ihr gesammelt habt!
- Und wenn ihr mögt, gebt sie doch weiter!

Dank

Ich möchte Danke sagen.

Meinen Eltern, die mich immer unterstützt und beflügelt haben und denen ich meinen Mut, meine Stärke und meinen Humor zu verdanken habe.

Meinen engsten Freunden Natalie, Fiona, Ralf und Reiner für unsere schönen Geschichten und eure treuen Freundschaften.

Christian. Für ALLES!

Meiner Agentur für ihre nie nachlassende Unterstützung, Geduld und Power.

Und natürlich allen Mitarbeiterinnen des Verlags Eden Books und meiner Lektorin für die gute Zusammenarbeit!

Impressum

Mirja Regensburg
Im nächsten Leben werd ich Mann
Die hohe Kunst des Lockerbleibens: Ein Crashkurs für Heldinnen des Alltags
ISBN: 978-3-95910-226-1

Eden Books
Ein Verlag der Edel Germany GmbH
Copyright © 2019 Edel Germany GmbH, Neumühlen 17, 22763 Hamburg
www.edenbooks.de | www.facebook.com/EdenBooksBerlin | www.edel.com
1. Auflage 2019

Projektkoordination: Nina Schumacher
Lektorat: Katharina Gerhardt
Umschlaggestaltung: Bianca Domula, affaire populaire
Cover- und Autorinnenfoto: © Danny Frede
Layout und Satz: Datagrafix GmbH, Berlin | www.datagrafix.com
Druck und Bindung: GGP Media GmbH, Pößneck

Alle Rechte vorbehalten. All rights reserved. Das Werk darf – auch teilweise – nur mit Genehmigung des Verlages wiedergegeben werden.

Printed in Germany

Dieses Buch ist auch als E-Book erhältlich.

Um die kulturelle Vielfalt zu erhalten, gibt es in Deutschland und in Österreich die gesetzliche Buchpreisbindung. Für Sie, liebe Leserin und lieber Leser, bedeutet das, dass Ihr verlagsneues Buch jeweils überall dasselbe kostet, egal, ob Sie Ihre Bücher gern im Internet, in einer großen Buchhandlung oder beim kleinen Buchhändler um die Ecke kaufen.